2024年度

最短合格

賃金主任者試験

ポイント
50

切り離せる模擬試験付

一般社団法人 金融財政事情研究会

■ はじめに ■

　本書は，「貸金主任者試験ポイント50」として，重要なポイントをまとめて解説しています。貸金業務取扱主任者資格試験の試験範囲を短期間で再確認をすることができますので，試験直前の復習，最終チェックにご活用ください。また，貸金業務取扱主任者資格試験の本試験問題を意識した内容・形式の模擬試験問題を2回分掲載しています。

　貸金業務取扱主任者資格試験の試験問題数は全体で50問です。試験実施要領の科目別出題数の目安によると「法及び関係法令に関すること」から22〜28問程度、「貸付け及び貸付けに付随する取引に関する法令及び実務に関すること」から14〜18問程度、「資金需要者等の保護に関すること」から4〜6問、「財務及び会計に関すること」から2〜4問程度出題されます。

　これを踏まえ、模擬試験問題は，過去の試験問題を徹底分析し，頻出分野や貸金業に係る法令等の理解にあたって重要と思われる問題を掲載していますので，短期間で学習の効果を確認し，苦手分野を把握することができます。模擬試験問題は，「別冊」として本体から切り離すことができ，試験本番さながらの形式で，臨場感あふれる効果的な学習ができます。

　試験本番では，120分という限られた時間で50問を解答しなくてはならないため，習得した知識を試験時間内に正確に解答する力が必要になります。したがって，わかる問題から先に解答し，苦手な問題は後回しにするなど，試験問題を解くテクニックも合格には不可欠となります。

　また，必要に応じて弊会発刊の「貸金主任者試験分野別精選過去問解説集」（別売）で過去の試験傾向をつかんでおくことも有効な試験対策です。

　みなさまが，本書で知識を十分に習得し貸金業務取扱主任者資格試験に合格され，実務で活躍されることを願ってやみません。

貸金業務取扱主任者制度とは

　貸金業務取扱主任者の制度は，2003年8月改正貸金業法（2004年1月施行）で創設されましたが，2006年12月改正貸金業法の3条施行（2009年6月18日）から，国家資格である貸金業務取扱主任者の資格試験が開始されました。4条施行以降，貸金業者は資格試験に合格し登録を完了した貸金業務取扱主任者を法令で定める数，営業所または事務所毎に設置しなければなりません。

　貸金業法は「貸金業者は，当該営業所又は事務所において，貸金業の業務に従事する使用人その他の従業者に，貸金業に関する法令の規定を遵守して，貸金業の業務を適正に実施するために必要なものを行わせるための助言又は指導を行う」とされています。

　また，貸金業者は「貸金業務取扱主任者がこうした助言及び指導の職務を適切に遂行できるよう配慮しなければならない」とされており，貸金業務に従事する使用人その他の従業者は「貸金業務取扱主任者が行う助言を尊重し，その指導に従わなければならない」とされています。

2024年度　貸金業務取扱主任者資格試験概要

受験資格	特になし（年齢, 性別, 学歴等に関係なく受験できます）
試験方法	筆記試験
試験問題数	50 問
出題形式	4 肢択一方式
試験時間	2 時間（13 時 00 分～15 時 00 分）
試験日	2024 年 11 月 17 日（日）
解答方式	マークシート方式
試験地	札幌, 仙台, 千葉, 東京, 埼玉, 神奈川, 高崎, 名古屋, 金沢, 大阪, 京都, 神戸, 広島, 高松, 福岡, 熊本, 沖縄 全国 17 地域 ※受験申込者は希望試験地を選択することができます。
受験手数料	8,500 円（政令で定められています）
個人の受験申込み	日本貸金業協会のホームページより，「貸金業務取扱主任者試験・講習・登録」の該当ページをご覧ください。

（試験の詳細については，日本貸金業協会より発表される試験実施要領などを必ずご覧ください）

貸金業務取扱主任者試験実施結果

　直近における試験の実施結果は，次のとおりです。貸金業務取扱主任者試験は，貸金業に関連する各種法令や業務について詳細かつ体系的な理解が要求されます。

回次	9回	10回	11回	12回	13回	14回	15回	16回	17回	18回
合格率（％）	24.5	31.2	30.5	32.5	31.5	30.0	33.9	32.2	26.6	31.0
合格基準点	30	31	30	34	32	29	33	31	28	31
合格点	60	62	60	68	64	58	66	62	56	62
受験者数	10,169	10,186	10,139	10,214	9,958	10,003	10,533	10,491	9,950	9,448
合格者数	2,493	3,178	3,095	3,317	3,132	3,001	3,567	3,373	2,644	2,928

（注）　合格基準点：50問中。合格点：100点満点換算。

　なお，日本貸金業協会では，貸金業務取扱主任者資格試験の受験者本人等を対象に，その**試験結果について開示する制度**を設けています。詳細については，協会のホームページ等をご覧ください。

https://www.j-fsa.or.jp/chief/qualifying_exam/disclosure.php

　なお，試験結果開示回答書の作成・交付は当該試験の合格発表日以降となります。

長文問題の出題

　本試験では，貸金業法に関連する長文問題が出題されています。このため，**長文問題の読みこなしに時間を要してしまい，最終問題（第50問）までたどり着けないケースが考えられます。**

　貸金業務取扱主任者試験は，試験時間は120分で4択50問が出題されます。したがって，**1問あたり2分半のペースで解いていかなければなりません。**わかる問題から先に解き，苦手な問題や難問は後回しにするなど，**試験問題を解くテクニックも合格には不可欠です。**

　たとえば，比較的長文あるいは計算が必要な問題を後回しにするなど，試験開始直後，問題用紙にひととおり目を通し，試験問題の全体像を把握してから解答するのも一法です。

KINZAI　ホームページ
「貸金業務取扱主任者」コーナー

貸金業務取扱主任者資格試験の受験生のみなさまに向けて，お役立ちの情報をお知らせをするホームページです。

貸金業務取扱主任者資格試験受験の前に必ずご覧ください。

https://www.kinzai.jp/exam/kashikin/

■ 本 書 の 構 成 ■

本冊

分冊

貸金業法および関係法令に関すること

貸付けおよび貸付けに付随する取引に関する法令および実務に関すること

資金需要者等の保護に関すること

財務および会計に関すること

■本書について■

■内容・構成

本書は，模擬試験問題 2 回分（「分冊」として本体から切り離し可能），模擬試験問題解答・解説，貸金主任者試験ポイント 50 の 3 部から構成されています。

貸金主任者試験ポイント 50 は，試験範囲をひととおり学習した方が，短時間で知識の再確認をすることができるように作成してあります。また，模擬試験問題は，過去試験問題を分析し，広範な試験範囲から頻出分野や重要分野と思われる問題を主に掲載しました。試験直前の復習，最終チェックにご活用ください。

本書における各種法令等の基準日は，2024 年 4 月 1 日現在施行されているものを対象とします。

■執筆・校閲・協力者

本書は，執筆・校閲・協力者によるご協力を得て，一般社団法人金融財政事情研究会教育研修事業部が制作しました。

執筆・校閲・協力者（敬称略・所属は当時）

執　筆	校閲・協力
清水　将博	吉元　利行
（MSみなと総合法律事務所・弁護士）	（博士（法学））

このほかにも，実務に精通した弁護士，貸金業界の方々に執筆，校閲，協力をいただいております。

第 1 回

模擬試験問題
解答・解説

解　答

問題 1	問題 2	問題 3	問題 4	問題 5	問題 6	問題 7	問題 8	問題 9	問題10
④	④	③	②	①	③	②	①	④	④

問題11	問題12	問題13	問題14	問題15	問題16	問題17	問題18	問題19	問題20
③	②	④	④	①	③	④	②	③	③

問題21	問題22	問題23	問題24	問題25	問題26	問題27	問題28	問題29	問題30
①	①	③	③	③	①	②	④	③	①

問題31	問題32	問題33	問題34	問題35	問題36	問題37	問題38	問題39	問題40
①	①	②	③	①	④	①	④	③	①

問題41	問題42	問題43	問題44	問題45	問題46	問題47	問題48	問題49	問題50
②	④	③	③	④	④	④	②	②	③

解　説

法及び関係法令に関すること

【問題 1 】　用語の定義

a　適切である（貸金業法 2 条 4 項～ 6 項）。

b　適切である（貸金業法施行規則 1 条の 5 第 4 項）。

c　適切である（貸金業法 4 条、貸金業法施行令 3 条、貸金業法施行規則 3 条）。

d　適切である（貸金業法 2 条11項）。

正解　④

【問題 2 】　貸金業の登録等（更新）

a　不適切である。貸金業の登録の更新申請は、登録有効期間満了の日の 2 か月前までに行うこととされている（貸金業法施行規則 5 条）。

b　適切である（監督指針Ⅲ － 3 － 1 (2)⑥イ）。このほか、以下の 4 つについても、留意点とされている。

ロ．社内規則等および監督指針Ⅱ － 1 （経営管理等）ならびにⅡ － 2 （業務の適切性）に掲げた主な着眼事項について、当該貸金業者の規模・特性等からみて、適切に対応するための態勢が整備されているか。特に、組織態

勢の確認にあたっては、法令等遵守のための態勢を含め、相互牽制機能が有効に機能する内部管理部門の態勢（業容に応じて、内部監査態勢）が整備されているか。

ハ．営業所等に個人情報の保管のための適切な設備、資金需要者等からの苦情対応および帳簿の閲覧のための場所等が確保されるなど、当該貸金業者の規模・特性等に応じて、貸金業の適正な業務運営を行うための必要かつ十分な設備が整っているか。

ニ．申請者が法人（人格のない社団または財団を含む）の場合、法人の定款または寄付行為等に法人の目的として貸金業を営むことが含まれているか。

ホ．施行規則5条の7第1項2号の規定に基づき、「常務に従事する役員のうちに貸付けの業務に3年以上従事した経験を有する者であること」を審査するにあたっては、必要に応じて、3年以上従事した経験があることを客観的に明らかにできる資料等の提出を受け、検証するものとする。

c　適切である（貸金業法3条2項）。

d　適切である（貸金業法3条3項、貸金業法施行令2条1項）。

正解　④

【問題3】　登録変更

①　不適切である。貸金業者であるA社が役員を変更したときは、変更が生じた日から2週間以内に、その旨を届け出なければならない（貸金業法4条1項2号、8条1項）。また、役員が個人の場合には、変更届出書に運転免許証等、その他内閣府令に定める書類を添付する必要がある（貸金業法8条3項、貸金業法施行規則8条）。

②　不適切である。営業所または事務所の名称および所在地が変更になった場合には、届出が必要であるが、添付した書類（賃貸借契約書の内容）に変更が生じたとしても、それを届け出る必要はない（貸金業法4条1項5号、8条1項、貸金業法施行規則8条）。

③　適切である（貸金業法4条1項7号、8条1項、貸金業法施行規則3条の2第1項2号）。

④　不適切である。株主は、登録申請書の記載事項ではなく、変更が生じたとしても、届け出る必要はない（貸金業法4条、8条1項）。

正解　③

【問題4】　返済能力の調査等

a　適切である。顧客等には法人も含まれるため、当該顧客等の返済能力の調査義務は、法人である顧客等との間で貸付けの契約を締結しようとする場合にも課せられる（貸金業法13条1項）。

b　不適切である。貸金業者は、個人顧客との間で貸付けの契約を締結しようとする場合には、当該顧客の返済能力の調査のために、指定信用情報機関が保有する信用情報を使用しなければならないが、個人顧客との間で極度方式貸付けに係る契約を締結しようとする場合には、その必要はない（貸金業法13条2項、貸金業法施行規則10条の16第1号）。

c　不適切である。新たに貸し付ける金額を含め、同一の個人顧客に50万円を超える貸付けを実施する場合には、「資力を明らかにする事項等を記載した書面等」の提出または提供を受けなければならないが、設問では50万円を超えていないので、「資力を明らかにする事項等を記載した書面等」の提出または提供を受ける必要はない（貸金業法13条3項1号）。

d　不適切である。他の貸金業者の借入れを含めて100万円を超える場合には、「資力を明らかにする事項等を記載した書面等」の提出または提供を受けなければならないが、設問では、他の貸金業者の借入れを含めた借入総額が60万円であるため、「資力を明らかにする事項等を記載した書面等」の提出または提供を受ける必要はない（貸金業法13条3項2号）。

正解　②

【問題5】　返済能力の調査等

a　適切である（監督指針Ⅱ-2-13-1(1)①ロbⅳ）。

b　不適切である。個人の保証人については、保証金額や借入残高をもとにした「資力を明らかにする書面」の提出までは求められていない（貸金業法13条3項）。

c　適切である（貸金業法2条3項、13条の2第1項）。

d　不適切である。保証契約に係る保証人の返済能力に関する調査の記録を作成し、保存する必要はあるが、その保存期間は、当該貸付けに係る契約に定められた最終の返済期日（当該貸付けに係る契約に基づく債権が弁済その他の事由により消滅したときにあっては、当該債権の消滅した日）または当該保証契約に基づく債務が消滅した日のうちいずれか早い日までの間とされている（貸金業法13条4項、貸金業法施行規則10条の18第2項2号）。

正解　①

【問題６】 広告・勧誘

a　不適切である。貸付条件をまったく表示しない「企業イメージ広告」の場合には、貸付けの条件について広告をする場合には該当せず、法定の事項を表示する必要はない（貸金業法15条１項）。

b　適切である（貸金業法16条２項３号・５号）。

c　不適切である。貸金業者は、資金需要者等の知識、経験、財産の状況および貸付けの契約の締結の目的に照らして不適当と認められる勧誘を行って資金需要者等の利益の保護に欠け、または欠けることとなるおそれがないように、貸金業の業務を行わなければならない（貸金業法16条３項）。また、監督指針によれば、資金需要者等の知識、経験および財産の状況を踏まえた説明態勢に関し、具体的かつ客観的な基準を定めた社内規則等を整備し、役職員が社内規則等に基づき適正な貸付けの契約に係る説明を行うよう、社内研修等により周知徹底を図ることとされている（監督指針Ⅱ－２－11(1)①等参照）。

d　適切である（貸金業法16条２項４号）。

正解　③

【問題７】 広告・勧誘

①　不適切である。勧誘リストに個人信用情報の記載等をすることがないよう留意するものとされている（自主規制規則54条５項）。

②　適切である（自主規制規則55条１項(1)）。

③　不適切である。「理解困難なことを認識した場合」には、貸付けの契約の締結に係る勧誘を行ってはならない（自主規制規則54条４項）。

④　不適切である。貸付けの契約に係る勧誘を行う際には、事前の承諾が必要となる。承諾の取得方法は、自主規制基本規則に例示されており、協会員（貸金業者）のホームページを用いて承諾を取得する方法もそのなかに含まれている（自主規制規則54条１項）。

正解　②

【問題８】 電磁的方法による書面

①　適切である（貸金業法18条１項、同４項、貸金業法施行令３条の５第２項、貸金業法施行規則１条の２の２第２項３号）。

②　不適切である。電磁的方法による提供を行う際には、契約の相手方から書面または電磁的方法による承諾を得ればよい。承諾の方法は、電磁的方法に

限られているわけではない（貸金業法16条の2第3項、同4項、貸金業法施行令3条の2の5第1項）。

③　不適切である。電磁的方法による提供について同意を得る際には、あらかじめ「電磁的方法の種類および内容」を示したうえで行うこととされている。また、電磁的方法による提供を受ける旨の承諾の内容について、書面その他の適切な方法により通知することが必要とされている（貸金業法17条1項前段、7項、貸金業法施行令3条の4第1項、貸金業法施行規則1条の2の2第2項1号）。

④　不適切である。電磁的方法により書面交付の代用をする場合には、あらかじめB（債務者）の承諾が必要であるが、媒介の場合も同様である（貸金業法16条の2第1項、同4項、貸金業法施行令3条の2の5第1項）。

正解　①

【問題9】　上限金利規制（保証料）

①　不適切である。貸金業者は、貸付けに係る契約について、保証業者と保証契約を締結しようとするときは、（遅滞なくではなく）あらかじめ、当該保証契約を締結するまでに、当該保証業者への照会その他の方法により、保証料に係る契約の締結の有無、および当該保証料に係る契約で定めた保証料の額を確認しなければならない（貸金業法12条の8第6項、監督指針Ⅱ-2-12(1)②ロe）。

②　不適切である。貸金業者は、貸付けに係る契約の締結に際し、その相手方または相手方となろうとする者に対し、保証料に係る契約（締結時において保証料の額または保証料の主たる債務の元本に対する割合が確定していない保証料に係る契約として内閣府令で定めるものに該当するものに限る）を、保証業者との間で締結することを当該貸付けに係る契約の締結の条件としてはならない（貸金業法12条の8第8項）。

③　不適切である。変動利率において貸付けを行っている場合で、貸金業者と保証業者の間でその貸付金に関する上限率である「特約上限利率」を定めて、これを主債務者に通知しており、保証料が利息制限法の法定上限額から特約上限利率により計算した利息額を差し引いたものを超える場合、その超える部分については利息制限法違反（無効）となる。また、保証料が出資法上の法定上限額から特約上限利率により計算した利息額を差し引いたものを超える場合は、出資法違反で刑事罰を科せられる。元本額は100万円なので、利息制限法の上限利率は年率15％となり、出資法上の上限利率は年率

20％である。設問では、特約上限利率（年率14％）＋保証料率（年率８％）
＝22％となるため、利息制限法違反となるだけではなく、出資法にも違反す
る（利息制限法８条２項１号、出資法５条の２第２項１号）。
④　適切である（利息制限法１条２号、８条２項１号）。

正解　④

【問題10】　内部管理態勢

a　適切である（監督指針Ⅱ－２－２(1)②ニa、b）。
b　適切である（監督指針Ⅱ－２－３(1)⑩）。
c　適切である（監督指針Ⅱ－１(1)⑥）。
d　適切である（監督指針Ⅱ－２－１(1)①）。

正解　④

【問題11】　経営者保証に関するガイドライン

a　適切である（監督指針Ⅱ－２－13－３(2)④）。
b　適切である（監督指針Ⅱ－２－13－３(2)⑥）。
c　適切である（監督指針Ⅱ－２－13－３(2)②）。
d　不適切である。保証債務の整理にあたっては、経営者保証に関するガイド
　　ラインの趣旨を尊重し、関係する他の金融機関、外部専門家（公認会計士、
　　税理士、弁護士等）と十分連携・協力するよう努めることは着眼点としてあ
　　るが、態勢整備の義務づけまでは行っていない（監督指針Ⅱ－２－13－３(2)
　　⑤）。

正解　③

【問題12】　貸金業務取扱主任者

①　適切である（監督指針Ⅱ－２－９(1)①）。
②　不適切である。貸金業務取扱主任者については、「予見し難い事由」があ
　　る場合の欠員の場合のみ、２週間以内の事後的な補充が認められているが
　　（貸金業法12条の３第３項）、産後休暇や退職、病気入院などのように予測で
　　きる場合は、事後的に貸金業務取扱主任者を営業所等に置いても違法とな
　　る。設問にある「定年退職」は、事前に明らかとなっていることが通常であ
　　ることから、「予見し難い事由」に該当しない可能性が高いため、２週間と
　　いう猶予期間が認められない可能性が高い。
③　適切である（貸金業法12条の３第１項）。

④　適切である（貸金業法12条の3第1項、貸金業法施行規則10条の7第1号、監督指針Ⅱ−2−9(2)①）。

正解　②

【問題13】　登録拒否事由

①　該当する（貸金業法6条1項4号）。

②　該当する（貸金業法6条1項5号）。

③　該当する（貸金業法6条1項7号、貸金業法施行規則5条の3第1号）。

④　該当しない。貸金業の業務を適正に実施するため必要かつ適当なものとして政令で定める金額は5,000万円である（貸金業法6条1項14号、貸金業法施行令3条の2、貸金業法施行規則5条の5）。

正解　④

【問題14】　開始等の届出

①　適切である（貸金業法施行規則26条の25第1項7号）。

②　適切である（貸金業法施行規則26条の25第1項2号）。

③　適切である（貸金業法施行規則26条の25第1項4号）。

④　不適切である。第三者に対して貸金業の業務の委託を行った場合には、開始等の届出を登録行政庁に届け出なければならない（貸金業法施行規則26条の25第1項6号）が、他方、第三者より貸金業の業務の委託を受けた場合には、登録行政庁に届け出る必要はない。

正解　④

【問題15】　廃業等の届出

①　不適切である。個人である貸金業者が死亡した場合、その相続人は、貸金業者が死亡した事実を知った日から30日以内に、その旨を登録行政庁に届けなければならない（貸金業法10条1項1号）。

②　適切である（貸金業法10条1項2号）。

③　適切である（貸金業法10条1項3号）。

④　適切である（貸金業法10条1項4号）。

正解　①

【問題16】　基準額超過極度方式基本契約

①　適切である。貸付けの相手方が個人顧客の場合で、極度方式基本契約に基

づく3か月以内の一定の日における極度方式貸付の残高が10万円を超えるときには、当該極度方式基本契約が基準額超過極度方式基本契約に該当しないかの調査が必要となる。調査はその日（3か月以内の一定の日）から3週間以内に、指定信用情報機関に情報の提供を依頼して行うこととされている（貸金業法13条の3第2項ただし書、貸金業法施行規則10条の25第1項、同3項1号）。

② 適切である。基準額超過極度方式基本契約に該当し、新たな貸付けの停止措置を講じているときに、これを解除しようとする場合には、当該極度方式基本契約が基準額超過極度方式基本契約に該当するかどうか、指定信用情報機関の情報を使用して調査を行うこととされている（貸金業法13条の3第1項、貸金業法施行規則10条の24第1項2号）。

③ 不適切である。基準額超過極度方式基本契約に関する調査の内容は記録して保存する必要があるが、その保存期間は原則として調査記録作成時から3年間とされている（貸金業法13条の3第4項、貸金業法施行規則10条の27第2項）。

④ 適切である。基準額調査義務の調査において、個人顧客の借入額が（他の貸金業者からの借入れを含めて）100万円以内である場合は、「資力を明らかにする事項を記載した書面等」の提出等を受ける必要はない（貸金業法13条の3第3項、同5項、貸金業法施行規則10条の26第1項）。

正解 ③

【問題17】 誇大広告の禁止

① 適切である。貸金業者は、貸付けの契約の締結を勧誘した場合において、当該勧誘を受けた資金需要者等から当該貸付けの契約を締結しない旨の意思（当該勧誘を引き続き受けることを希望しない旨の意思を含む）が表示されたときは、当該勧誘を引き続き行ってはならない。顧客に対する再勧誘行為について、刑事罰の規定はないが、登録の取消しまたは1年以内の期間を定めた業務停止（行政処分）を命じられることがある（貸金業法16条4項、24条の6の4第1項2号）。

② 適切である。貸金業者は「資金需要者等の知識、経験、財産の状況及び貸付けの契約の締結の目的に照らして不適当と認められる勧誘を行って資金需要者等の利益の保護に欠け、又は欠けることとなるおそれがないように、貸金業の業務を行わなければならない」とされているが、これに違反したとしても、刑事罰の規定はない。ただし、登録の取消しまたは1年以内の期間を

定めた業務停止（行政処分）を命じられることがある（貸金業法16条3項、24条の6の4第1項2号）。

③　適切である。特定商品を中心的商品と誤解させる広告は禁止されているが、これに違反したとしても、刑事罰の規定はない。ただし、登録の取消しまたは1年以内の期間を定めた業務停止（行政処分）を命じられることがある（貸金業法16条2項1号、24条の6の4第1項2号）。

④　不適切である。著しく事実に相違する表示もしくは説明をし、または実際のものよりも著しく有利であると人を誤認させるような表示もしくは説明を行った場合、1年以下の懲役、もしくは300万円以下の罰金に処せられ、または併科されることがあり、刑事罰の対象となる（貸金業法16条1項、48条1項3号）。

正解　④

【問題18】　書面交付全般

①　適切である（貸金業法17条1項）。貸金業者は、貸付けに係る契約（極度方式基本契約を除く）を締結したときは、「遅滞なく」、貸金業法17条1項に基づく書面を交付すれば足りる。

②　不適切である。「重要なものとして内閣府令で定めるもの」には、貸付けの利率を変更した場合のうち、貸付けの利率を引き下げる場合その他の契約の相手方の利益となる変更を加える場合は含まれない（貸金業法17条1項後段、貸金業法施行規則13条2項1号イ）。

③　適切である。貸金業者は、極度方式基本契約を締結したときは、貸金業法17条2項に基づく契約締結時の書面に、指定紛争解決機関が存在する場合、貸金業法12条の2の2第1項1号に定める手続実施基本契約を締結する措置を講ずる当該手続実施基本契約の相手方である指定紛争解決機関の商号または名称を記載しなければならない（貸金業法施行規則13条3項1号ソ）。

④　適切である（貸金業法17条1、2、5項、貸金業法施行規則13条16項）。

正解　②

【問題19】　保証人への書面交付

①　適切である（貸金業法16条の2第3項、貸金業法施行規則12条の2第7項）。

②　適切である（貸金業法17条2項、同5項、貸金業法施行規則13条11項）。

③　不適切である。極度方式保証契約における書面交付の相手方は、保証人で

あり、極度方式基本契約の相手方（借入人）ではない（貸金業法17条 5 項）。

④　適切である（貸金業法17条 5 項）。

正解　③

【問題20】　マンスリーステートメント

①　適切である（貸金業法施行規則13条15項）。

②　適切である。貸金業者が、マンスリーステートメントの交付に関しあらかじめ書面または電磁的方法により当該顧客の承諾を得ることが必要であるが、約款の一条項に紛れ込ませて承諾を取得するような方法は望ましくないとされる（パブリックコメント（ 2 号施行時）187番）。

③　不適切である。貸金業者は、極度方式貸付けに係る契約に基づく債権の全部または一部について債務者から弁済を受けた場合において、当該債務者の承諾を得て、貸金業法18条 3 項に規定するマンスリーステートメントを交付するときは、貸金業法18条 1 項に規定する書面（受取証書）の交付に代えて、受領年月日および受領金額を記載した書面（簡素化書面）を当該債務者に交付することができる。簡素化書面に、受領金額の利息、賠償額の予定に基づく賠償金または元本への充当額を記載する必要はない（貸金業法18条 3 項、貸金業法施行規則15条 4 項）。

④　適切である（貸金業法施行規則13条17項 1 号イ、ロ、同18項）。

正解　③

【問題21】　信用情報提供契約

①　不適切である。貸金業法では、加入貸金業者が、貸金業法に基づき、指定信用情報機関に対して提供した個人信用情報に変更があったときは、遅滞なく、その変更内容を加入指定信用情報機関に提供しなければならないと定めている（貸金業法41条の35第 3 項）。

②　適切である（貸金業法41条の36第 1 項、貸金業法施行規則30条の14）。

③　適切である（貸金業法41条の37、監督指針Ⅱ－ 2 －14(1)②ロ e ）。

④　適切である（貸金業法41条の35第 1 項各号、貸金業法施行規則30条の13第 1 項各号）。

正解　①

【問題22】　帳簿

①　不適切である。貸金業者は、営業所または事務所ごとに、その業務に関す

11

る帳簿を備え、債務者ごとに貸付契約について所定の事項を記載し保存する
必要があるが、貸付契約書の写し、保証契約書の写し、債権の譲渡契約書の
写しを保存することをもって、帳簿の記載事項の一部に代えることができる
（貸金業法施行規則16条3項）。そのため、受取書面に記載すべき事項のうち
帳簿に記載すべき事項を当該帳簿に記載するか、「または」、当該契約に係る
受取書面の写しを保存するかのいずれかの方法をとれば足りる。

② 　適切である。閲覧、謄写が認められるのは、帳簿記載事項のうち利害関係
を有する部分に限られている（貸金業法19条の2）。また、帳簿の複写や複
写物の郵送に係る実費を徴収することは禁止されていないため、実費相当部
分を徴収することも可能である。もっとも、当該金額は適正かつ適切な金額
である必要があり、帳簿の閲覧または謄写の請求者から当該実費の内容につ
いて説明を求められた場合、その内容を説明する態勢が整備されていること
が監督指針上求められている（監督指針Ⅱ－2－18(1)③）。

③ 　適切である（監督指針Ⅱ－2－17(1)（注））。

④ 　適切である（監督指針Ⅱ－2－17(1)②）。

正解　①

【問題23】　取立行為規制

① 　適切である（監督指針Ⅱ－2－19(2)④）。

② 　適切である（監督指針Ⅱ－2－19(2)⑧）。

③ 　不適切である。債務者等の連絡先が不明な場合に、債務者等の連絡先を確
認することを目的として債務者等以外の者に電話連絡をする場合も認められ
る。なお、債務者等以外の者から電話連絡をしないよう求められたにも関わ
らず、さらに電話連絡をすることは「人の私生活もしくは業務の平穏を害す
るような言動」に該当するおそれが大きい点に留意する必要がある（監督指
針Ⅱ－2－19(2)②ロ）。

④ 　適切である（監督指針Ⅱ－2－19(2)②イ、貸金業法施行規則19条1項）。

正解　③

【問題24】　禁止行為

① 　適切である（監督指針Ⅱ－2－10(2)②ロ）。

② 　適切である（監督指針Ⅱ－2－10(2)②）。

③ 　不適切である。資金逼迫状況にある資金需要者等の弱みにつけ込んで、貸
付けの契約の締結と併せて自己または関連会社等の商品またはサービスの購

入を強制した場合、貸金業法12条の6により禁止されている行為に該当する可能性が高いとされている（監督指針Ⅱ－2－10(2)②ト）。

④　適切である（監督指針Ⅱ－2－10(2)②チ）。

正解　③

【問題25】　外部委託

①　適切である（監督指針Ⅱ－2－3(1)④）。

②　適切である（監督指針Ⅱ－2－3(1)⑥）。

③　不適切である。監督指針においては、外部委託には、形式上、外部委託契約が結ばれていなくともその実態において外部委託と同視しうる場合や当該外部委託された業務等が海外で行われる場合も含むとされている（監督指針Ⅱ－2－3(1)③）。

④　適切である（監督指針Ⅱ－2－3(1)⑨）。

正解　③

【問題26】　契約に係る説明態勢

①　不適切である。貸付けの契約を締結しようとする場合は、契約内容を「書面」ではなく、「口頭」で十分に説明することになっている必要がある（監督指針Ⅱ－2－11(1)②ロ a ）。

②　適切である（監督指針Ⅱ－2－11(1)②ハ d ）。

③　適切である（監督指針Ⅱ－2－11(1)②ロ b ）。

④　適切である（監督指針Ⅱ－2－11(1)②ロ b ）。

正解　①

【問題27】　システムリスク管理態勢

①　適切である（監督指針Ⅱ－2－4（注））。

②　不適切である。システム統括役員は、システムに関する十分な知識・経験を有し業務を適切に遂行できる者であることが望ましいとされている（監督指針Ⅱ－2－4(1)①ハ）。

③　適切である（監督指針Ⅱ－2－4(1)⑩ハ）。

④　適切である（監督指針Ⅱ－2－4(1)⑦イ）。

正解　②

貸付け及び貸付けに付随する取引に関する法令及び実務に関すること

【問題28】 制限行為能力者

①　不適切である。一種または数種の営業を許された未成年者は、その営業に関してのみ、成年者と同一の行為能力を有するとされている（民法6条）。

②　不適切である。精神上の障害により事理を弁識する能力が著しく不十分である者については、保佐開始の審判をすることになる（民法11条）。

③　不適切である。成年被後見人の法律行為は、取り消すことができるが、日用品の購入その他日常生活に関する行為については、この限りでない（民法9条ただし書）。

④　適切である（民法20条2項）。

正解　④

【問題29】 意思表示と取消し・無効

①　不適切である。錯誤、詐欺または強迫によって取り消すことができる行為は、瑕疵ある意思表示をした者またはその代理人もしくは承継人に限り、取り消すことができる（民法120条2項）。

②　不適切である。取り消された行為は、初めから無効であったものとみなされる。取消しがあった時から将来に向かって無効となるのではない（民法121条）。

③　適切である（民法122条）。

④　不適切である。取り消すことができる行為の相手方が確定している場合には、その取消しまたは追認は、相手方に対する意思表示によって行うものであり、裁判所に対する意思表示によって行わなければならないものではない（民法123条）。

正解　③

【問題30】 代理

①　適切である（民法107条）。

②　不適切である。双方代理は無権代理行為とみなされるため、原則として無効であるが、債務の履行の場合、および本人があらかじめ許諾している場合には、有効となる（民法108条1項）。

③　不適切である。代理権を有しない者が他人の代理人として、不動産の売買契約を締結した場合において、相手方は、本人に対し、相当の期間を定めて、その期間内に追認をするかどうかを確答すべき旨の催告をすることがで

きる。この場合において、本人がその期間内に確答をしないときは、追認を
拒絶したものとみなされる（民法114条）。

④　不適切である。法定代理人は、やむを得ない事由がなくとも、復代理人を
選任することができる。なお、設問の後段は適切であり、やむを得ない事由
がある場合には、法定代理人は、復代理人の選任および監督についてのみ、
本人に対してその責任を負う（民法105条）。

正解　①

【問題31】　時効

①　適切である（民法147条１項１号）。

②　不適切である。時効は、当事者が援用できるとされているところ、時効の
完成により正当な利益を受ける者も当事者に含まれており、保証人も、主た
る債務の消滅時効を援用することができる（民法145条）。

③　不適切である。時効は、当事者が援用しなければ、裁判所がこれによって
裁判をすることができない（民法145条）。

④　不適切である。時効の利益は、あらかじめ放棄することができない（民法
146条）。

正解　①

【問題32】　保証

①　適切である（民法453条）。

②　不適切である。連帯保証であっても連帯保証ではない保証であっても、主
たる債務に関する元本だけでなく、利息、違約金、損害賠償その他債務に従
たるものの支払を保証人に請求することができる（民法447条１項）。

③　不適切である。債権譲渡については、主たる債務者に対して通知をすれ
ば、保証債務の随伴性によって、保証人に対してもその効力が生じる。これ
は、連帯保証であっても連帯保証ではない保証であっても、同様である。な
お、随伴性を明確に規定した民法上の規定はないが、随伴性は、保証債務の
基本的な性質の１つとされている。

④　不適切である。共同保証人間では、負担部分を超えて弁済したときに求償
することができるにとどまる（民法465条１項）。設問においては、負担は平
等であるため、２分の１の1,000万円を超えて弁済した場合に初めて、超え
た部分について求償権を行使することができる。

正解　①

【問題33】　保証

① 不適切である。債務者が保証人を立てる義務を負う場合には、その保証人は、行為能力者でなければならない。また、弁済をする資力を有する必要もある（民法450条1項）。

② 適切である（民法462条、459条の2第1項）。

③ 不適切である。契約締結日から5年を経過する日よりも後の日を元本確定期日とする定めは無効とされている（民法465条の3第1項）。

④ 不適切である。一定の範囲に属する不特定の債務を主たる債務とする保証契約であって保証人が法人でないものを、個人根保証契約というが、その保証人は、主たる債務の元本、主たる債務に関する利息、違約金、損害賠償その他その債務に従たるすべてのものおよびその保証債務について約定された違約金または損害賠償の額について、その全部に係る極度額を限度として、その履行をする責任を負う（民法465条の2第1項）。個人根保証契約は、前項に規定する極度額を定めなければ、その効力を生じない（民法465条の2第2項）。

正解　②

【問題34】　抵当権

① 不適切である。第三者の不法占有により抵当不動産の交換価値の実現が妨げられ、抵当権の優先弁済権の行使が困難となるような状況があるときは、抵当権者は、民法423条に基づき、所有者の不法占有者に対する妨害排除請求権を代位行使することができ、さらに、抵当権に基づく妨害排除請求権も認められる（最高裁平成11年11月24日判決）。

② 不適切である。Cの賃借権は、Bの抵当権設定の登記に後れて設定されていることから、Bに対抗できない。ただし、Cが競売手続の開始前からその建物を使用していた場合には、その建物の買受人Dの買受けのときから6か月間、建物の明渡しが猶予される（民法395条1項）。もっとも、この期間無償で使用できるというわけではなく、使用の対価を買受人Dに支払う必要がある（同法703条）。

③ 適切である。抵当権設定者は、債務者に限らない。債務者以外の第三者が債務者の債務を担保するために抵当権を設定する場合もある（民法369条1項）。この第三者を物上保証人という。

④ 不適切である。本件建物が滅失または損傷した場合、その滅失または損傷によりAが受けるべき金銭その他の物には、抵当権の効力が及ぶ。つまり、

抵当権の目的物が滅失・損傷したことによって、債務者が受けるべき金銭がある場合、抵当権はその金銭に対しても行使することができる。これを物上代位という（民法372条、304条）。

正解 ③

【問題35】 民事保全

① 適切である（民事保全法25条の２）。

② 不適切である。保全命令は、担保を立てさせて、もしくは相当と認める一定の期間内に担保を立てることを保全執行の実施の条件として、または担保を立てさせないで発することができる（民事保全法14条１項）。なお、設問の後段は適切である（民事保全法22条）。

③ 不適切である。不動産に対する仮差押えの執行は、仮差押えの登記をする方法または強制管理の方法により行う。これらの方法は、併用することができる（民事保全法47条１項）。

④ 不適切である。保全命令事件は、本案の管轄裁判所または仮に差し押さえるべき物もしくは係争物の所在地を管轄する地方裁判所が管轄する（民事保全法12条１項）。

正解 ①

【問題36】 弁済

① 適切である（民法478条）。

② 適切である。銀行の自己宛小切手（預金小切手）は現金と同様であると評価されることから、その提供は、弁済の提供になるとされている（最高裁昭和37年９月21日判決）。

③ 適切である。債権者が受領を拒んだ場合には、債務者は供託所に供託を行うことが可能である（民法494条１項１号）。

④ 不適切である。弁済の費用について別段の意思表示がないときは、その費用は、債務者の負担となる。ただし、債権者が住所の移転その他の行為によって弁済の費用を増加させたときは、その増加額は、債権者の負担となる（民法485条）。

正解 ④

【問題37】 弁済

① 不適切である。差押えを受けた債権の第三債務者が自己の債権者に弁済を

したときは、差押債権者は、その受けた損害の限度において、さらに弁済をすべき旨を第三債務者に請求することができる（民法481条1項）。

② 適切である（民法484条1項）。

③ 適切である。弁済の提供は、債務の本旨に従って現実になされることを要するが、債務者は、適切になされた弁済の提供の時から、債務を履行しないことによって生ずべき責任を免れる（民法492条）。

④ 適切である（民法474条1項、同2項）。

正解　①

【問題38】　相続

① 適切である（民法890条）。

② 適切である。連帯債務者のうちの1人が死亡し、その相続人が複数いる場合、各相続人は、被相続人の負っていた債務につきその相続分に応じて分割されたものを承継し、各自その承継した範囲において、被相続人の他の連帯債務者と連帯して債務を弁済する義務を負うとされている（最高裁昭和34年6月19日判決）。

③ 適切である（民法904条の2第1項）。

④ 不適切である。限定承認は、共同相続人の全員が共同してのみ行うことができる（民法923条）。

正解　④

【問題39】　民事執行法

① 適切である（民事執行法143条）。

② 適切である。いわゆる第三債務者の陳述の催告である（民事執行法147条1項）。

③ 不適切である。債務者に対して差押命令が送達された日から1週間を経過したときは、その債権を取り立てることができる（民事執行法155条1項）。

④ 適切である（民事執行法154条1項）。

正解　③

【問題40】　倒産手続

① 不適切である。個人の破産者が、債権者を害する目的で、破産財団に属し、または属すべき財産の隠匿、損壊、債権者に不利益な処分その他の破産財団の価値を不当に減少させる行為をした場合には、裁判所は原則として免

責許可の決定を行うことはできないが（破産法252条1項1号）、裁判所は、破産手続開始の決定に至った経緯その他一切の事情を考慮して免責を許可することが相当であると認めるときは、免責許可の決定をすることもできる（裁量免責）（同法252条2項）。

② 適切である（破産法2条5項、同14項）。

③ 適切である（破産法37条1項）。

④ 適切である（破産法53条1項）。

正解　①

【問題41】　民事再生手続

① 適切である（民事再生法221条1項）。

② 不適切である。小規模個人再生において、再生計画の決議は必須となっている。設問は、給与所得者等再生についての説明である（民事再生法230条3項、240条）。

③ 適切である（民事再生法239条1項）。

④ 適切である（民事再生法196条3号）。

正解　②

【問題42】　手形・電子記録債権

① 適切である。約束手形に有害的記載事項を記載した場合、その約束手形は無効となる（手形法33条2項等）。

② 適切である（手形法16条1項、77条）。

③ 適切である（電子記録債権法15条）。

④ 不適切である。電子記録債権は、行使することができる時から3年間行使しないときは、時効によって消滅する（電子記録債権法23条）。

正解　④

資金需要者等の保護に関すること

【問題43】　総量規制の「例外」となる契約

① 不適切である。個人顧客の利益の保護に支障を生ずることがない契約（総量規制の「例外」となる契約）に該当するためには、事業を営む個人顧客（いわゆる「個人事業主」）に対する貸付けに係る契約においては、貸付金額が100万円を超えないものであるときは、事業の状況、収支の状況および資金繰りの状況を確認すれば足りるとされており、必ずしも事業計画、収支計

画および資金計画を確認する必要はない（貸金業法施行規則10条の23第1項
4号）。

② 不適切である。売却を予定している個人顧客の不動産の売却代金により弁
済される貸付けに係る契約であって、当該個人顧客の返済能力を超えないと
認められるもの（貸付けの金額が当該貸付けに係る契約の締結時における当
該不動産の価格の範囲内であるものに限り、当該不動産を売却することによ
り当該個人顧客の生活に支障を来すと認められる場合を除く）は、貸金業法
施行規則10条の21第1項各号に規定されている個人過剰貸付契約から除かれ
る契約（総量規制から「除外」される契約）であり、個人顧客の利益の保護
に支障を生ずることがない契約（総量規制の「例外」となる契約）には該当
しない（貸金業法施行規則10条の21第1項7号）。

③ 適切である。設問の貸付けに係る契約は、総量規制の「例外」となる契約
に該当する（貸金業法施行規則10条の23第1項1号）。

④ 不適切である。一定の高額療養費の貸付けは、個人顧客の利益の保護に支
障を生ずることがない契約（総量規制の「例外」となる契約）ではなく、個
人過剰貸付契約から除かれる契約（総量規制から「除外」される契約）に該
当する（貸金業法施行規則10条の21第1項4号）。

正解 ③

【問題44】 消費者契約法
① 不適切である。設問の場合にも取り消すことができる（消費者契約法4条
1項2号）。

② 不適切である。このような規定は無効である（消費者契約法10条）。

③ 適切である（消費者契約法4条3項6号）。

④ 不適切である。事業者は、消費者契約の条項を定めるにあたっては、消費
者の権利義務その他の消費者契約の内容が消費者にとって明確かつ平易なも
のになるよう配慮するとともに、消費者契約の締結について勧誘をするに際
しては、消費者の理解を深めるために、消費者の権利義務その他の消費者契
約の内容についての必要な情報を提供するよう努めなければならないが、い
ずれも努力義務である（消費者契約法3条1項）。

正解 ③

【問題45】 個人情報保護法
① 適切である。設問における明示においては、ダイレクトメールの発送は、

個人情報の利用目的の範囲内に含まれている（金融分野ガイドライン 2 条）。

② 適切である（個人情報保護法148条 1 項、同 2 項）。

③ 適切である（個人情報保護法34条 1 項、同 2 項）。

④ 不適切である。個人情報取扱事業者は、利用目的の達成に必要な範囲内において、個人データを正確かつ最新の内容に保つとともに、利用する必要がなくなったときは、当該個人データを遅滞なく消去するよう努めなければならないとされており、データ内容の正確性の確保については努力義務にとどまる（個人情報保護法22条）。

正解　④

【問題46】　景品表示法

① 適切である（景品表示法 2 条 1 項、景品類等の指定の告示の運用基準 2 ）。

② 適切である（景品表示法31条 1 項）。

③ 適切である（「一般消費者に対する景品類の提供に関する事項の制限」の運用基準について 1 (1)(2)）。

④ 不適切である。「懸賞による景品類の提供に関する事項の制限」において、取引の価額の20倍の金額が上限として規定されている（懸賞による景品類の提供に関する事項の制限 2 ）。

正解　④

【問題47】　苦情・金融ADR制度

① 適切である（監督指針Ⅱ - 2 - 7 - 1 (1)(2)ヘ）。

② 適切である（監督指針Ⅱ - 2 - 7 - 1 (1)(2)ハ）。

③ 適切である（監督指針Ⅱ - 2 - 7 - 1 (1)(2)ロ）。

④ 不適切である。設問の前段は適切であるが、後段は不適切である。監督指針において、受付窓口、申出の方式等について広く公開するとともに、資金需要者等の多様性に配慮しつつわかりやすく周知する態勢を整備することも求められている（監督指針Ⅱ - 2 - 7 - 1 (1)(2)ロ）。

正解　④

財務及び会計に関すること

【問題48】　企業会計原則（一般原則）

a 適切である。重要な後発事象を注記事項として開示することは、将来の財政状態および経営成績を理解するための補足情報として有用である（企業会

計原則 一般原則4、注1－3）。

b 不適切である。企業会計は、定められた会計処理の方法に従って正確な計算を行うべきものであるが、企業会計が目的とするところは、企業の財務内容を明らかにし、企業の状況に関する利害関係者の判断を誤らせないようにすることにあるから、重要性の乏しいものについては、本来の厳密な会計処理によらないで他の簡便な方法によることも正規の簿記の原則に従った処理として認められる。なお、重要性の原則は、財務諸表の表示に関しても適用される（企業会計原則 一般原則2、4、貸借対照表原則1、注1）。

c 適切である（企業会計原則 一般原則4、5、注1－2）。

d 適切である。企業の財政に不利な影響を及ぼす可能性がある場合には、これに備えて適当に健全な会計処理（引当金を適切に積み立てる等の保守的な会計処理）をしなければならないが、過度に保守的な会計処理が行われた場合、企業の財政状態および経営成績の真実の報告がされないことがあるため、注意が必要である（企業会計原則 一般原則6、注4）。

正解 ②

【問題49】 源泉徴収票

a 適切である。源泉徴収票の「社会保険料等の金額」は、毎月の給料や賞与から天引きされた健康保険料・介護保険料・厚生年金・雇用保険料の累計の金額が記載される。事業主が負担した社会保険料は含まれない。

b 不適切である。源泉徴収票の「支払金額」は、年収の金額であるが、ここでいう年収とは税引前の1年間の収入のことである。

c 不適切である。源泉徴収票の「源泉徴収税額」は、給与等から源泉徴収された所得税額のことで、住民税額は含まれない。

d 適切である。源泉徴収票には、中途で就職した場合の年月日を記載する欄のほか、中途で退職した場合にその年月日を記載する欄がある。

正解 ②

【問題50】 損益計算書

① 適切である。売上総利益（売上総損失）から販売費および一般管理費を控除（加算）した額が、営業利益（営業損失）として表示される。営業利益とは、会社が本業で稼いだ利益を表し、売上高から売上原価を控除したものが、売上総利益（売上総損失）である（財務諸表等規則83条、89条）。

② 適切である。営業利益（営業損失）に、営業外収益と営業外費用を加減し

た額が、経常利益（経常損失）として表示される。経常利益とは、資金調達の巧拙等を含めた会社の事業全体の利益を表す（財務諸表等規則95条）。

③　不適切である。経常利益（経常損失）に特別利益と特別損失を加減した額が、税引前当期純利益（税引前当期純損失）として表示される。税引前当期純利益とは、臨時偶発的な要因により発生した損益も含めた最終的な会社全体の利益を表す（財務諸表等規則95条の4）。

④　適切である。税引前当期純利益（税引前当期純損失）に、当該事業年度に係る法人税、住民税および事業税ならびに法人税等調整額を加減した額が、当期純利益（当期純損失）として表示される。当期純利益とは、税金による影響を考慮した、最終的に会社に残る利益を表す（財務諸表等規則95条の5第1項、同2項）。

正解　③

第**2**回

模擬試験問題
解答・解説

解答

問題1	問題2	問題3	問題4	問題5	問題6	問題7	問題8	問題9	問題10
②	④	③	③	①	①	②	③	②	①

問題11	問題12	問題13	問題14	問題15	問題16	問題17	問題18	問題19	問題20
①	④	③	③	②	①	④	④	③	④

問題21	問題22	問題23	問題24	問題25	問題26	問題27	問題28	問題29	問題30
③	②	①	②	④	③	②	③	②	④

問題31	問題32	問題33	問題34	問題35	問題36	問題37	問題38	問題39	問題40
②	②	④	②	②	③	③	②	③	④

問題41	問題42	問題43	問題44	問題45	問題46	問題47	問題48	問題49	問題50
④	④	②	①	③	③	②	②	④	④

解説

法及び関係法令に関すること

【問題1】　用語の定義

a　不適切である。「顧客等」とは、資金需要者である顧客または保証人となろうとする者をいう（貸金業法2条4項）。

b　適切である（貸金業法2条9項）。

c　不適切である。設問に記載するものは、貸金業から除外されている（貸金業法2条1項5号、貸金業法施行令1条の2第7号）。

d　適切である（貸金業法2条19項）。

正解　②

【問題2】　貸金業の登録等（拒否）

①　登録を拒否されない。貸金業の登録を取り消された法人の当該取消しの日前30日以内に当該法人の役員であった者で、当該取消しの日から5年を経過しない者は、登録を拒否されるが、設問では5年が経過しているので、登録を拒否されない（貸金業法6条1項3号）。

②　登録を拒否されない。破産手続開始の決定を受けて復権を得ない者は登録が拒否されるが、復権を得れば、登録を拒否されない（貸金業法6条1項2

号）。

③　登録を拒否されない。暴力団員による不当な行為の防止等に関する法律 2
条 6 号に規定する暴力団員（以下、「暴力団員」という）または暴力団員で
なくなった日から 5 年を経過しない者は、登録が拒否されるが、設問では、
暴力団員でなくなった日から 6 年を経過しているため、登録は拒否されない
（貸金業法 6 条 1 項 6 号）。

④　登録を拒否される。貸金業を的確に遂行するための必要な体制が整備され
ていると認められない者は、貸金業の登録を拒否されるが、体制整備要件の
1 つとして、「常務に従事する役員のうちに貸付けの業務に 3 年以上従事し
た経験を有する者があること」があげられている。設問では経験年数が 2 年
未満なので、登録を拒否される（貸金業法 6 条 1 項15号、貸金業法施行規則
5 条の 7 第 1 項 2 号）。

正解　④

【問題 3】　監督措置

a　不適切である。貸金業者が、保証業者と貸付けに係る契約について保証契
約を締結した場合において、ⅰ当該貸金業者が、当該保証契約の締結にあた
り、その保証業者が取立て制限者であることを知らなかったことについて、
相当の理由があることを証明できず、かつ、ⅱ当該保証契約の締結を行った
取立て制限者が、当該保証に係る求償権等の取立てをするにあたり、貸金業
法21条 1 項の規定に違反し、または刑法もしくは暴力行為等処罰に関する法
律の罪を犯したときは、内閣総理大臣または都道府県知事は、当該貸金業者
に対し登録を取り消し、または 1 年以内の期間を定めて、その業務の全部も
しくは一部の停止を命ずることができるとされている。設問の場合、ⅰには
該当しないので、これらの処分を受ける事由に該当しない（貸金業法24条の
2 第 3 項、24条の 6 の 4 第 1 項 6 号）。

b　適切である（貸金業法24条の 6 の 6 第 1 項 2 号）。

c　不適切である。貸金業者の純資産額が最低純資産額を下回ることとなった
場合、登録の取消し、または（ 1 年以内の期間を定めたうえでの）業務の全
部もしくは一部の停止命令の対象となるが、直ちに処分されるわけではない
（貸金業法24条の 6 の 4 第 1 項 1 号、 6 条 1 項14号、監督指針Ⅲ－ 3 － 4 ）。

d　適切である（監督指針Ⅲ－ 3 － 3 ⑴）。

正解　③

【問題4】　貸金業の登録等（無登録営業）
① 不適切である。無登録営業は禁止されており、これに違反した法人に対しては、1億円以下の罰金（刑事罰）が科せられる。なお、これに違反した個人は懲役10年以下、もしくは3,000万円以下の罰金（刑事罰）、またはこれらを併科される（貸金業法11条1項、47条2号、51条1項1号）。
② 不適切である。貸金業の登録を受けていない者は、貸金業を営む目的をもって、貸付けの契約について勧誘することが禁じられているが、貸金業を営む目的を有していない場合は、刑事罰が科せられることはない（貸金業法11条2項2号）。
③ 適切である（貸金業法11条3項、24条の6の4第1項2号、47条の3第1項2号）。
④ 不適切である。貸金業の開始・休止・再開は、いずれもその旨を登録した行政庁（内閣総理大臣または都道府県知事）への届出事項であり、届出をせず、または虚偽の届出をした者は、50万円以下の罰金（刑事罰）が科せられる（貸金業法24条の6の2第1号、50条1項3号）。

正解　③

【問題5】　貸付条件等の掲示・広告
a 適切である（貸金業法14条1項、貸金業法施行規則11条5項）。
b 適切である（貸金業法14条1項、貸金業法施行規則11条5項ただし書）。
c 不適切である。貸付条件等の掲示内容は、金銭の貸付けに関する契約の場合、貸付けの利率、返済の方式、返済期間および返済回数、当該営業所または事務所に置かれる貸金業務取扱主任者の氏名、賠償額の予定に関する定めをする場合における当該賠償額の元本に対する割合、担保を供することが必要な場合における当該担保に関する事項、主な返済の例とされているが、設問の事項は含まれていない（貸金業法14条1項、貸金業法施行規則11条3項）。
d 不適切である。営業所または事務所（営業所等）に置かれる貸金業務取扱主任者の氏名は、貸付条件等の掲示事項に含まれている（貸金業法14条1項4号）。

正解　①

【問題6】　マンスリーステートメント
① 適切である（貸金業法17条1項、同6項、貸金業法施行規則13条17項1号

イ、ロ）。

② 不適切である。貸金業者Aが個人顧客Bに対し、マンスリーステートメントに記載すべき事項を電磁的方法により交付する場合は、あらかじめ用いる電磁的方法の種類および内容を示して、書面または電磁的方法による承諾を得る必要がある。さらに、承諾の内容を（書面その他適切な方法により）通知しなくてはならない（貸金業法17条7項、貸金業法施行令3条の4第1項、貸金業法施行規則1条の2の2第2項1号）。

③ 不適切である。貸金業者Aは個人顧客B（債務者）と極度方式貸付けに係る契約を締結し、マンスリーステートメントを交付する際は、簡素化書面を（契約締結時の書面と同様）遅滞なく交付しなければならない。貸金業法17条6項に基づく簡素化書面は、「貸付けに係る契約を締結したときは、遅滞なく交付する」とされている契約締結時の書面の代替的な書面にすぎず、マンスリーステートメントとは別物である（貸金業法17条1項、同6項、貸金業法施行規則13条17項）。

④ 不適切である。貸金業者Aは個人顧客B（債務者）と極度方式貸付けに係る契約を締結し、Bからその債務の全部の弁済を受けた場合において、Bの承諾を得て、マンスリーステートメントを交付する際は、簡素化書面を（受取証書と同様）弁済のつど、直ちに交付しなければならない。貸金業法18条3項に基づく簡素化書面は、「弁済を受けたときは、そのつど、直ちに交付する」とされている受取証書の代替的な書面交付方法にすぎず、マンスリーステートメントとは別物である（貸金業法18条1項、同3項、貸金業法施行規則15条4項）。

正解 ①

【問題7】 受取証書

① 不適切である。受取証書には、日本産業規格Ｚ八三〇五に規定する8ポイント以上の大きさの文字および数字を用いて明瞭かつ正確に貸金業法18条1項各号に規定する事項を記載しなければならない（貸金業法施行規則15条3項）。

② 適切である（貸金業法18条2項）。

③ 不適切である。貸金業者は、受取証書には、受領金額およびその利息、賠償額の予定に基づく賠償金または元本への充当額を記載する必要がある（貸金業法18条1項4号）。

④ 不適切である。貸金業者は、貸付けの契約に基づく債権の全部または一部

について弁済を受けたときは、原則として、その都度、直ちに受取証書を当該弁済をした者に交付しなければならない（貸金業法18条1項）。

正解　②

【問題8】　基準額超過極度方式基本契約

①　不適切である。貸金業法13条の3第2項の調査は、所定の期間の末日における極度方式基本契約に基づく極度方式貸付けの残高（当該極度方式基本契約の相手方である個人顧客と締結している当該極度方式基本契約以外の極度方式基本契約に基づく極度方式貸付けの残高を含む）の合計額が10万円以下である場合は、不要とされている（貸金業法施行規則10条の25第3項1号）。

②　不適切である。極度方式基本契約に基づく新たな極度方式貸付けを停止している場合、貸金業法13条の3第2項の調査は不要となるが、極度額の減額の措置を講じていたとしても、調査は不要とならない（貸金業法施行規則10条の25第3項2号）。

③　適切である。極度方式基本契約に基づく新たな極度方式貸付けの停止をしている場合、貸金業法13条の3第2項の調査は不要となる（貸金業法施行規則10条の25第3項2号）。

④　不適切である。指定信用情報機関への個人信用情報提供の依頼は、所定の期間の末日から3週間を経過する日までに行わなければならない（貸金業法施行規則10条の25第2項）。

正解　③

【問題9】　指定信用情報機関への情報提供

a　適切である（貸金業法41条の35）。

b　不適切である。加入貸金業者は、資金需要者である個人の顧客を相手方とする「貸付けに係る契約」を締結したときは、遅滞なく、当該貸付けに係る契約に係る個人信用情報を、信用情報提供契約を締結した指定信用情報機関に提供しなければならないが、ここでいう「貸付けに係る契約」には、「極度方式基本契約その他の内閣府令で定めるもの」が除かれており、極度方式基本契約の場合は対象外である（貸金業法41条の35第1項、同2項、貸金業法施行規則30条の13、同1条の2の3第1号）。

c　不適切である。同意に関する記録は、当該同意に基づき、指定信用情報機関が信用情報を保有している間保存しなければならない（貸金業法41条の36第3項、貸金業法施行規則30条の16）。

d　適切である（貸金業法41条の35第１項、同３項、貸金業法施行規則30条の
　　13第１項５号）。

正解　②

【問題10】　禁止行為

a　適切である（貸金業法12条の６第２号、24条の６の４第１項２号）。

b　不適切である。資金需要者等に対し、虚偽のことを告げる行為は禁止され
　　ており、違反すると１年以下の懲役もしくは300万円以下の罰金またはこれ
　　らが併科される（刑事罰の対象となる）（貸金業法12条の６第１号、48条１
　　項１号の２）。

c　適切である（監督指針Ⅱ－２－10(2)②トａ）。

d　不適切である。「重要な事項」（資金需要者等の利害に関する事項であっ
　　て、当該貸付けの契約の締結および変更にあたり、その意思決定に影響を及
　　ぼす事項をいう）について、「貸付けの利率の引上げ」「返済の方式の変更」
　　「賠償額の予定額の引上げ」は対象とされているが、「貸付けの利率の引下
　　げ」や「賠償額の予定額の引下げ」は対象とされていない（自主規制規則13
　　条）。

正解　①

【問題11】　債権譲渡等の規制

①　適切である（貸金業法16条の２第３項、24条２項）。

②　不適切である。貸金業者が貸付債権を他人に譲渡したときは、原則として
　　譲渡をした日から２週間以内に、登録した内閣総理大臣または都道府県知事
　　に、その旨を届け出なければならない（貸金業法24条の６の２第４号、貸金
　　業法施行規則26条の25第１項３号、同２項）。

③　不適切である。債務者等に対する貸金業法24条２項に基づく通知は、債権
　　譲渡人が行うものではなく、債権譲受人が行うものとされている（監督指針
　　Ⅱ－２－20(1)④）。

④　不適切である。協会員である貸金業者が廃業に伴って債権譲渡を行った場
　　合は、譲渡日から10年間帳簿を保管して、債務者等からの閲覧・謄写の請求
　　に応じる措置を講じるよう、努めることとされている（自主規制規則67条）。

正解　①

【問題12】 媒介手数料、賠償金、違約金の規制

① 不適切である。出資法においても、金銭を目的とする消費貸借上の債務の不履行による賠償額の予定を債務者である顧客との間で定める場合の上限が定められており、それを超えると、刑事罰の対象となる（出資法5条）。なお、設問の前段は適切である（利息制限法4条2項、7条2項）。

② 不適切である。金銭の貸借の媒介を行う者は、その媒介に係る貸借の金額の5％に相当する金額を超える手数料の契約をし、またはこれを超える手数料を受領してはならない（出資法4条1項）。ただし、「当該貸借の期間が1年未満であるものについては、当該貸借の金額に、その期間の日数に応じ、年5パーセントの割合を乗じて計算した金額」が収受できる媒介手数料の上限とされる。設問では、貸付期間が6年間なので、2,000万円×5％＝100万円が収受できる媒介手数料の上限となる。

③ 不適切である。金銭を目的とする消費貸借上の債務の不履行による賠償額の予定は、その賠償額の元本に対する割合が上限金利の1.46倍を超えるときは、その超過部分につき無効とされている（利息制限法4条）。しかし、営業的金銭消費貸借の場合には、債務の不履行による賠償額の予定は、その賠償額の元本に対する割合が年20％を超えるときは、その超過部分について、無効とする特則がある（利息制限法7条）。

④ 適切である（貸金業法第12条の8第1項、同3項）。

正解　④

【問題13】 上限金利規制

① 不適切である。契約の締結および債務の弁済の費用のうち、「公租公課の支払に充てられるべきもの」を受領した場合は、みなし利息とはならない（利息制限法6条2項1号）。

② 不適切である。金銭の貸付けおよび弁済に用いられるカードについては、債務者の要請による再発行の場合に限って、手数料はみなし利息とはならない（利息制限法6条1項、利息制限法施行令1条1号）。

③ 適切である。営業的金銭消費貸借の場合、同一借入人に対して、すでに貸付けがある場合、または同時に貸付けを行う場合には、他の貸付残高を合算して、利息制限法1条の利息の制限が適用される。したがって、設問の場合は（第二貸付契約の貸付額ではなく）、第一貸付額の残高を加えて判定することになる。第二貸付契約時には、第一貸付契約の残貸付額である5万円と第二貸付契約の元本額の8万円の合計13万円が基準となり、13万円＞10万円

であることから、利息制限法上の上限利率は年18％となる（利息制限法５条
１号）。

④　不適切である。損害賠償額の予定の上限は、利息制限法１条に規定する率
の1.46倍まで有効であるが、営業的金銭消費貸借契約の場合は、20％を超え
る部分が無効とされている。設問の20％はこの範囲内であるので、有効とな
る（利息制限法４条１項、７条１項）。

正解　③

【問題14】　不祥事件対応

a　適切である。不祥事件とは、貸金業の業務に関し法令に違反する行為のほ
か、ⅰ貸金業の業務に関し、資金需要者等の利益を損なうおそれのある詐
欺、横領、背任等、ⅱ貸金業の業務に関し、資金需要者等から告訴、告発さ
れまたは検挙された行為、ⅲその他貸金業の業務の適正な運営に支障を来す
行為またはそのおそれのある行為であって、上記に掲げる行為に準ずるもの
が該当するとされている（監督指針Ⅱ－２－８）。

b　適切である（監督指針Ⅱ－２－８(1)①）。

c　適切である（監督指針Ⅱ－２－８(2)）。

d　不適切である。資金需要者等の利益の保護の観点から重大な問題があると
認められるときには、貸金業者に対して、貸金業法24条の６の３の規定に基
づく業務改善命令を発出し、重大・悪質な法令違反行為が認められるときに
は、同法24条の６の４に基づく業務停止命令等の発出を検討するとされてい
る（監督指針Ⅱ－２－８(2)）。

正解　③

【問題15】　変更の届出

①　適切である（貸金業法４条１項５号、８条１項）。

②　不適切である。営業所または事務所ごとに置かれる貸金業務取扱主任者に
変更が生じた場合には、届け出が必要であるが、変更した日から２週間以内
に届け出ることで足りる（貸金業法４条１項６号、８条１項）。

③　適切である（貸金業法４条１項５号、８条３項、貸金業法施行規則８条６
号、貸金業法４条２項４号）

④　適切である（貸金業法４条１項２号、８条１項）。

正解　②

【問題16】 貸金業務取扱主任者

① 不適切である。貸金業務取扱主任者は、貸金業の業務に従事する者50名に つき１名以上の割合になるように設置することが必要であるので、設問の場 合、少なくとも５名以上の設置の必要がある。なお、この貸金業の業務に従 事する者については、いわゆる「正社員」、「派遣社員」など、雇用関係・雇 用形態は問わない（貸金業法12条の３第１項、貸金業法施行規則10条の８、 監督指針Ⅱ－２－９(2)②)。

② 適切である（貸金業法12条の３第３項）。

③ 適切である（貸金業法12条の３第１項、貸金業法施行規則10条の８、監督 指針Ⅱ－２－９(2)②)。

④ 適切である（貸金業法24条の６の３、24条の６の４）。

正解 ①

【問題17】 返済能力の調査等

① 適切である。極度方式基本契約における極度額を増額する場合には、原則 として、返済能力の調査が必要となる。ただし、延滞等や基準額超過などの 理由ではなく、債務者と連絡が取れないことを理由に、いったん極度額を引 き下げているケースで、後日連絡がついたことにより、元の極度額に戻す場 合は、「極度方式基本契約の相手方の利益の保護に支障を生ずることがない 場合」として、例外的に返済能力の調査は不要となる（貸金業法13条５項、 貸金業法施行規則10条の19）。

② 適切である。①の解説に記載された例外事由に該当しないため、返済能力 の調査が必要となる。なお、転職により、従来取得していた債務者の「資力 を明らかにする事項を記載した書面等」は使用できないため、極度額を見直 すことについては、新たな勤務先における「資力を明らかにする事項を記載 した書面等」を徴求する必要がある（貸金業法13条５項、貸金業法施行規則 10条の17第１項ただし書、10条の19）。

③ 適切である（貸金業法13条の３第１項、貸金業法施行規則10条の24第１項 １号）。

④ 不適切である。前半の「極度額の減額」および「新たな極度方式貸付けの 停止」は求められているが、その双方を同時に講じることまでは求められて おらず、また基準額超過極度方式基本契約に該当する旨を指定信用情報機関 に登録する措置についても、義務づけられてはいない（貸金業法13条の４、 貸金業法施行規則10条の29）。

正解　④

【問題18】　保証人への書面交付

① 　適切である。貸金業者は保証人となろうとする者に対し、概要書面と詳細書面を同時に交付しなければならない（貸金業法16条の 2 第 3 項、貸金業法施行規則12条の 2 第 7 項）。

② 　適切である。交付する書面には、日本産業規格Z8305に規定する 8 ポイント以上の大きさの文字および数字を用いて、明瞭かつ正確に記載しなければならない（貸金業法17条 1 〜 5 項、貸金業法施行規則13条15項）。

③ 　適切である。貸付けに係る契約の内容を明らかにする書面を保証人に交付する場合において、保証の対象となる貸付けに係る契約が 2 以上あるときは、まとめて記載して交付することは許されず、当該契約ごとに貸金業法17条 1 項各号に掲げる事項を記載しなければならない（貸金業法17条 4 項、貸金業法施行規則13条 8 項）。

④ 　不適切である。保証人への書面の交付に関しても、マンスリーステートメントを利用することができる（貸金業法17条 6 項、 4 項）。

正解　④

【問題19】　帳簿

a 　適切である（貸金業法19条の 2 ）。

b 　不適切である。営業所等が現金自動設備であるときは、帳簿の備付けを行う必要はないが、現金自動設備を通じて行った取引については、帳簿に記載をしなければならない（貸金業法施行規則17条 2 項）。

c 　不適切である。貸金業者は、原則として、閲覧だけでなく謄写についても応じる義務がある（貸金業法19条の 2 ）。

d 　適切である（貸金業法施行規則17条 1 項）。

正解　③

【問題20】　取立行為規制

① 　適切である（貸金業法21条 1 項 3 号）。

② 　適切である（貸金業法21条 3 項）。

③ 　適切である（貸金業法21条 1 項 9 号）。

④ 　不適切である。第 1 文、第 2 文前半は適切である（貸金業法21条 2 項、貸金業法施行規則19条 3 項 1 号）。書面またはこれに代わる電磁的記録を保証

人に対し送付する場合、保証契約の契約年月日および保証債務の極度額その他の保証人が負担する債務の範囲は、記載事項であるため、2文目後半が不適切である（貸金業法施行規則19条3項3号）。

正解 ④

【問題21】 監督措置（立入検査）

① 適切である（貸金業法24条の6の10第4項）。

② 適切である（監督指針Ⅲ−3−5(2)①）。

③ 不適切である。内閣総理大臣または都道府県知事は、貸金業者の営業所もしくは事務所の所在地または当該貸金業者の所在（法人である場合においては、その役員の所在）を確知できない場合、その事実を公告し、その公告の日から30日を経過しても当該貸金業者から申出がないときは、登録の取消しができる（貸金業法24条の6の6第1項1号）。

④ 適切である（貸金業法24条の6の3第1項）。

正解 ③

【問題22】 監督指針（内部管理態勢の整備）

① 適切である（監督指針Ⅱ−2−2(1)①）。

② 不適切である。監督指針において、「保証人や物的担保を徴求する貸付けにおいて、主債務者自身の返済能力ではなく、保証の履行や担保権実行を主な回収の手段とする貸付けの契約の締結を防止する措置が講じられているか」とされている（監督指針Ⅱ−2−13−2(1)①ロ b i)）。

③ 適切である（監督指針Ⅱ−2−9(1)②ハ）。

④ 適切である（監督指針Ⅱ−2−11(1)①）。

正解 ②

【問題23】 契約に係る説明態勢

① 不適切である。資金需要者等に対する勧誘状況および過去の取引状況等について、たとえば、顧客カードを整備し、特に、被勧誘者から「貸付けの契約を締結しない旨の意思の表示の有無」について、明確に記録されているかについて留意するものとしている。また、「貸付けの契約を締結しない旨の意思」については、当該勧誘を引き続き受けることを希望しない旨の意思を含むとしている（監督指針Ⅱ−2−11(1)②イ a）。

② 適切である（監督指針Ⅱ−2−11(1)②ロ b）。

③　適切である（監督指針Ⅱ－2－11(1)②ロ a ）。

④　適切である（監督指針Ⅱ－2－11(1)②イ b ）。

正解　①

【問題24】　個人信用情報

①　適切である（貸金業法41条の24）。

②　不適切である。「資金需要者である顧客または債務者の借入金の返済能力に関する情報」とは「信用情報」の定義であり、「個人信用情報」は、この信用情報のうち総量規制を実施するために特に必要となる一定の情報をいう（貸金業法 2 条13項、同14項、貸金業法施行規則30条の13）。

③　適切である（貸金業法41条の35第 1 項 1 号、貸金業法施行規則30条の13第 1 項各号）。

④　適切である。対象となる個人債務者に関して、いわゆる「配偶者貸付け」に係る契約が締結されている場合には、当該個人債務者の配偶者についての氏名、住所、生年月日等の情報が含まれることになる（貸金業法施行規則30条の13第 1 項 8 号）。

正解　②

【問題25】　システムリスク管理態勢

①　適切である（監督指針Ⅱ－2－4(1)②イ）。

②　適切である（監督指針Ⅱ－2－4(1)⑪イ）。

③　適切である（監督指針Ⅱ－2－4(1)⑨ハ）。

④　不適切である。貸金業務に重大な影響を及ぼすシステム障害等が発生した場合に、「速やかに」「経営陣」に報告するとともに、報告にあたっては、最悪のシナリオの下で生じうる最大リスク等を報告する態勢（たとえば、資金需要者等に重大な影響を及ぼす可能性がある場合、報告者の判断で過小報告することなく、最大の可能性を速やかに報告すること）について留意する必要があるとされている（監督指針Ⅱ－2－4(1)⑩ハ）。

正解　④

【問題26】　事務処理上の留意点

①　適切である（監督指針Ⅲ－1－6(1)）。

②　適切である（監督指針Ⅲ－1－5(1)）。

③　不適切である。設問の前段は適切であるが、貸金業協会に加入していない

貸金業者より、自主規制規則の水準に満たない内容等の社内規則等に係る承認申請があった場合、その理由等について貸金業法24条の6の10の規定に基づき報告を求め、当該非協会員の規模や特性を踏まえ、資金需要者等の利益の保護の観点から問題がないかどうか検証することとされている（監督指針Ⅲ－1－2(1)）。

④　適切である（監督指針Ⅲ－1－3）。

正解　③

【問題27】　外部委託

① 適切である（監督指針Ⅱ－2－2(1)②ロb）。

② 不適切である。監督指針は「クレジットカード情報等について、利用目的その他の事情を勘案した適切な保存期間を設定し、保存場所を限定し、保存期間経過後適切かつ速やかに廃棄しているか」と規定しており、クレジットカード情報については、保存期間経過後の速やかな廃棄が求められている（監督指針Ⅱ－2－2(1)②ハc）。

③ 適切である（監督指針Ⅱ－2－3(1)②）。

④ 適切である（監督指針Ⅱ－2－3(1)⑩）。

正解　②

貸付け及び貸付けに付随する取引に関する法令及び実務に関すること

【問題28】　制限行為能力者

① 不適切である。被保佐人は、自己が所有する動産を、6か月を超える期間を定めて他人に賃貸する場合、その保佐人の同意を得なければならないが、設問では6か月を超えていないので、保佐人の同意を得る必要はない（民法13条1項9号、602条4号）。

② 不適切である。成年被後見人の法律行為は、原則として取り消すことができる。ただし、日用品の購入その他日常生活に関する行為については、この限りではない（民法9条）。

③ 適切である（民法21条）。

④ 不適切である。制限行為能力者の相手方は、その制限行為能力者が行為能力者となった後、その者に対し、1か月以上の期間を定めて、その期間内にその取り消すことができる行為を追認するかどうかを確答すべき旨の催告をすることができる。この場合において、その者がその期間内に確答を発しないときは、その行為を追認したものとみなされる（民法20条1項）。

正解　③

【問題29】　時効・期間の計算

① 不適切である。期間の計算において、日、週、月または年によって期間を定めたときは、期間の初日は、算入しない。ただし、その期間が午前 0 時から始まるときは、期間の初日を算入する（民法140条）。

② 適切である。強制執行、担保権の実行、民事執行法195条に規定する担保権の実行としての競売の例による競売、民事執行法196条に規定する財産開示手続は、時効の完成猶予事由に該当する（民法148条 1 項）。

③ 不適切である。時効は、権利の承認があったときは、その時から新たにその進行を始めるが、時効の更新の効力を生ずべき承認をするには、相手方の権利についての処分につき行為能力の制限を受けていないことまたは権限があることを要しない（民法152条 1 項、同 2 項）。

④ 不適切である。確定判決または確定判決と同一の効力を有するものによって確定した権利については、10年より短い時効期間の定めがあるものであっても、その時効期間は、10年とするが、この規定は、確定の時に弁済期の到来していない債権については、適用しない（民法169条 1 項、同 2 項）。

正解　②

【問題30】　債権譲渡

① 不適切である。債権は自由に譲渡できるが、当事者間でこれを禁止することもできる。ただし、譲渡制限特約が付されていても、債権譲渡の効力は有効である（民法466条 2 項）。もっとも、債権の譲受人が譲渡制限特約について悪意または重過失がある場合には、債務者は、譲受人に対する債務の履行を拒むことができ、かつ、譲渡人に対する弁済等の債務消滅事由をもって譲受人に対抗することができる（民法466条 3 項）。しかし、譲受人は、債務者が債務を履行しない場合には、債務者に対し、相当の期間を定めて、譲渡人への債務の履行をするよう催告をすることができ、その期間内に履行がないときは、債務者は譲受人に対して債務を履行しなければならない（民法466条 4 項）。

② 不適切である。債権譲渡においても、債務者の有していた抗弁権は原則として制限されず、債務者は、対抗要件具備時までに譲渡人に対して生じた事由をもって譲受人に対抗することができる（民法468条 1 項）。

③ 不適切である。債務者は、対抗要件具備時より前に取得した譲渡人に対す

る債権による相殺をもって譲受人に対抗することができる（民法469条１項）。

④　適切である。債権の譲渡（現に発生していない債権の譲渡を含む）は、譲渡人が債務者に通知をし、または債務者が承諾をしなければ、債務者その他の第三者に対抗することができない（民法467条１項）。この通知または承諾は、確定日付のある証書によってしなければ、債務者以外の第三者に対抗することができない（民法467条１項、同２項）。

正解　④

【問題31】　金銭消費貸借契約

a　適切である。金銭その他の物を給付する義務を負う者がある場合において、当事者がその物を消費貸借の目的とすることを約したときは、消費貸借は、これによって成立したものとみなされる（民法588条）。

b　不適切である。債務者Aが、金銭消費貸借契約の締結の際に、すでに事理弁識能力を欠き、被後見人となっていたのであれば、Aの行為は、日用品の購入その他日常生活に関する行為以外は、取り消すことができる。しかし、被後見人となったのは契約締結後のことであるので、取消しなどにより、効力を喪失させることはできない（民法９条）。

c　不適切である。書面でする消費貸借の借主は、貸主から金銭その他の物を受け取るまで、契約の解除をすることができる。この場合において、貸主は、その契約の解除によって損害を受けたときは、借主に対し、その賠償を請求することができる（民法587条の２第２項）。

d　適切である。消費貸借は、当事者の一方が種類、品質および数量の同じ物をもって返還をすることを約して相手方から金銭その他の物を受け取ることによって、その効力を生ずるとされており、利息の約定がなくても成立する。民法上の消費貸借契約において、利息の約定がない場合は、利息請求を行うことはできない（民法587条、589条）。

正解　②

【問題32】　抵当権

①　不適切である。抵当権者は、利息その他の定期金を請求する権利を有するときは、その満期となった最後の２年分についてのみ、その抵当権を行使することができる（民法375条１項）。

②　適切である（民法396条）。

③　不適切である。根抵当権について、元本の確定前に根抵当権者から債権を

取得した者は、その債権について根抵当権を行使することができない（民法398条の７第１項）。

④　不適切である。抵当権者は、その抵当権を他の債権の担保とし、または同一の債務者に対する他の債権者の利益のためにその抵当権もしくはその順位を譲渡し、もしくは放棄することができる。そして、その抵当権設定者に対する対抗要件は、主たる債務者に対する通知または主たる債務者の承諾である（民法376条１項、377条１項）。

正解　②

【問題33】　弁済

①　不適切である。債務者が一個または数個の債務について元本のほか利息および費用を支払うべき場合（債務者が数個の債務を負担する場合にあっては、同一の債権者に対して同種の給付を目的とする数個の債務を負担するときに限る）において、弁済をする者がその債務の全部を消滅させるのに足りない給付をしたときは、これを順次に費用、利息および元本に充当しなければならない（民法489条１項）。

②　不適切である。第１文は適切である（民法502条１項）。しかし、第２文は不適切である。債権の一部について代位弁済があったときは、代位者は、その弁済をした価額に応じて、債権者とともにその権利を行使するが、債務不履行による契約解除は、債権者のみすることができる（民法502条４項）。

③　不適切である。債務者のために弁済をした者は、債権者に代位する（民法499条）。

④　適切である（民法477条）。

正解　④

【問題34】　相続

①　不適切である。相続においては、相続人間の遺産分割協議により、相続財産の配分割合等を定めることができる。ただし、債務の負担割合を相続人間の協議で決めることは、債権者の権利侵害に当たるので認められない。判例では、連帯債務者の１人が死亡した場合、その相続人らは被相続人の債務の分割されたものを承継し、各自その承継した範囲において、本来の債務者とともに連帯債務者となるとされている。したがって、ＣはＤに対して、法定相続分である50万円（Ｄは配偶者として２分の１が法定相続分である）の弁済を請求することが可能となる（民法907条１項、909条、最高裁昭和34年６

月19日判決）。

② 適切である。Aが死亡してもBの地位に変化はなく、Bは連帯債務者として、100万円全額の連帯債務を負う（民法436条）。

③ 不適切である。改正前の民法においては、時効の完成も絶対的効力が生じるとされていたが、2020年4月施行の改正民法において、相対的効力に変更されている。そのため、連帯債務者の1人であるEのために時効が完成しても、その連帯債務者Eの負担部分について、他の連帯債務者Bはその義務を免れることはできない（民法441条）。

④ 不適切である。改正前の民法においては、債務の免除も絶対的効力が生じるとされていたが、2020年4月施行の改正民法において、相対的効力に変更されている。そのため、連帯債務者の1人Fに対してした債務の免除は、他の連帯債務者DおよびEの利益のためには効力が生じない（民法441条）。

正解　②

【問題35】　破産手続

① 不適切である。「財団債権」とは、破産手続によらないで破産財団から随時弁済を受けることができる債権をいう（破産法2条7項）。

② 適切である（破産法65条1項）。

③ 不適切である。破産債権者は、破産手続開始時に破産者に対して債務を負担するときは、破産手続によらないで、相殺をすることができるが、破産手続開始後に破産財団に対して債務を負担したときは、相殺をすることができない（破産法67条1項、71条1項1号）。

④ 不適切である。裁判所は、破産財団をもって破産手続の費用を支弁するのに不足すると認めるときは、破産手続開始の決定と同時に、破産手続廃止の決定をしなければならないが、破産手続の費用を支弁するのに足りる金額の予納があった場合には、破産手続廃止の決定は行われない（破産法216条1項、同2項）。

正解　②

【問題36】　意思表示と取消し・無効

① 適切である。ＸＹ間の不動産売買契約は、虚偽表示により行われたものなので、無効となる。設問の場合、事情を知らない善意の第三者に対しては、契約の無効を主張できないが、Ｚは事情を知っている悪意の第三者である。したがって、ＸはＹとの売買契約の無効を、Ｚに対して主張することができ

る（民法94条 1 項、同 2 項）。

② 適切である。錯誤の表意者に重大な過失があった場合には、①相手方が、意思表示をした人に錯誤があることを知っているか、または重大な過失によって知らなかったとき、もしくは、②相手方も意思表示をした人と同じ錯誤に陥っていたときでない限り、意思表示を取り消すことはできないとされている（民法95条 3 項）。

③ 不適切である。Y に騙されて、不動産の売買契約を締結した場合、X は詐欺を理由として、売買の意思表示を取り消すことができる。設問の場合、不動産の購入者 Z が事情を知っている悪意の第三者であるため、X は Y との売買契約の取消しを Z に対して主張することができる（民法96条 1 項、同 3 項）。

④ 適切である。電子消費者契約において、数量等の錯誤により申込みをした場合には、錯誤に関する表意者の重大な過失に関する民法95条 3 項の規定は原則適用されず、消費者は取消しに関する意思表示をすることができる。ただし、相手方事業者が申込みや承諾の意思表示に際して、パソコンなどの操作画面で注文内容の確認画面を用意し、申込みまたはその承諾の意思表示を行う意思の有無について確認を求める措置を講じていた場合や、申込者（消費者）が「確認画面は必要ない」という意思表示をした場合には、取消しの意思表示をすることができない。したがって、X は Y に対し、重大な過失があったことを理由に、契約を取り消すことはできないと主張することができる（民法95条 3 項、電子消費者契約法 3 条）。

正解 ③

【問題37】 債務不履行

① 適切である（民法416条 2 項）。

② 適切である。いわゆる過失相殺である（民法418条）。

③ 不適切である。当事者は、債務の不履行について損害賠償の額を予定することができる（民法420条 1 項）。

④ 適切である（民法422条）。

正解 ③

【問題38】 代理

① 適切である（民法101条 3 項）。

② 不適切である。制限行為能力者が代理人としてした行為は、行為能力の制

限によっては取り消すことができない（民法102条）。

③　適切である（民法104条）。

④　適切である（民法106条2項）。

正解　②

【問題39】　相殺

①　適切である。相殺をするためには、自働債権と受働債権の両債権が弁済期にあることが要求されている（民法505条1項）。しかし、判例では、自働債権の弁済期が到来していれば、受働債権の期限が到来していなくても、受働債権の期限の利益を放棄して相殺することができるとされている（大審院昭和9年9月15日判決）。

②　適切である（民法506条1項）。

③　不適切である。悪意による不法行為に基づく損害賠償の債務を受働債権とする相殺は禁止されている（民法509条）。他方、判例では、不法行為に基づく損害賠償債権を自働債権とし、不法行為による損害賠償債権以外の債権を受働債権とする相殺はできるとされている（最高裁昭和42年11月30日判決）。

④　適切である（民法508条）。

正解　③

【問題40】　連帯債務・連帯保証

①　適切である。債務の目的がその性質上可分である場合において、法令の規定または当事者の意思表示によって数人が連帯して債務を負担するときは、債権者は、その連帯債務者の1人に対し、または同時にもしくは順次にすべての連帯債務者に対し、全部または一部の履行を請求することができる（民法436条）。

②　適切である。連帯債務者の1人について法律行為の無効または取消しの原因があっても、他の連帯債務者の債務は、その効力を妨げられない（民法437条）。

③　適切である。連帯債務者の1人と債権者との間に混同があったときは、その連帯債務者は、弁済をしたものとみなされる（民法440条）。

④　不適切である。「債務の承認」については、他の連帯債務者に対して効力を生じることはなく、その効力は当該承認をした者にとどまる。つまり、連帯債務者のうちの1人が債務を承認し、時効の更新の効力が生じたとしても、他の連帯債務者に対しては、時効の更新の効力は及ばない（民法441条）。

正解　④

【問題41】　不当利得・事務管理

① 適切である（民法705条）。

② 適切である（民法708条）。

③ 適切である（民法697条、699条）。

④ 不適切である。法律上の原因なく他人の財産または労務によって利益を受け、そのために他人に損失を及ぼした者は、その利益の存する限度において、これを返還する義務を負うのが原則であるが、悪意である場合には、その受けた利益に利息を付して返還しなければならない（民法703条、704条）。

正解　④

【問題42】　少額訴訟・督促手続

① 適切である（民事訴訟法373条1項）。

② 適切である（民事訴訟法375条1項）。

③ 適切である（民事訴訟法391条1項）。

④ 不適切である。少額訴訟による審理および裁判は、同一の簡易裁判所において同一の年に「10回」を超えてこれを求めることができない（民事訴訟法368条1項、民事訴訟規則223条）。

正解　④

資金需要者等の保護に関すること

【問題43】　景品表示法

a 適切である（景品表示法2条4項）。

b 不適切である。事業者は、自己の供給する商品または役務の取引について、景品類の提供または表示により不当に顧客を誘引し、一般消費者による自主的かつ合理的な選択を阻害することのないよう、景品類の価額の最高額、総額その他の景品類の提供に関する事項および商品または役務の品質、規格その他の内容に係る表示に関する事項を適正に管理するために必要な体制の整備その他の必要な措置を講じなければならない。努力義務にとどまるものではない（景品表示法26条1項）。

c 不適切である。内閣総理大臣は、景品類の制限および禁止または不当な表示の禁止に違反する行為があるときは、当該事業者に対し、その行為の差止めもしくはその行為が再び行われることを防止するために必要な事項または

これらの実施に関連する公示その他必要な事項を命ずることができるとされており、これを措置命令という。しかし、設問のような「違反すると疑われる行為」に関しては、措置命令の対象にはならない（景品表示法7条1項）。

d　適切である（景品表示法29条1項）。

正解　②

【問題44】　消費者契約法

a　適切である（消費者契約法4条2項）。

b　適切である（消費者契約法4条3項2号、5条1項）。

c　不適切である。消費者契約において、事業者の債務不履行により消費者に生じた損害を賠償する責任の全部を免除し、または当該事業者にその責任の有無を決定する権限を付与する条項は、無効である（消費者契約法8条1項1号）。

d　不適切である。設問の行為は無効とはならず、取り消すことができるにとどまる（消費者契約法4条4項）。

正解　①

【問題45】　犯罪収益移転防止法

①　適切である（犯罪収益移転防止法8条1項）。

②　適切である（犯罪収益移転防止法5条）。

③　不適切である。設問の前段は適切である（犯罪収益移転防止法6条1項）。特定事業者は、確認記録を、特定取引等に係る契約が終了した日その他の主務省令で定める日から、7年間保存しなければならない（同2項）。

④　適切である（犯罪収益移転防止法施行規則9条、10条1号）。

正解　③

【問題46】　個人情報保護

①　適切である（金融分野ガイドライン12条2項）。

②　適切である（金融分野ガイドライン12条1項）。

③　不適切である。金融分野における個人情報取扱事業者は、個人情報保護法27条に従い、原則として、あらかじめ本人に同意を得ることなく、個人データを第三者に提供してはならないとされている。ただし、個人情報取扱事業者が利用目的の達成に必要な範囲内において個人データの取扱いの全部または一部を委託する場合、当該個人データの提供を受ける者は、上記の「第三

者」に該当しないので、あらかじめ本人に同意を得ることなく、当該個人
データを当該委託先に提供することができる（「個人情報の保護に関する法
律についてのガイドライン」（通則編）３－６－３）。

④　適切である（金融分野ガイドライン12条２項）。

正解　③

【問題47】　総量規制から「除外」される契約

a　適切である。設問の契約は、「個人過剰貸付契約から除かれる契約」（総量
　規制から「除外」される契約）に該当する（貸金業法施行規則10条の21第１
　項３号）。

b　適切である。設問の契約は、「個人過剰貸付契約から除かれる契約」（総量
　規制から「除外」される契約）に該当する（貸金業法施行規則10条の21第１
　項１号）。

c　不適切である。設問の契約は、緊急に認められる医療費として「個人顧客
　の利益の保護に支障を生ずることがない契約」（総量規制の「例外」となる
　契約）に該当する（貸金業法施行規則10条の23第１項２号）。

d　不適切である。設問の契約は、⒤金融機関からの「正規貸付け」が行われ
　ることが確実であると認められ、かつ、⒠返済期間が１か月を超えない契約
　の「つなぎ融資」として「個人顧客の利益の保護に支障を生ずることがない
　契約」（総量規制の「例外」となる契約）に該当する（貸金業法施行規則10
　条の23第１項６号）。

正解　②

財務及び会計に関すること

【問題48】　資力を明らかにする書面

①　不適切である。「給与所得控除後の金額」から「所得控除の額の合計額」
　を差し引いた額に税率を乗じて得られる額が「源泉徴収税額」であり、設問
　のような計算方法で求められる金額ではない。

②　適切である。納税証明書は資力を明らかにする書面に該当し、その要件と
　して、一般的に発行される直近の期間（当該直近の期間を含む連続した期間
　における事業所得の金額を用いて基準額を算定する場合にあっては、当該直
　近の期間を含む連続した期間）に係るものと規定されている。同様の要件が
　規定されている書面としては、納税通知書や所得証明書が該当する（貸金業
　法施行規則10条の17第１項７の２号、同２項４号）。

③ 不適切である。地方税については、源泉徴収されているため、（特別徴収義務者である）会社から交付される給与の支払明細書には、地方税に係る金額が記載されている。

④ 不適切である。事業所得に該当するのは、所得税青色申告決算書の損益計算書に記載される売上金額（収入金額）ではなく、所得金額である。なお、青色申告決算書（一般用）の損益計算書では、まず「売上（収入）金額（雑収入を含む）」から「売上原価」を控除し、差引金額を計算する。さらにそこから「経費」を控除し、「各種引当金・準備金等」の繰戻し・繰入れ等の金額調整を行い、最後に「青色申告特別控除額」を控除することで、所得金額が計算される（国税庁 タックスアンサー No.1350）。

正解 ②

【問題49】 株式会社の計算書類等

ア 正解は「財産及び損益」である。なお、設問にある「その他株式会社の財産及び損益の状況を示すために必要かつ適当なものとして法務省令で定めるもの」とは、株主資本等変動計算書および個別注記表のことである。また、計算書類等は、作成した時から10年間の保存義務が定められている（会社法435条2項、同4項、会社計算規則59条1項）。

イ 正解は「附属明細書」である。計算書類に係る附属明細書には、貸借対照表、損益計算書、株主資本等変動計算書および個別注記表の内容を補足する重要な事項を表示する必要があり、事業報告に係る附属明細書には、事業報告の内容を補足する重要な事項を表示する必要がある（会社法435条2項、会社法施行規則128条1項、会社計算規則117条）。

ウ 正解は「定款」である。公開会社でない株式会社（監査役会設置会社および会計監査人設置会社を除く）は、定款で定めることにより、監査役の監査の範囲を会計に関するものに限定することができる。公開会社でない株式会社とは、一般にイメージされる非上場会社という意味ではなく、その会社の発行するすべての株式について、譲渡を行う際には当該会社の承認を要する旨の定款の定めを設けている会社を意味する（会社法436条1項、389条1項）。

エ 正解は「定時株主総会」である。監査役設置会社においては、取締役は、監査役の監査を受けた計算書類および事業報告を定時株主総会に提出し、または提供しなければならない（会社法438条1項1号）。

正解 ④

【問題50】　企業合計原則

①　適切である。いわゆる総額主義の原則に関する説明である（企業会計原則　損益計算書原則１B）。

②　適切である（企業会計原則　第一　一般原則１、注７）。

③　適切である（企業会計原則　損益計算書原則３A）。

④　不適切である。純損益計算の区分は、経常損益計算の結果を受けて、前期損益修正額、固定資産売却損益等の特別損益を記載し、当期純利益を計算する。なお、経常損益計算の区分にあたっては、営業損益計算の結果を受けて、利息および割引料、有価証券売却損益その他営業活動以外の原因から生ずる損益であって特別損益に属しないものを記載し、経常利益を計算する（企業会計原則　損益計算書原則２B、C、４～８）。

正解　④

試験問題を解くテクニック

以下のテクニックは，一般的な傾向を示したものであり，すべての問題にあてはまるわけではありません。

❶ わかる問題から先に解き，苦手な問題は後回し

試験時間は 120 分，4択50問なので，1問あたり2分半を切るペースで解いていかなければならない。ペース配分が重要。

❷ 記述が貸金業法をはじめ，法律の趣旨に沿ったものであれば ⇒ **適切**

貸金業法の趣旨	● 貸金業を営む者の業務の適正な運営の確保 ● 資金需要者の利益の保護

❸ 記述が「一切・・・（でき）ない」であれば ⇒ **不適切**

> 例　貸金業者は，資金需要者等の自殺を保険事故とする保険契約を一切締結してはならない。

❹ 記述が「必ず・・・（なければ）ならない」であれば ⇒ **不適切**

> 例　民事訴訟では，必ず弁護士を訴訟代理人として選任しなければならない。

❺ 記述のなかに「・・・のみ・・・」があれば ⇒ **不適切**

> 例　貸金業者が，貸付債権を譲渡したときには，譲渡した相手方の商号，名称または氏名および住所についてのみ帳簿に記載すればよい。

❻ 記述が「・・・までは・・・いない」であれば ⇒ **不適切**

> 例　貸金業の業務に従事する者は，貸金業務取扱主任者が行う助言を尊重するとともに、その指導に従わなければならないが，貸金業者は，貸金業務取扱主任者が職務を適切に遂行できるよう必要な配慮をすることまでは求められていない。

❼ 記述が「・・・限り，・・・できる（できない）」であれば ⇒ **不適切**

> 例　監督当局は，貸金業者の業務の運営に関し，法令違反または法令違反の疑いがある場合に限り，当該貸金業者に対して，業務の運営の改善に必要な措置を命ずることができる。

貸金主任者試験
ポイント50

1

貸金業法の概要

✓チェック ☐ ☐ ☐

1. 貸金業法の目的

①貸金業法の目的	(a) 貸金業を営む者について登録制度を実施し，その事業に対し必要な規制を行うとともに，貸金業者の組織する団体を認可する制度を設け，その適正な活動を促進する (b) 指定信用情報機関の制度を設けることにより，貸金業を営む者の業務の適正な運営の確保および資金需要者等の利益の保護を図るとともに，国民経済の適切な運営に資することを目的とする

2. 貸金業の適正化

①貸金業への参入条件の厳格化	(a) **純資産**が5,000万円以上であることを求める (b) **貸金業務取扱主任者**について，1つの営業所等において貸金業の業務に従事する者50名につき1名以上の割合で配置
②貸金業協会の自主規制機能強化	(a) 貸金業協会を**認可法人**とし，貸金業者の加入を確保 (b) 自主規制ルールなど，当局が認可する枠組みを導入
③行為規制の強化	(a) **取立規制**をさらに強化 (b) 契約締結前の書面交付を義務化 (c) 自殺を保険事故とする保険契約を禁止 (d) 公正証書作成についての規制強化 (e) 連帯保証人に対する説明義務を強化

3. 過剰貸付けの抑制

①指定信用情報機関制度の創設	(a) 貸金業者が借り手の総借入残高を把握するためのインフラとして信用情報機関を指定する制度を導入 (b) 指定信用情報機関相互の残高情報等の交流を義務化
②総量規制の導入	(a) 借り手の返済能力の調査を義務化 (b) 借り手が個人の場合には，(a) の調査に際して指定信用情報機関の信用情報の使用を義務化 (c) 一定の場合に年収等の資料の取得を義務化 (d) 総借入残高が**年収の3分の1**を超える貸付けなど，返済能力を超えた貸付けを原則として禁止

4. 金利体系の適正化

①上限金利	出資法の上限金利を年20％とする
②金利概念	みなし利息の範囲，保証業者の保証料の金利合算

2 貸金業法における用語の定義

チェック □ □ □

[図2-1]

貸金業	貸付け（金銭の貸付けまたは金銭の貸借の媒介）を業として行うもの（ただし，国または地方公共団体が行うもの，**同一の会社等の集団および経営を共同で支配する会社等への貸付けのみを行う他の会社等**を除く）
貸金業者	貸金業登録を受けた者
顧客等	資金需要者である顧客または**保証人となろうとする者**
債務者等	債務者または**保証人**
資金需要者等	**顧客等**または**債務者等**
個人顧客	**資金需要者**である個人の顧客
貸付けの契約	貸付けに係る契約または**当該契約に係る保証契約**
極度方式基本契約	貸付けに係る契約のうち，資金需要者である顧客によりあらかじめ定められた条件に従った返済が行われることを条件として，当該顧客の請求に応じ，極度額の限度内において貸付を行うことを約するもの（いわゆるリボルビング契約）
極度方式貸付け	極度方式基本契約に基づく貸付け（リボルビング契約に基づく個別の貸付け）
個人過剰貸付契約	個人顧客を相手方とする貸付けに係る契約（**除外貸付**（※1）および極度方式貸付けに係る契約を除く）で，当該貸付けに係る契約を締結することにより，当該個人顧客に係る**個人顧客合算額**（除外貸付に係る貸付けの残高を除く）が当該個人顧客に係る**基準額（年収等の3分の1）を超えることとなるもの（例外貸付**（※2）を除く） （※1　住宅資金貸付契約その他内閣府令で定める契約） （※2　当該個人顧客の利益の保護に支障を生ずることがない契約として内閣府令で定めるもの）

住宅資金貸付契約	住宅の建設もしくは購入に必要な資金（住宅の用に供する**土地**または**借地権**の取得に必要な資金を含む）または住宅の改良に必要な資金の貸付けに係る契約
基準額超過極度方式基本契約	個人顧客を相手方とする極度方式基本契約で，当該極度方式基本契約が締結されていることにより，当該個人顧客に係る極度方式個人顧客合算額が当該個人顧客に係る基準額を超えることとなるもの（当該個人顧客の利益の保護に支障を生ずることがない極度方式基本契約として内閣府令で定めるものを除く）
当該貸金業者合算額	①貸金業者が締結しようとする貸付けの契約（貸付けに係る契約に限る）に係る貸付けの金額（リボルビング契約にあっては極度額）＋②当該個人顧客と①以外の貸付けに係る契約を締結しているときはその貸付けの残高（リボルビング契約にあっては極度額）
個人顧客合算額	①当該貸金業者合算額＋②信用情報により判明した他社残高
個人顧客に係る基準額	個人顧客の①年間の給与および②これに類する定期的な収入の金額として内閣府令で定めるものを合算した額に3分の1を乗じて得た額
極度方式個人顧客合算額	①当該リボルビング契約の極度額＋②当該個人顧客と①以外の貸付けに係る契約を締結しているときは，その貸付けの残高（リボルビング契約にあっては極度額）（住宅資金貸付契約等に係る貸付けの残高を除く）＋③信用情報により判明した他社残高（住宅資金貸付契約等に係る貸付けの残高を除く）
信用情報	**資金需要者**である顧客または債務者の借入金の返済能力に関する情報
個人信用情報	個人を相手方とする貸付けに係る契約（リボルビング契約その他の内閣府令で定めるものを除く）に係る①氏名および住所等②契約年月日③貸付けの金額等
指定信用情報機関	**内閣総理大臣**の指定を受けた信用情報機関
苦情処理手続	貸金業務関連苦情（貸金業務に関する苦情）を処理する手続
紛争解決手続	貸金業務関連紛争（貸金業務に関する紛争で当事者が和解をすることができるもの）について，訴訟手続によらずに解決を図る手続
紛争解決等業務	苦情処理手続および紛争解決手続に係る業務ならびにこれに付随する業務

| 手続実施基本契約 | 紛争解決等業務の実施に関し指定紛争解決機関と貸金業者との間で締結される契約 |
| 電磁的記録 | 電子的方式，磁気的方式その他人の知覚によっては認識することができない方式で作られる記録であって，電子計算機による情報処理の用に供されるものとして内閣府令で定めるもの |

[図2-2]　【資金需要者等の概念図】

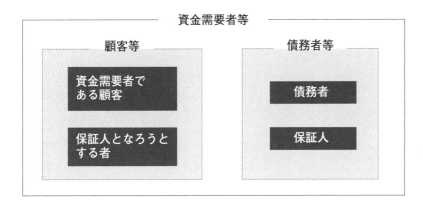

[図2-3]　【営業所等と代理店の整理】

	代理店		自動契約受付機		現金自動設備	
	当該代理店は貸金業者	代理店が貸金業者以外	独立した設置	営業所等と同一敷地内・隣接地に設置	独立した設置	営業所等と同一敷地内・隣接地に設置
営業所等の登録	要	要	要	要	要	不要
貸金業務取扱主任者の設置	兼務可	常時勤務者中から設置必要（兼務不可）	兼務可	兼務可	兼務可	不要

3 貸金業登録

1．登録を行う行政庁

［図3-1］

営業の形態	登録を受ける行政庁
営業所または事務所を2以上の都道府県の区域内に設置して事業を行う場合	財務（支）局長
営業所または事務所を1つの都道府県の区域内のみに設置して事業を行う場合	都道府県知事

2．登録申請書

　登録を受けるためには，次の事項を記載した登録申請書を上記行政庁宛に提出する。

①　商号，名称または氏名および住所
②　法人の場合：役員の氏名，商号または名称および政令で定める使用人（**重要な使用人**）の氏名
③　個人である場合：**重要な使用人**があるときは，その者の氏名
④　未成年者である場合：法定代理人の氏名
⑤　営業所等の名称および所在地
⑥　営業所等ごとに置かれる**貸金業務取扱主任者**の氏名および登録番号
⑦　その業務に関して**広告または勧誘をする際に表示等をする営業所等事務所**の電話番号その他の連絡先であって内閣府令で定めるもの
　（※）　090等の携帯電話番号は，電話番号として記載することはできない。
⑧　業務の種類および方法
⑨　他に事業を行っているときは，その事業の種類

　なお，申請書には，以下のような所定の書類を添付する必要がある。
　　①　**貸金業務取扱主任者に係る登録通知書の写し**
　　②　貸金業の業務に関する**社内規則**
　　③　貸金業の業務に関する**組織図**および営業所等ごとの**貸付けの業務の経験者各1名の業務経歴書**

3．役員

　貸金業を営もうとする者が法人である場合には，登録を受けるために提出する登録申請書に「**役員**」の氏名等を記載する必要がある。「**役員**」とは，業務執行社員，取締役，執行役，代表者，管理人その他これらに準ずる者をいう。また，「法人に対し，これらの者と同等以上の支配力を有するものと認められる者として内閣府令で定めるもの」も役員に含まれる。

　なお，執行役員は，従業員としての地位にあるため，「役員」には含まれない（後述の「政令で定める使用人」（**重要な使用人**）には該当する場合がある）。

4．重要な使用人

　貸金業を営もうとする者において「政令で定める使用人」（いわゆる**重要な使用人**）がいる場合には，登録申請書にその氏名等を記載する必要がある。

---

① 　支配人，本店長，支店長，営業所長，事務所長など，**その他いかなる名称を有する者であるかを問わず営業所等の業務を統括する者**

② 　主たる営業所等の部長，次長，課長その他いかなる名称を有する者かを問わず，それらと同等以上の職にある者であって，貸付け，債権の回収および管理その他資金需要者等の利益に重大な影響を及ぼす業務について，一切の裁判外の行為をなす権限を有する者

③ 　貸付けに関する業務に従事する使用人の数が**50人以上の従たる営業所等**においては，支店次長や副支店長，副所長その他いかなる名称を有する者かを問わず，**当該営業所等の業務を統括する者の権限を代行できる地位にある者**

5．登録の拒否

　行政庁は，登録を受けようとする者が以下のような事由に該当する場合には，登録を拒否しなければならない。また，行政庁は，登録申請書もしくはその添付書類のうちに重要な事項について虚偽の記載があり，もしくは重要な事実の記載が欠けているときは，その登録を拒否しなければならない。

---

① 　心身の故障により貸金業を適正に行うことができない者として内閣府令で定める者

② 　破産手続開始の決定を受けて復権を得ない者

③ 　「貸金業法」または「金融サービス提供法」の規定による登録取消処分の日から**5年**を経過しない者（法人の場合はその取消しの日前30日以内に役員であった者で取消しの日から5年を経過しないものを含む）

④ 　禁錮以上の刑に処せられ，その刑の執行を終わり，または刑の執行を受

けることがなくなった日から5年を経過しない者

⑤ 「貸金業法」,「出資法」,「旧貸金業者の自主規制の助長に関する法律」,「暴力団員による不当な行為の防止等に関する法律」もしくは「金融サービス提供法」の規定に違反し,または貸付けの契約の締結もしくは当該契約に基づく債権の取立てにあたり,「物価統制令」の規定に違反し,もしくは「刑法」もしくは「暴力行為等処罰に関する法律」の罪を犯し,罰金の刑に処せられ,その刑の執行を終わり,または刑の執行を受けることがなくなった日から5年を経過しない者

⑥ 「暴力団員による不当な行為の防止等に関する法律」に規定する暴力団員または暴力団員でなくなった日から5年を経過しない者(以下,これらを「暴力団員等」という)

⑦ a 「貸金業法」上の登録取消処分について「行政手続法」の規定による通知があった日から,実際に処分がなされる日,またはなされないことが決定する日までの間に,解散または貸金業の廃止の届出をした者(これら届出事項につき相当の理由がある者を除く)で,その届出の日から5年を経過しないもの

b 金融サービス提供法上の登録取消処分(貸金業貸付媒介業務の種別に係るものに限る)について「行政手続法」の規定による通知があった日から,実際に処分がなされる日,またはなされないことが決定する日までの間に,金融サービス仲介業の廃止,分割による事業承継または事業譲渡の届出をした者(これら届出事項につき相当の理由がある者を除く)で,その届出の日から5年を経過しない者

c 上記aの期間内に,合併による法人の消滅,解散または貸金業の廃止の届出をした法人(これら届出事項につき相当の理由がある法人を除く)の当時の役員で,aの通知があった日の30日前からその地位にあった者で,その届出の日から5年を経過しないもの

d 上記bの期間内に,合併による法人の消滅,解散または金融サービス仲介業の廃止,分割による事業承継もしくは事業譲渡の届出をした法人(これら届出事項につき相当の理由がある法人を除く)の当時の役員で,bの通知があった日の30日前からその地位にあった者で,その届出の日から5年を経過しないもの

e 監督上の処分(貸金業法または金融サービス提供法の規定)として当局から解任を命ぜられた役員で,その処分を受けた日から5年を経過しないもの

f 監督上の処分(貸金業法または金融サービス提供法の規定)に該当するとして,役員解任命令に係る「行政手続法」の規定による通知があった者で,その通知の日から実際に処分がなされる日,またはなされないことが決定する日までの間に退任した,これらの命令に

より解任されるべきとされた者（退任につき相当の理由がある者を除く）で当該退任の日から5年を経過しない者

⑧　営業に関し成年者と同一の行為能力を有しない未成年者でその法定代理人が上記①〜⑦のいずれかに該当するもの

⑨　法人で，その役員または重要な使用人のうちに次のいずれかに該当する者のあるもの

　　a　心身の故障のため貸金業に係る職務を適正に執行することができない者として内閣府令で定める者

　　b　上記②〜⑦のいずれかに該当する者

⑩　個人で，「重要な使用人」のうちに次のいずれかに該当する者のあるもの

　　a　心身の故障のため貸金業に係る職務を適正に執行することができない者として内閣府令で定める者

　　b　上記②〜⑦のいずれかに該当する者

⑪　暴力団員等がその事業活動を支配する者

⑫　暴力団員等をその業務に従事させ，またはその業務の補助者として使用するおそれのある者

⑬　営業所または事務所について第12条の3に規定する要件（貸金業務取扱主任者の設置）を欠く者

⑭　純資産額が貸金業の業務を適正に実施するために必要かつ適当な金額に満たない者

⑮　貸金業を的確に遂行するための**必要な体制**が整備されていると認められない者

⑯　他に営む業務が公益に反すると認められる者

なお，前記⑭の「必要かつ適当な金額」は，5,000万円とされている。
また，前記⑮の「必要な体制」として，次の人的体制を整える必要がある。

a　**常務に従事する役員のうちに貸付けの業務に3年以上従事した経験を有する者があること**（「常務に従事」しているとは，必ずしも「常勤」までは求められないが，たとえば取締役会の開催日だけ出勤している程度では，常務に従事しているということはできない）

b　**営業所等**（現金自動設備を除く）**ごとに貸付けの業務に1年以上従事した者が常勤の役員または使用人として1人以上在籍していること**（「常勤」については，貸金業者の営業時間内にその営業所または事務所に常時駐在することまでは求められないものの，当該貸金業者の営業の実態および社会通念に照らし，相応の勤務実態が必要である）

また，一定の要件を満たすNPOバンクには，一定の例外が認められている。

⑭について
低金利での貸付け（年利7.5％以下）および生活困窮者向けの貸付けによる利息収入が過半であること等の要件を充たすことで，適用が除外され，最低純資産額は500万円となる。

⑮について
貸付けの業務に３年以上従事した経験を有する者から適時に必要な助言または指導を受けることができる体制整備ができていること等を条件に，初回の登録については，貸付業務経験者を確保する必要がないとされ，上記aおよびbは，審査の際の基準とはされていない。

4 変更の届出，登録換え

1．変更の届出

貸金業者が，登録申請書記載の事項のうち，以下の事項を変更する場合には，**事前の届出**が必要となる。
［図4-1］

事前の届出が必要となる変更事項
営業所等の名称，所在地
業務に関して広告，勧誘をする際に表示等をする営業所等の電話番号その他の連絡先（電話番号，フリーダイヤルの電話番号，統一番号サービスの電話番号，ホームページアドレス，メールアドレス）

上記以外の事項を変更する場合には，貸金業者は，当該**変更の日から2週間以内に登録をした行政庁**にその旨を届け出ることが必要とされている。

2．登録の更新

貸金業者登録の**有効期間は3年**。この有効期間を経過すると登録は効力を失うことになるので，貸金業を継続しようとする場合には，**期間満了の2カ月前までに更新の申請**をしなければならない。

3．登録換え

登録を受けた者に次の事由が生じたときは，登録の有効期間中であっても，新たな登録（登録換え）をしなければ，引き続き貸金業を営むことができない。登録換えの申請は，**従前の登録がなされた行政庁を通じて**手続を行わなければならない（図4-2）。

4．廃業の届出

貸金業者に死亡，合併による消滅，その他一定の事由が生じた場合には，**30日以内に，登録をした財務（支）局長または都道府県知事に届出**を行う必要がある。廃業の届出事由と届出義務者は図4-3のとおり。

[図4-2]

登録換えが必要となる事由	新規登録を行う行政庁
財務（支）局長の登録を受けた者が，1つの都道府県の区域内にのみ営業所等を有することとなったとき	当該都道府県知事
都道府県知事の登録を受けた者が従前の営業所等をすべて廃止し，他の都道府県の区域内のみに営業所等を設置することになったとき	新規に設置する営業所等の所在する都道府県知事
都道府県知事の登録を受けていた者が，2以上の都道府県に営業所等を有することとなった場合	主たる営業所等を管轄する財務（支）局長

[図4-3]

事由	届出義務者
① 死亡	その**相続人**（相続人は，被相続人の死亡後60日以内は，引き続き貸金業を営むことができる）
② 法人の合併等による消滅	消滅した法人を**代表する役員**であった者
③ 破産手続開始の決定	その**破産管財人**
④ 法人の合併等および破産手続開始の決定以外の理由による解散	その**清算人**（人格のない社団または財団にあっては，その代表者または管理人であった者）
⑤ 貸金業の廃止	貸金業者であった個人または貸金業者であった法人を**代表する役員**
⑥ 金融サービス提供法の登録（貸金業貸付媒介業務の種別に係るものに限る）または同法の変更登録（貸金業貸付媒介業務の種別の追加に係るものに限る）を受けた場合	当該登録または変更登録を受けた者

　なお，貸金業者が死亡，合併により消滅，破産等をした場合は，有効期間が経過する前でも登録の効力は失われる。登録が効力を失うと，無登録となるため，新規貸付けなどの貸金業を営むことはできなくなるが，既存の契約については**取引を終了する目的の範囲内では，貸金業者とみなされる**ので，取引終了のために必要な行為を行うことができる。

5 内部管理態勢

✓チェック ☐☐☐

1．内部管理と内部監査

　貸金業者向けの総合的な監督指針（以下「監督指針」という）では，貸金業者に対して，内部管理部門および内部監査部門の機能強化などの内部管理態勢の確立・整備を要求している。**内部管理部門**とは，法令および社内規則等を遵守した業務運営を確保するための内部事務管理部署，法務部署等を指す。また，**内部監査部門**とは，営業部門から独立した検査部署，監査部署等をいい，内部監査には，内部管理の一環として被監査部門等が実施する検査等を含まない。

　両者の関係を模式的に示すとすれば，次のとおりである。

[図5-1]

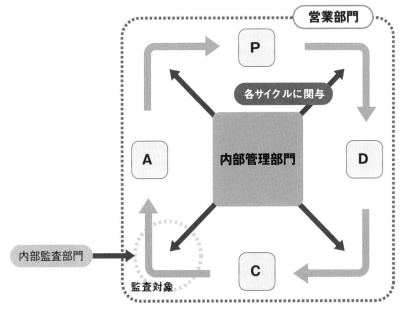

　上記の図のとおり，営業部門においては，いわゆるPDCAサイクル（Plan（計画），Do（実行），Check（点検），Action（改善）という行動を順次，段階的に実行し，さらに，次のサイクルでも同様の行動を継続的に行うプログラム）によ

り，コンプライアンスが実施されているところ，内部管理部門は，営業部門の内側から，PDCAサイクルのすべての段階に関わる形で関与する部門となる。

これに対して**内部監査部門は，営業部門から独立した部門**であり，主にPDCAサイクルのチェックの段階に関与することになる。

なお，小規模な貸金業者や個人事業者である貸金業者が，外部監査を利用する場合は，外部監査人に対して，監査目的を明確に指示し，監査結果を業務改善に活用するための態勢を整備する必要がある。また，自己検証を実施する場合は，自己検証項目を設定し，少なくとも月１回以上，自己検証を行うことが求められる。

２．法令遵守

監督指針では，法令等遵守態勢として以下の点を着眼点としてあげている。

---

① コンプライアンスに係る基本的な方針，具体的な実践計画（コンプライアンス・プログラム）や行動規範（倫理規程，コンプライアンス・マニュアル）等が策定され，定期的または必要に応じ，見直しが行われているか。特に，業績評価や人事考課等において収益目標（ノルマ）に偏重することなく，コンプライアンスを重視しているか。また，これらの方針等は役職員に対して周知徹底が図られ，十分に理解されるとともに，日常の業務運営において実践されているか。
② 社内規則等は，貸金業協会の自主規制規則に則った内容となっているか。
③ 法令および社内規則等に則った適切な業務運営が行われているか，不適切な取扱いについて速やかに改善しているか。
④ 主任者の機能や主任者の機能の発揮状況について，その評価およびフォローアップが行われているか。

３．顧客情報の管理

資金需要者等のうち個人である者に関する情報は，個人情報に該当するため，個人情報保護法に従った安全管理措置などが必要になる。

また，クレジットカード情報（カード番号，有効期限等）を含む個人情報（以下「クレジットカード情報等」という）は，情報が漏えいした場合，不正使用等の二次被害が生じる可能性が高く，厳格な管理が必要である。

さらに，貸金業者は，法人関係情報を入手しうる立場であることから，その厳格な管理とインサイダー取引等の不公正な取引の防止が求められる。

これらの点を踏まえ，監督指針では，貸金業者の情報管理態勢に関し，以下の点を主な着眼点としてあげている。

① 法令等を踏まえた社内規則等の整備

　　社内規則等において，法令および協会の自主規制規則等を踏まえ，適切な顧客等に関する情報管理のための方法および組織体制の確立（部門間における適切なけん制の確保を含む）等を具体的に定めているか。特に，情報の当該貸金業者以外の者への伝達については，上記の法律，金融分野における個人情報保護に関するガイドライン（以下「金融分野ガイドライン」という）および金融分野における個人情報保護に関するガイドラインの安全管理措置等についての実務指針（以下「実務指針」という）の規定に従い手続きが行われるよう十分な検討を行った上で取扱基準を定めているか。

② 法令等を踏まえた顧客等に関する情報管理に係る実施態勢の構築

　　a　社内規則の周知・徹底

　　　　役職員が社内規則等に基づき，適切に顧客等に関する情報の管理を行うよう，社内研修等により周知徹底を図っているか。

　　b　顧客等に関する情報管理態勢に係る着眼点

　　（a）　顧客等に関する情報への**アクセス管理の徹底**（アクセス権限を付与された本人以外が使用することの防止等），内部関係者による顧客等に関する情報の持出しの防止に係る対策，外部からの不正アクセスからの防御等情報管理システムの堅牢化，営業所等の統廃合等を行う際の顧客等に関する情報の漏えい等の防止などの対策を含め，顧客等に関する情報の管理状況を適時・適切に検証できる態勢となっているか。また，**特定役職員に集中する権限等の分散**や，幅広い権限等を有する役職員への管理・けん制の強化を図る等，顧客等に関する情報を利用した不正行為を防止するための適切な措置を図っているか。

　　（b）　顧客等に関する情報の漏えい等が発生した場合に，適切に責任部署へ報告され，**二次被害等の発生防止**の観点から，対象となった資金需要者等への説明，当局への報告および**必要に応じた公表**が迅速かつ適切に行われる体制が整備されているか。また，情報漏えい等が発生した原因を分析し，再発防止に向けた対策が講じられているか。さらには他社における漏えい事故等を踏まえ，類似事例の再発防止のために必要な措置の検討を行っているか。

　　c　個人情報保護に関する着眼点

　　（a）　個人である資金需要者等に関する情報については，その安全管理および役職員の監督について，当該情報の漏えい，滅失またはき損の防止を図るために必要かつ適切な措置として以下の措置が

講じられているか。
（安全管理について必要かつ適切な措置）
・金融分野ガイドライン8条の規定に基づく措置
・実務指針Ⅰおよび別添2の規定に基づく措置
（役職員の監督について必要かつ適切な措置）
・金融分野ガイドライン9条の規定に基づく措置
・実務指針Ⅱの規定に基づく措置

（b）　個人である資金需要者等の**人種，信条，門地，本籍地，保健医療または犯罪経歴**についての情報その他の特別の**非公開情報**（※）について，人の生命，身体または財産の保護のために必要である場合など，金融分野ガイドライン5条1項各号に列挙する場合を除き，利用しないことを確保するための措置が講じられているか。

（※）その他特別の非公開情報とは，以下の情報をいう
　　　イ．労働組合への加盟に関する情報
　　　ロ．民族に関する情報
　　　ハ．性生活に関する情報
　　　ニ．個人情報の保護に関する法律施行令2条4号に定める事項に関する情報
　　　ホ．個人情報の保護に関する法律施行令2条5号に定める事項に関する情報
　　　ヘ．犯罪により害を被った事実に関する情報
　　　ト．社会的身分に関する情報

（c）　クレジットカード情報等については，以下の措置が講じられているか。
・クレジットカード情報等について，利用目的その他の事情を勘案した適切な保存期間を設定し，保存場所を限定し，保存期間経過後適切かつ速やかに廃棄しているか。
・業務上必要とする場合を除き，クレジットカード情報等をコンピューター画面に表示する際には，**カード番号を全て表示させない等の適切な措置**を講じているか。
・独立した内部監査部門において，クレジットカード情報等を保護するためのルールおよびシステムが有効に機能しているかについて，定期的または随時に内部監査を行っているか。

d　法人関係情報を利用したインサイダー取引等の不公正な取引の防止
（a）　役職員による**インサイダー取引等の不公正な取引の防止**に向け，職業倫理の強化，関係法令や社内規則の周知徹底等，法令等

遵守意識の強化に向けた取組みを行っているか。
（b）　法人関係情報を入手し得る立場にある役職員が当該法人関係情報に関連する有価証券の売買その他の取引等を行った際には報告を義務づける等，不公正な取引を防止するための適切な措置を講じているか。
③　内部管理部門等による実効性確保のための措置
　　顧客等に関する情報管理について，内部管理部門における定期的な点検や内部監査を通じ，その実施状況を把握・検証しているか。また，当該検証等の結果に基づき，態勢の見直しを行うなど，顧客等に関する情報管理の実効性が確保されているか。

6 外部委託

✓チェック ☐ ☐ ☐

1．外部委託先の監督

　貸金業者は，**貸金業の業務**について**第三者**に委託する場合，委託先における当該業務の的確な遂行を確保するための措置を講じることが義務づけられている。

　貸金業の業務とは，貸付けの契約の締結ならびに貸付けの契約に基づく金銭の交付および債権回収だけでなく，勧誘等を含む**より広い概念**をいい，資金需要者等と直接の接点を有するものでなくても，これに含まれることになる。

　また，**第三者への委託**とは，業務の遂行に関して貸金業者の個別具体的な指図を受けることなく独立して業務を行うことを内容とする関係があることをいう。一方，雇用契約に基づき雇用する従業者や労働者派遣契約に基づく派遣社員との関係は，業務遂行に関し貸金業者の個別具体的な指図を受けることが予定され，かつ事業者に従属して事務を行うものであるから，委託には該当しない。

2．外部委託にあたっての留意事項

　監督指針は，貸金業者が外部委託を行う際の留意事項として，以下の点を着眼点としてあげている。

> ① 委託先の選定基準や外部委託リスクが顕在化したときの対応などを規定した社内規則等を定め，役職員が社内規則等に基づき適切な取扱いを行うよう，社内研修等により周知徹底を図っているか。
> ② 委託先における法令等遵守態勢の整備について，必要な指示を行うなど，適切な措置が確保されているか。また，外部委託を行うことによって，検査や報告命令，記録の提出など監督当局に対する**義務の履行等を妨げないような措置**が講じられているか。
> ③ 委託契約によっても当該貸金業者と資金需要者等との間の権利義務関係に変更がなく，資金需要者等に対しては，**当該貸金業者自身が業務を行ったものと同様の権利**が確保されていることが明らかとなっているか。
> ④ 委託業務に関して契約どおりサービスの提供が受けられない場合，貸金業者は顧客利便に支障が生じることを未然に防止するための態勢を整備しているか。

⑤　委託先における目的外使用の禁止も含めて顧客等に関する情報管理が整備されており，委託先に守秘義務が課せられているか。

⑥　個人である資金需要者等に関する情報の取扱いを委託する場合には，当該委託先の監督について，当該情報の漏えい，滅失またはき損の防止を図るために必要かつ適切な措置として，金融分野ガイドライン12条の規定に基づく措置および実務指針Ⅲの規定に基づく措置が講じられているか。

⑦　外部委託先の管理について，責任部署を明確化し，外部委託先における業務の実施状況を定期的または必要に応じて**モニタリングする等，外部委託先において顧客等に関する情報管理**が適切に行われていることを**確認**しているか。

⑧　外部委託先において**漏えい事故等が発生した場合に，適切な対応がなされ，速やかに委託元に報告される体制**になっていることを確認しているか。

⑨　外部委託先による顧客等に関する情報へのアクセス権限について，委託業務の内容に応じて必要な範囲内に制限しているか。その上で，外部委託先においてアクセス権限が付与される役職員およびその権限の範囲が特定されていることを確認しているか。

　さらに，アクセス権限を付与された本人以外の第三者が当該権限を使用すること等を防止するため，外部委託先において定期的または随時に，利用状況の確認（権限が付与された本人と実際の利用者との突合を含む）が行われている等，アクセス管理の徹底が図られていることを確認しているか。

⑩　**二段階以上の委託**が行われた場合には，外部委託先が再委託先等の事業者に対して十分な監督を行っているかについて確認しているか。また，必要に応じ，再委託先等の事業者に対して貸金業者自身による直接の監督を行っているか。

⑪　委託業務に関する苦情等について，資金需要者等から委託元である貸金業者への直接の連絡体制を設けるなど適切な苦情相談態勢が整備されているか。

3．システムリスク管理態勢の充実強化
（1）　システムリスク管理態勢の充実強化の必要性

　貸金業者の中には，貸金業務（金銭の交付・債権の回収（弁済の受領），貸付けに係る契約の締結，返済能力調査，帳簿の作成，個人信用情報の登録等を含む）をコンピューターシステムを用いて大量に処理する者もおり，そのような貸金業者においてシステム障害やサイバーセキュリティ事案が発生した場合は，資

金需要者等の社会経済生活に影響を及ぼすおそれがある。また，その影響は単に一貸金業者にとどまらないことが想定される。このような観点から，システムリスク管理態勢の充実強化が求められている。

　また，貸金業者のIT戦略は，近年の金融をめぐる環境変化も勘案すると，今や貸金業者のビジネスモデルを左右する重要課題となっており，貸金業者において経営戦略をIT戦略と一体的に考えていく必要性が増している。こうした観点から，貸金業者の規模や業務特性に応じて，経営者がリーダーシップを発揮し，ITと経営戦略を連携させ，企業価値の創出を実現するための仕組みである「ITガバナンス」が適切に機能することがきわめて重要となっている。

（2）　システムリスクとは

　一定の貸金業者には，システムリスクについて一定の管理が求められている。

　システムリスクとは，コンピューターシステムのダウンまたは誤作動等，システムの不備もしくはコンピューターが不正に使用されることにより，資金需要者等または貸金業者が損失を被るリスクをいう。

　また，サイバーセキュリティ事案とは，情報通信ネットワークや情報システム等の悪用により，サイバー空間を経由して行われる不正侵入，情報の窃取，改ざんや破壊，情報システムの作動停止や誤作動，不正プログラムの実行やDDoS攻撃等の，いわゆる「サイバー攻撃」により，サイバーセキュリティが脅かされる事案をいう。

　監督指針では，システム障害とサイバーセキュリティ事案を合わせて「システム障害等」と呼び，システムリスク管理態勢の検証については，貸金業者の業容に応じて，12項目からなる着眼点を定め，検証することとしている。

① 　システムリスクに対する認識等
② 　システムリスク管理態勢
③ 　システムリスク評価
④ 　情報セキュリティ管理
⑤ 　サイバーセキュリティ管理
⑥ 　システム企画・開発・運用管理
⑦ 　システム監査
⑧ 　外部委託管理
⑨ 　コンティンジェンシープラン
⑩ 　障害発生時等の対応
⑪ 　現金自動設備に係るシステムのセキュリティ対策
⑫ 　システム統合リスク

7 苦情対応・不祥事件対応

1．金融ADR制度の導入

　訴訟に代わる，あっせん・調停・仲裁等の合意に基づく紛争の解決手段として，「金融ADR制度」（金融機関の業務に関する紛争を解決するための裁判以外の紛争解決手続）が導入された。貸金業者としても金融ADR制度への対応が必要である。

　貸金業者が金融ADR制度に関して行うべき対応は，指定紛争解決機関（指定ADR機関）が存在するかどうかにより異なるが，日本貸金業協会は，指定紛争解決機関に指定されている。そこで，指定紛争解決機関が存在することを前提として，以下のような対応が必要となる。

① まず，貸金業者は，指定紛争解決機関である同協会との間で，手続実施基本契約を締結しなければならない。
② また，貸金業者は上記基本契約を締結後，指定紛争解決機関の商号または名称を公表するだけでなく，契約締結前書面や契約締結時書面にも指定紛争解決機関の商号または名称を記載することが求められている。
③ さらに，貸金業者は，登録をした内閣総理大臣または都道府県知事に提出する事業報告書，登録申請書の添付書類などにも指定紛争解決機関の商号または名称の記載が必要である。

　これらの点の詳細は，次の図7-1を参照。

　図7-1に加え，貸金業者が指定紛争解決機関である日本貸金業協会と手続実施基本契約を締結した場合には，同契約に基づく次の義務を負う。

① 貸金業法14条の貸付条件等の掲示に併せて，「日本貸金業協会貸金業相談・紛争解決センター」の名称を記載・表示する義務
② 貸金業法21条2項の催告書面（電磁的記録を含む）に，「日本貸金業協会貸金業相談・紛争解決センター」の名称を記載する努力義務

[図7-1]

	手続の応諾義務
実際に金融ADR制度が利用された段階	貸金業者は，指定紛争解決機関または紛争解決委員から苦情処理手続または紛争解決手続に応じるよう求められた場合，正当な理由なくこれを拒むことができない。
	帳簿書類等の提出義務 貸金業者は，指定紛争解決機関または紛争解決委員から報告または帳簿書類その他の物件の提出を求められた場合，正当な理由なくこれを拒むことができない。
	報告義務 貸金業者は，訴訟が係属している請求を目的とする紛争解決手続が開始された場合には，当該訴訟が係属している旨，当該訴訟における請求の理由および当該訴訟の程度を指定紛争解決機関に報告することが必要である。また，紛争解決手続の目的となった請求に係る訴訟に関し，当該訴訟の程度その他の事項の報告を求められた場合には，当該事項を指定紛争解決機関に報告することが必要である。さらに，これらの訴訟が裁判所に係属しなくなった場合またはその訴訟について裁判が確定した場合にはその旨およびその内容を指定紛争解決機関に報告する必要がある。
	情報提供義務 貸金業者は，資金需要者等に対し指定紛争解決機関による紛争解決等業務の実施について周知するため，必要な情報の提供その他の措置を講じることが必要である。
	特別調停案の受諾義務 貸金業者は，紛争解決委員から提示された特別調停案を原則として受諾しなければならない。

2．紛争解決等業務に関する規則

　日本貸金業協会は，指定紛争解決機関としての指定を受けるに際し，「紛争解決等業務に関する規則」を策定しているため，加入貸金業者は，当該規則に従い，金融ADR制度に参加することが必要となる。

3．苦情対応態勢

　① 法令等を踏まえた社内規則等の整備
　② 法令等を踏まえた苦情等対処の実施態勢の構築
　　a 社内規則等の周知・徹底
　　b 苦情等対処の実施態勢
　　・貸金業者は，苦情等への対処に関し，適切に担当者を配置しているか。
　　・資金需要者等からの苦情等について，関係部署が連携のうえ，速やかに処理を行う態勢を整備しているか。特に，苦情等対処における主管

　　部署および担当者が，個々の役職員が抱える資金需要者等からの苦情
　　等の把握に努め，速やかに関係部署に報告を行う態勢を整備している
　　か。

・苦情等の解決に向けた進捗管理を適切に行い，長期未済案件の発生を
　防止するとともに，未済案件の速やかな解消を行う態勢を整備してい
　るか。

・苦情等の発生状況に応じ，受付窓口における対応の充実を図るととも
　に，資金需要者等の利便に配慮したアクセス時間・アクセス手段（た
　とえば，電話，手紙，FAX，eメール等）を設定する等，広く苦情等
　を受け付ける態勢を整備しているか。また，これら受付窓口，申出の
　方式等について広く公開するとともに，資金需要者等の多様性に配慮
　しつつ分かりやすく周知する態勢を整備しているか。

・苦情等対処にあたっては，個人情報について，個人情報の保護に関す
　る法律その他の法令等に沿った適切な取扱いを確保するための態勢を
　整備しているか。

・代理店および金融サービス仲介業者（金融サービス提供法11条6項に
　規定する金融サービス仲介業者をいい，貸金業貸付媒介業務を行う者
　に限る）を含め，業務の外部委託先が行う委託業務に関する苦情等に
　ついて，貸金業者への直接の連絡体制を設けるなど，迅速かつ適切に
　対処するための態勢を整備しているか。

・反社会的勢力による苦情等を装った圧力に対しては，通常の苦情等と
　区別し，断固たる対応をとるため関係部署に速やかに連絡し，必要に
　応じ警察等関係機関との連携を取ったうえで，適切に対処する態勢を
　整備しているか。

c　資金需要者等への対応

・苦情等への対処について，単に処理の手続の問題と捉えるにとどまら
　ず事後的な説明態勢の問題として位置づけ，苦情等の内容に応じ資金
　需要者等から事情を十分にヒアリングしつつ，可能な限り資金需要者
　等の理解と納得を得て解決することを目指しているか。

・苦情等を申し出た資金需要者等に対し，申出時から処理後まで，資金
　需要者等の特性にも配慮しつつ，苦情等対処の手続の進行に応じた適
　切な説明（たとえば，苦情等対処手続の説明，申出を受理した旨の通
　知，進捗状況の説明，結果の説明等）を必要に応じて行う態勢を整備
　しているか。

・申出のあった苦情等について，貸金業者自身において対処するばかり
　でなく，苦情等の内容や資金需要者等の要望等に応じ，資金需要者等
　に対して適切な外部機関等（金融ADR制度において貸金業者が利用

している外部機関も含む）を紹介するとともに，その標準的な手続の概要等の情報を提供する態勢を整備しているか。なお，複数ある苦情処理・紛争解決の手段（金融ADR制度を含む）は任意に選択しうるものであり，外部機関等の紹介にあたっては，資金需要者等の選択を不当に制約することとならないよう留意する必要がある。

・外部機関等（金融ADR制度において貸金業者が利用している外部機関も含む）において苦情等対処に関する手続が係属している間にあっても，当該手続の他方当事者である資金需要者等に対し，必要に応じ，適切な対応（一般的な資料の提供や説明など資金需要者等に対して通常行う対応等）を行う態勢を整備しているか。

d　情報共有・業務改善等

・類型化した苦情等およびその対処結果等が内部管理部門や営業所等に報告されるとともに，重要案件と認められた場合，速やかに内部監査部門や経営陣に報告されるなど，事案に応じ必要な関係者間で情報共有が図られる態勢を整備しているか。

・苦情等の内容及び対処結果について，自ら対処したものに加え，外部機関が介在して対処したものを含め，適切かつ正確に記録・保存しているか。また，これらの苦情等の内容および対処結果について，指定ADR機関より提供された情報等も活用しつつ，分析し，その分析結果を継続的に資金需要者等対応・事務処理についての態勢の改善や苦情等の再発防止策・未然防止策に活用する態勢を整備しているか。

e　外部機関等（金融ADR制度において貸金業者が利用している外部機関も含む）との関係

・迅速な苦情等解決を図るべく，外部機関等に対し適切に協力する態勢を整備しているか。

・外部機関等に対して，自ら紛争解決手続の申立てを行う際，自らの手続を十分に尽くさずに安易に申立てを行うのではなく，資金需要者等からの苦情等の申出に対し，十分な対応を行い，かつ申立ての必要性につき適切な検討を行う態勢を整備しているか。

f　利息制限法に定める制限利率を超える利息・賠償額の支払が約定された債権について，債務者等または債務者等であった者から，当該制限利率に基づく引き直し計算による債権の減額または制限利率を超える利息・賠償額の返還を求められた場合に，当該相手方の法律的知識に十分配慮したうえで，可能な限り誠実な対応に努める態勢を整備されているか。

③　内部管理部門等による実効性確保のための措置

苦情等対処に関して，内部管理部門等における定期的な点検や内部監

　査を通じ，その実施状況を把握・検証すること。また，当該検証等の結
　果に基づき，必要に応じて実施方法等の見直しを行うなど，苦情等対処
　機能の実効性を確保されているか。
　　さらに，苦情等対処の結果を業務運営に反映させる際，業務改善・再
　発防止等必要な措置を講じることの判断および苦情等対処態勢のあり方
　についての検討および継続的な見直しについて，経営陣が指揮する態勢
　を整備されているか。

4．不祥事件への対応

　不祥事件とは，貸金業の業務に関し法令に違反する行為のほか，①資金需要者
等の利益を損なうおそれのある詐欺，横領，背任等，②資金需要者等から告訴，
告発されまたは検挙された行為，などが該当する。そして，監督指針では，不祥
事件への監督当局の対応に関し，以下の点を着眼点としてあげている。

①　貸金業者において不祥事件が発覚し，当該貸金業者から第一報があった
　　場合は，以下の点を確認するものとする。なお，貸金業者から第一報が
　　なく届出書の提出があった場合にも，同様の取扱いとする。
　a　社内規則等に則った内部管理部門への迅速な報告および経営陣への報告
　b　刑罰法令に抵触しているおそれのある事実については，警察等関係機
　　　関等への通報
　c　独立した部署（内部監査部門等）での不祥事件の調査・解明の実施
②　不祥事件と貸金業者の業務の適切性の関係については，以下の着眼点に
　　基づき検証を行うこととする。
　a　不祥事件の発覚後の対応は適切か。
　b　不祥事件への経営陣の関与はないか，組織的な関与はないか。
　c　不祥事件の内容が資金需要者等に与える影響はどうか。
　d　内部牽制機能が適切に発揮されているか。
　e　再発防止のための改善策の策定や自浄機能は十分か，関係者の責任の
　　　追及は明確に行われているか。
　f　資金需要者等に対する説明や問合せへの対応等は適切か。

8 貸金業務取扱主任者

1．登録・更新登録

　貸金業務取扱主任者の登録を受けるには，貸金業務取扱主任者資格試験に合格したうえで，主任者登録申請書を内閣総理大臣に提出し，登録拒否事由（復権を得ていない破産者，禁錮以上の刑に処せられ，その刑の執行後5年を経過しない者，暴力団員等）の該当がないか等の審査を受ける必要がある。

　貸金業務取扱主任者の**登録有効期間は3年**で，3年ごとに登録の更新を行わないと，その効力を失うことになる。主任者登録を更新するには，**更新登録の申請を行う日の前6カ月以内に行われる登録講習を受講し**，修了する必要がある。

　なお，この登録講習については，主任者自らが受講する必要がある。

2．必置義務

　貸金業者は，営業所等において，**貸金業の業務に従事する者の数に対する貸金業務取扱主任者の数の割合が**50分の1以上となるように，貸金業務取扱主任者を置かなければならない（貸金業の業務に従事する者が**51名の場合は，主任者は2名以上配置**する必要がある）。なお，「貸金業の業務に従事する者の数」は，**従業者名簿**に記載されるべき従業者の数と一致している必要がある。

　また，貸金業者は，貸金業の業務を行うにあたり，資金需要者等からの請求があったときは，当該業務を行う営業所または事務所の貸金業務取扱主任者の氏名を明らかにしなければならない。

3．行政処分

　貸金業者が貸金業務取扱主任者を適切に配置できない場合は，業務改善命令，業務停止命令だけでなく**登録取消しの対象**になる。

　予見しがたい事由により貸金業務取扱主任者が欠けた場合には，**2週間の猶予期間**が認められている。「予見し難い事由」とは，急な死亡や失踪など限定的に解釈されるべきであり，会社の都合や定年による退職など会社として予見できるものは含まれないとされている。

　また，貸金業務取扱主任者がその職務に関して貸金業に関する法令等に違反するなどの場合には，内閣総理大臣は主任者登録を取り消すことができる。

9 行為規制

1. 証明書の携帯

　貸金業者は，貸金業の業務に従事する使用人その他の従業者（派遣社員，パートを含む）に，従業者であることを証するため，次の項目等を記載した**証明書を携帯させることが義務**づけられている。なお，「貸金業の業務」には，**勧誘を伴わない広告のみを行う業務および営業所等において資金需要者等と対面することなく行う業務は含まれない**。

[図9-1]

貸金業者の貸金業の業務に従事する場合	貸金業者の委託により 貸金業の業務に従事する場合
従業者の写真	
従業者の氏名	
証明書の番号	
貸金業者の商号・名称または氏名，住所および登録番号	貸金業の業務を委託した貸金業者の商号，名称または氏名，住所および登録番号
	当該貸金業者から貸金業の業務を委託された者の商号，名称または氏名，住所および当該委託された者が貸金業者である場合にはその登録番号
	当該貸金業者が貸金業の業務を委託した旨

　なお，貸金業者は，営業所または事務所ごとに**従業者名簿**（主任者であるか否かの別も記載する）を備え，最終記載日から10年間保存しなければならない。

2. 禁止行為

　貸金業者は，その貸金業の業務に関し，以下の行為を行うことが禁止されている。

① 資金需要者等に対し，**虚偽のことを告げ**，または貸付けの契約の内容のうち**重要な事項を告げない**行為
② 資金需要者等に対し，不確実な事項について**断定的判断を提供**し，または確実であると誤認させるおそれのあることを告げる行為
③ 保証人となろうとする者に対し，主たる債務者が**弁済することが確実**

であると誤解させるおそれのあることを告げる行為
④ ①～③に掲げるもののほか，**偽りその他不正または著しく不当な行為**

① 「**虚偽のことを告げる行為**」とは，たとえば，貸金業者が債務者に対し，債務が完済されていることを認識しつつ，債務が残っていると告げる行為などが考えられる。また，「**貸付けの契約の内容のうち重要な事項**」とは，資金需要者等の置かれた状況のもとで，通常，貸付けの契約の締結に関する判断や，契約締結後の取引等に関する判断に影響を及ぼすべき事項をいう。

なお，貸金業協会の自主規制基本規則においては，次に掲げる事由については，資金需要者等の利益に配慮した取扱いを行うものとし，その取扱いに留意するものとされています。

・貸付けの利率の引上げ
・返済の方式の変更
・賠償額の予定額の引上げ
・債務者が負担すべき手数料等の引上げ
・銀行振込による支払方法その他の返済の方法の変更および返済を受けるべき営業所その他の返済を受けるべき場所の変更
・繰上げ弁済の可否およびその条件の変更
・期限の利益の喪失の定めがあるときはその旨およびその内容の変更

自主規制基本規則が定める禁止行為に該当するおそれが大きい事項は次のとおり。

・資金需要者等から契約の内容について問い合わせがあったにもかかわらず，当該内容について回答せず，資金需要者等に不利益を与えること
・資金需要者等が契約の内容について誤解していることまたはその蓋然性が高いことを認識しつつ正確な内容を告げない行為その他資金需要者等の適正な判断を妨げること

② 「**不確実な事項**」とは，変動が予想され将来における帰趨を見通すことが困難な事項をいう。たとえば，変動金利の約定を行っている場合の将来の金利の見通し，物的担保を徴求している場合の当該担保対象物に係る価額の推移に関する見通しなどがこれに該当する。

また，「**断定的判断**」の提供とは，不確実な事項について将来における帰趨が確定している旨を表示することをいい，確実であると誤認させるおそれのある行為とは，確実であると表示していなくとも将来における帰趨が確定していると誤解するに足りる表示をすることをいう。

③ 貸金業者は，保証人になろうとする者に対し，主債務者の**弁済が確実であると誤解させるおそれのあることを告げてはならない。**

④ 「**不正な**」行為とは違法な行為，「**不当な**」行為とは客観的にみて，実質的に妥当性を欠くまたは適当でない行為で，不正（違法）な程度にまで達していない行為を指す。

具体的には，次のような行為が**不正または著しく不当な行為**に該当する。

・白紙委任状およびこれに類する書面を徴求すること

・白地手形および白地小切手を徴求すること

・印鑑，預貯金通帳・証書，キャッシュカード，運転免許証，健康保険証，年金受給証等の債務者の社会生活上必要な証明書等を徴求すること

・貸付金額に比し，**過大な担保**または保証人を徴求すること

・クレジットカードを担保として徴求すること

・資金需要者等に対し，借入申込書等に年収等の**重要な事項**について**虚偽の内容**を記入するなど**虚偽申告**を勧めること

・人の金融機関等の口座に無断で金銭を振り込み，当該金銭の返済に加えて，当該金銭に係る利息その他の一切の金銭の支払を要求すること

・顧客の債務整理に際して，帳簿に記載されている内容と異なった貸付けの金額や貸付日などを基に残存債務の額を水増しし，和解契約を締結すること

・貸金業者が，架空名義もしくは借名で金融機関等に口座を開設し，または金融機関等の口座を譲り受け，債務の弁済に際して当該口座に振込みを行うよう要求すること

・資金需要者等が**身体的・精神的な障害等**により契約の内容が**理解困難**なことを**認識しながら**，契約を締結すること

・資金需要者等が障害者である場合であって，その家族や介助者等のコミュニケーションを支援する者が存在する場合に，当該支援者を通じて資金需要者等に契約内容を理解してもらう等の努力をすることなく，単に障害があることを理由として契約締結を拒否すること。

・資金逼迫状況にある**資金需要者等の弱みにつけ込み**，資金需要者等に一方的に不利となる契約の締結を強要すること

・確定判決において消費者契約法8条から10条までの規定に該当し無効であると評価され，当該判決確定の事実が消費者庁，独立行政法人国民生活センターまたは同法に規定する適格消費者団体によって公表されている条項と，内容が同一である条項を含む貸付けに係る契約（消費者契約に限る）を締結すること

さらに貸金業協会の自主規制基本規則によれば，次のような行為についても

「不正又は著しく不当な行為」に該当するおそれがある。

- ・取立にあたり，債務者等以外の者に保証人となるよう強要すること
- ・資金需要者等からの貸付けの契約申込みにあたり，たとえば「信用をつけるため」等の虚偽の事実を伝え，手数料を要求すること
- ・生命保険，損害保険等の保険金により貸付金の弁済を要求すること

3．生命保険契約

　原則として，借手の自殺を保険事故とする生命保険契約の付保が禁止されている。ただし，次の契約については，例外的に借手の自殺を保険事故とする保険契約の締結が認められている。

① **住宅の建設**もしくは**購入**に必要な資金（住宅の用に供する土地または借地権の取得に必要な資金を含む）または**住宅の改良**に必要な資金の貸付けに係る契約である**住宅資金貸付契約**（つなぎ融資を含む）
② 自らまたは他の者により**住宅資金貸付契約に基づく貸付けが行われる**ことが予定されている場合のつなぎ融資の契約

10 広告・勧誘

1．著しく事実に相違する表示等の禁止

貸金業者は，その貸金業の業務に関して広告または勧誘をするときは，貸付けの利率その他の貸付けの条件について，**著しく事実に相違する表示もしくは説明をし，または実際のものよりも著しく有利であると人を誤認させるような表示もしくは説明をしてはならない。**

これに違反した者は，1年以下の懲役もしくは300万円以下の罰金またはこの併科に処せられる。両罰規定も置かれており，法人等または業務主体である自然人の場合には300万円以下の罰金に処せられるほか，違反行為者についても貸金業法に定められた刑に処せられる。

2．その他の不適切な表示等の禁止

貸金業者が業務に関して広告または勧誘をするときは，次の①〜⑥に掲げる表示または説明をしてはならない。

---

① 資金需要者等を誘引することを目的とした特定の商品を当該貸金業者の中心的な商品であると誤解させるような表示または説明
② **他の貸金業者の利用者または返済能力がない者を対象として勧誘**する旨の表示または説明
③ 借入れが容易であることを過度に強調することにより，**資金需要者等の借入意欲をそそるような表示または説明**
④ **公的な年金，手当等の受給者の借入意欲をそそるような表示または説明**
⑤ 貸付けの利率以外の利率を貸付けの利率と誤解させるような表示または説明
⑥ ①〜⑤に掲げるもののほか，資金需要者等の利益の保護に欠けるおそれがある表示または説明として内閣府令で定めるもの

このうち，どのようなケースが③の「借入れが容易であることを過度に強調することにより，資金需要者等の借入意欲をそそるような表示又は説明」に該当するかについては，個別具体的な事実関係に即して判断されるが，たとえば，次のような表示がある場合は，これに該当するおそれが大きいものとされている。

・貸付審査をまったく行わずに貸付けが実行されるかのような表現
・債務整理を行った者や破産免責を受けた者にも容易に貸付けを行う旨の表現
・他社借入件数，借入金額について考慮しない貸付けを行う旨の表現

⑥は，広告等の内容だけでなく，時間や頻度，媒体などに応じて内閣府令で適切に規制を講じることとする趣旨である。

なお，「その他の不適切な表示等の禁止」について，刑事罰は規定されていない。

3．適合性の原則

貸金業者は，資金需要者等の知識，経験，財産の状況および貸付けの契約の締結の目的に照らして不適当と認められる勧誘を行って資金需要者等の利益の保護に欠け，または欠けることとなるおそれがないように，貸金業の業務を行わなければならない。

適合性の原則に違反するか否かは個別的な事情によって判断されることになるが，たとえば，資産がない高齢の年金生活者に対して保証人となるよう求めること，資金使途に照らせば当該資金使途のための目的ローンの場合のほうが低利であるのに，より高利である使途が自由のローンを推奨することなどは，適合性の原則に抵触する可能性が高いと考えられる。

4．再勧誘の禁止

貸金業者は，債務者等に対して貸付けの契約に係る勧誘を行う場合，当該債務者等から当該**勧誘を行うことについての承諾**を所定の方法で得なければならない。承諾を取得した場合には，その記録の作成・保存が必要となる。

また，貸金業者は，いわゆる適合性の原則を遵守する義務があるとともに，資金需要者等が身体的・精神的な障害等により契約の内容が理解困難なことを認識した場合には，貸付けの契約の締結に係る勧誘を行うことが禁止されている。

さらに，資金需要者が勧誘を拒んだ場合の**再勧誘の禁止**については，当該資金需要者等における拒否の程度に応じて，以下のとおり異なる対応を行うことを求めている。なお，資金需要者等から勧誘を拒否された場合，貸金業者は，その**拒否の事実を記録し，これを保存**する必要がある（図10-1）。

[図10-1]

資金需要者等の拒否の程度	講ずべき措置
勧誘を一切拒否する旨の強い意思の表示を行った場合	当該意思の表示のあった日から最低１年間は一切の勧誘を見合わせるものとし，その後も，電話，ファックス，電子メールもしくはダイレクトメール等の送信または訪問等，当該資金需要者等の私生活や業務に与える影響が大きい方法による勧誘は行わない。
勧誘を行った取引に係る勧誘を引き続き受けたくない旨の明確な意思の表示を行った場合	当該意思表示のあった日から最低６カ月間は当該勧誘に係る取引およびこれと類似する取引の勧誘を見合わせる。
上記以外の場合であって，勧誘に係る取引についての契約を締結しない旨の意思を表示した場合	当該意思表示のあった日から最低３カ月間は当該勧誘に係る取引およびこれと類似する取引の勧誘を見合わせる。

5．「広告」，「勧誘」等の意義

　貸金業者は，貸付けの条件について広告をするとき，または貸付けの契約の締結について勧誘をする場合において貸付けの条件を表示し，もしくは説明するときは，所定事項（後掲）を表示し，または説明しなければならない。

　まず，「**貸付けの条件について広告をする**」とは，次のいずれかの１つでも表示した広告をすることをいう。

---

① 貸付けの利率
② 貸付けの限度額
③ 手形の割引および売渡担保を除く金銭の貸付けの場合，返済の方式ならびに返済期間および返済回数
④ 手形の割引および売渡担保を除く金銭の貸付けの場合，遅延損害金率および担保が必要な場合の担保に関する事項
⑤ 金銭の貸借の媒介の場合，媒介手数料の計算方法
⑥ その他の貸付けの条件の具体的内容

　そして，「**広告**」とは，個別の具体的内容に応じて判断する必要があるものの，ある事項を随時または継続して広く宣伝するため，一般の人に知らせることをいい，たとえば，次に掲げるものをいうと解されている。

---

① テレビコマーシャル
② ラジオコマーシャル
③ 新聞紙，雑誌その他の刊行物への掲載
④ 看板，立て看板，はり紙，はり札等への表示

---

⑤　広告塔，広告板，建物その他の工作物等への表示
⑥　チラシ，カタログ，パンフレット，リーフレット等の配布
⑦　インターネット上の表示

　「**勧誘する**」とは，個別の具体的内容に応じて判断する必要があるものの，特定の者を対象として契約の締結を促す行為をいうと考えられる。

6．貸付条件の広告

　貸金業者が貸付けの契約について広告または勧誘する場合に，表示しまたは勧誘時に説明をしなければならない事項は，次のとおり。

[図10-2]

	金銭の貸付け（手形割引，売渡担保を除く）	金銭の貸借の媒介（※）	手形割引，売渡担保
貸金業者の商号，名称または氏名および登録番号	要	要	要
貸付けの利率	要	要	要
返済の方式ならびに返済期間および返済回数	要	×	×
賠償の予定（違約金を含む）に関する定めをする場合におけるその元本に対する年率	要	×	×
担保を供する必要がある場合における当該担保に関する事項	要	×	×
媒介手数料の計算方法（媒介手数料の割合を含む）	×	要	×
貸金業者登録簿に登録された電話番号	貸金業者登録簿に登録されたホームページアドレス，電子メールアドレスを表示しまたは説明するときは要		

　※「**金銭の貸借の媒介**」とは，一般的に貸し手と借り手の間にたって金銭消費貸借契約の成立に尽力することをいう。

　広告に関する規制のうち，個人向け貸付けの契約に係る広告については，これまで貸金業協会の自主規制基本規則において，広告媒体ごとに具体的な規制が行われていた。しかし，2023年10月31日に，インターネット広告が普及したことに伴う広告審査に係る審査基準が見直され，自主規制基本規則本文からは具体的な規制項目が削除され，新たに「貸金業者の広告に関する細則」（以下「細則」）が制定された。

　自主規制基本規則および細則の各規定では，それぞれの媒体において貸付条件等の表示方法（文字の大きさなど），啓発文言の表示（契約内容の確認，借り過

ぎ等への注意喚起，計画的な借入れなどについて），表現内容に関する留意事項（安易な借入れを助長するような表現の排除など），出稿先の留意事項（ギャンブルや風俗に関する媒体への出稿等の禁止）などを定めている。

　また，細則には，企業広告についての規定も設けられている。ここでは，屋外広告看板等の設置に関する全般的な留意事項として，①景観等への配慮をすること，②借入れを促す表現を表示しないこと，③電話番号またはホームページアドレスを表示する場合には，「問合先」とし，「申込先」とはしないこと，④条例等が定められている場合は，これに抵触しないこと，⑤午前0時以降は消灯すること（ただし，貸金業以外をその営業収益の過半とする協会員等が設置している場合を除く）を定めるなど一定の規定を設けている。

7．契約締結時の説明態勢
（1）　口頭説明の代替措置
　貸金業者は，貸付けの契約を締結するに際して，契約内容を口頭で十分に説明する必要があるが，口頭で十分な説明ができない場合は，電話による問合せ窓口の設置や説明内容のホームページへの掲載等の補完的手段を講じることが求められている。また，貸金業者が**インターネット**等の口頭での説明が困難である手段を通じて貸付けの契約を締結する場合には，顧客等が貸金業者のホームページ上に表示される説明事項を読み，その内容を理解したうえで画面上のボタンをクリックする等の方法等で，**顧客等が理解した旨を確認する**ことにより，口頭による説明の代替措置を講じる必要がある。
（2）　おまとめローンへの対応
　いわゆる「おまとめローン」を目的とする契約を締結する場合には，資金需要者等に対し，完全施行前の貸金業法43条1項に定められていた「みなし弁済」の適用に関する説明を行うとともに，必要に応じ，消費生活センターなど，適切な相談窓口を紹介することが必要である。

8．取引関係見直し時等における説明態勢
　取引関係見直し時等における説明態勢については，次の点に留意する必要がある。

> ①　貸金業法17条1項から5項に規定する「重要なものとして内閣府令で定めるもの」を変更する場合，その他債務者等にとって不利となる契約の見直しを行う場合
> 　契約の変更箇所について説明を行うとともにこれまでの取引関係や，**債務者等の知識，経験および財産の状況**を踏まえ，債務者等の理解と納得を得ることを目的とした説明態勢を整備すること。
> ②　顧客の要望を謝絶し貸付契約に至らない場合
> 　これまでの取引関係や，資金需要者等の知識，経験および財産の状況

に応じ可能な範囲で，**謝絶の理由**等についても説明する態勢を整備すること。

③　経営者等から既存の保証契約の解除等の申入れがあった場合
　　・「経営者保証に関するガイドライン」に基づき，真摯かつ柔軟に検討を行うとともに，その検討結果について主債務者および保証人に対して丁寧かつ具体的に説明を行う態勢を整備すること。
　　・前経営者から保証契約の解除を求められた場合には，前経営者が引き続き実質的な経営権・支配権を有しているか否か，当該保証契約以外の手段による既存債権の保全の状況，法人の資産・収益力による借入返済能力等を勘案しつつ，保証契約の解除についての適切な判断を行う態勢を整備すること。

④　延滞債権の回収，企業再生手続および債務者等の個人再生手続等の場合
　　・一連の各種手続を段階的かつ適切に執行する態勢を整備すること。
　　・手続の各段階で，債務者等から求められれば，その客観的合理的理由を説明すること。
　　・特に経営者保証における保証債務の履行に際しては，「経営者保証に関するガイドライン」に基づき，保証人の手元に残すことのできる残存資産の範囲について，必要に応じ支援専門家とも連携しつつ，保証人の履行能力，経営者たる保証人の経営責任や信頼性，破産手続における自由財産の考え方との整合性等を総合的に勘案して決定する態勢となっていること。

9．貸付条件の掲示

　貸金業者は，**営業所または事務所**ごとに，顧客の見やすい場所（カウンターの脇やATMの横など）に，所定の**貸付条件等を掲示**しなければならない。この貸付条件等の掲示は，営業所等で行う**貸付けの種類**ごとに見やすい方法で行わなければならない。

　ただし，営業所等が**現金自動設備**であり，当該現金自動設備があらかじめ定める条件により継続して貸付けを行う契約**（包括契約）に基づく金銭の交付または回収のみを行うものであるときは，掲示を行う必要はない**。この包括契約には，極度方式基本契約（いわゆるリボルビング契約）も含まれるものと解される。

　また貸金業者は，電気通信回線に接続して行う自動公衆送信（公衆に直接受信されることを目的とし，公衆からの求めに応じて自動的に送信を行うこと。たとえばインターネットなどを用いてリクエストを受けて行う送信。放送または有線放送に該当するものは除く）を通じ，所定の貸付条件を公衆の閲覧に供する必要がある。なお，事業の規模が著しく小さい場合その他の内閣府令で定める場合に

ついては，同項の供覧義務を免除される。

　貸金業者が営業所等ごとに掲示しなければならない貸付条件は，図10-3のとおり。

[図10-3]

	金銭の貸付け	金銭の貸借の媒介
貸付けの利率	要	要
返済の方式	要	要
返済期間および返済回数	要	要
貸金業務取扱主任者の氏名	要	要
賠償額の予定（違約金を含む）に関する定めをする場合におけるその元本に対する年率（百分率で少なくとも少数点以下1位まで表示したものに限る）	要	×
担保を供する必要がある場合の担保に関する事項	要	×
主な返済の例	要	×
媒介手数料の計算方法（媒介手数料の割合を含む）	×	要

10. 標識の掲示

　貸金業者は，営業所または事務所ごとに，公衆の見やすい場所に**標識**を掲示する必要がある。標識の内容や大きさは，貸金業法や法令により規定されている。

　なお，通常の営業所等以外の現金自動設備（CD，ATM設備）などにおいては，登録番号のカッコ書および登録有効期間は省略することができる。また，貸金業協会の会員である場合には，協会会員番号を貸金業者の商号，名称または氏名の下に掲記することができる。なお，代理店の場合には，貸金業者の商号，名称または氏名の下に，カッコ書で代理人氏名を記載しなければならない。

　また，貸付条件等の掲示の場合は，カウンターの脇やATMの横など「顧客の見やすい場所」に掲示することが必要であるのに対し，標識については，「公衆の見やすい場所」に掲示することが求められている。「公衆の見やすい場所」とは，人が自由に往来できる場所に面したところをいう。たとえば，営業所または事務所の入口付近で顧客以外の人々にも確認できる場所などが考えられる。

　なお貸金業者は，原則として，上記の営業所等ごとの標識掲示に加え，電気通信回線に接続して行う自動公衆送信を通じ，商号もしくは名称または氏名，登録番号，登録有効期間その他内閣府令で定める事項を，公衆の閲覧に供する必要がある。なお，事業の規模が著しく小さい場合その他の内閣府令で定める場合については，同項の供覧義務を免除される。

書面の交付

1．書面交付義務の概要

　貸金業者に課されている書面の交付義務の概要は図11-2のとおり。なお，交付書面に記載する文字の大きさは法令（8ポイント以上）で定められている。
［図11-1］

| | | 事前書面 | 契約時書面 | | 重要事項変更時書面 | 弁済時書面 |
			本契約（※1）	保証契約（※2）		
貸付けに係る契約（極度方式基本契約および極度方式貸付けを除く）	主債務者	○	○	—	○	—
	保証人	○	○	○	○	—
	弁済者	—	—	—	—	○
極度方式基本契約	主債務者	○	○	—	○	—
	保証人	○	○	○	○	—
極度方式貸付け	主債務者	—	○	—	○	—
	保証人	—	○	—	○	—
	弁済者	—	—	—	—	○

（※1）本契約の内容を明らかにする書面
（※2）保証契約の内容を明らかにする書面

2．事前書面の交付

　貸金業者は，**貸付けに係る契約を締結しようとする場合**には，主たる債務者を含む契約の相手方に対して契約の内容を説明する**事前書面の交付義務を負う。**

　事前書面に記載すべき事項は図11-2のとおり。

　なお，金融サービス提供法（旧金融商品販売法）の施行に伴い，金融サービス仲介業者が媒介する貸付けを対象に特例が設けられている。

3．契約締結時書面の交付

　貸付けに係る契約を締結した場合に，契約内容を明らかにする書面の交付がなされていないと，債務者等は，契約内容について明確に認識できなくなるおそれがあることから，貸金業者は，**契約締結後遅滞なく契約内容を明らかにする書面**

を交付しなければならない。

　契約内容を確認するために交付すべき書面は，次のとおり。

---

① 極度方式基本契約を除く貸付けに係る契約締結時の交付書面
② 極度方式基本契約締結時の交付書面
③ 保証人に対する保証契約時の交付書面（保証契約に関するもの）
④ 保証人に対する保証契約時の交付書面（貸付けに係る契約に関するもの）
⑤ 保証契約に係る貸付けに係る契約が締結されるつどの保証人に対する交付書面
⑥ 極度方式保証契約締結時の極度方式基本契約の内容を明らかにする書面

　貸金業者は，貸付けに係る契約（極度方式基本契約を除く）や極度方式基本契約を締結したときは，遅滞なく，図11-3に掲げる事項についてその契約の内容

[図11-2]

貸付けに係る契約（極度方式基本契約および極度方式貸付けを除く）を締結する場合	極度方式基本契約を締結する場合
貸金業者の商号，名称または氏名および住所	
貸付けの金額	極度額（貸金業者が相手方に対して貸付けの元本の残高の上限として極度額を下回る額を提示する場合には，当該下回る額および極度額）
貸付けの利率	
返済の方式	
返済期間および返済回数	
賠償額の予定（違約金を含む）に関する定めがあるときは，その内容	
その他内閣府令で定める事項	

[図11-3]

貸付けに係る契約（極度方式基本契約を除く）を締結する場合	極度方式基本契約を締結する場合
貸金業者の商号，名称または氏名および住所	
契約年月日	
貸付けの金額	極度額
貸付けの利率	
返済の方式	
返済期間および返済回数	
賠償額の予定に関する定めがあるときは，その内容	
その他内閣府令で定める事項	

を明らかにする書面をその相手方に交付しなければならない。

なお，貸金業協会の自主規制基本規則では，極度方式基本契約に係る返済期間について，**原則3年以内**（ただし，**極度額が30万円を超える場合には原則5年以内。また，極度額が100万円を超える場合**において，返済能力その他の事情等にかんがみ，**合理的理由がある場合には，この限りではない**）に返済が終了するようにしなければならないとしている。

また，金融ADR制度により，金融ADRに係る事項を法定書面に記載することが義務づけられ，事前書面，契約締結時書面において「手続実施基本契約を締結する指定紛争解決機関の商号または名称」を記載することが必要となる。

なお，金融サービス提供法（旧金融商品販売法）の施行に伴い，金融サービス仲介業者が媒介する貸付けを対象に特例が設けられている。

4．重要事項変更時書面の交付

貸金業者は，契約書面の記載事項のうち，貸付けの利率や返済方式など，**重要な事項を変更した場合には，改めて書面を交付**しなければならない。なお，**貸付けの利率については，債務者の利益となる変更の場合には，例外的に変更書面の交付は不要**とされている。

5．重要事項変更時書面に関する特例

2019年の消費税引上げに伴い，みなし利息から除外されるＡＴＭ等の利用料の上限が，消費税率の引上げ分だけ増額された（「みなし利息から除外されるＡＴＭ等の手数料の上限」は，外税の扱いである）。

[図11-4]

ＡＴＭ等の利用料	みなし利息から除外されるＡＴＭ等の手数料の上限
1万円以下の額	110円
1万円を超える額	220円

ＡＴＭ等の利用料上限の変更に伴い，貸金業者が利用料を引き上げる場合には，契約の重要事項の変更となり，変更時の書面交付義務が発生する可能性がある。

そうすると，貸金業者においては，変更時の書面交付に伴うコストの負担を避けるため，ＡＴＭ等の利用料の変更を行わない場合が想定される。

このような点も踏まえ，消費税の適正な転嫁を図るため特例が設けられた。

具体的には，消費税率の引上げに伴い，ＡＴＭ等の利用料について，消費税率引上げ分に相当する額の変更を行った場合については，重要な事項の変更から除かれ，変更時書面の交付が不要となった。

6．保証人に対する書面の交付

（1）　事前説明書面

　貸金業者は，貸付けに係る契約について保証契約を締結しようとする場合には，当該保証契約を締結するまでに，次に掲げる事項（一定の範囲に属する不特定の貸付けに係る債務を主たる債務とする保証契約（根保証契約）にあっては，③に掲げる事項（保証金額）を除く）を明らかにし，**当該保証契約の内容を説明する書面を当該保証契約の保証人となろうとする者に交付**しなければならない。

---

① 　貸金業者の商号，名称または氏名および住所
② 　**保証期間**
③ 　**保証金額**
④ 　保証の範囲に関する事項で内閣府令で定めるもの
⑤ 　保証人が主たる債務者と連帯して債務を負担するときは，民法454条の規定の趣旨その他の連帯保証債務の内容に関する事項として内閣府令で定めるもの
⑥ 　①〜⑤に掲げるもののほか，内閣府令で定める事項

　なお，事前説明書面については，保証契約の概要について簡潔かつ明瞭に記載した「概要書面」（保証金額・保証期間等を記載）と，詳細を記載した「詳細書面」（連帯保証に関する事項等を記載）の2種類を作成し，両者を同時に交付する必要がある。

（2）　保証契約締結時の書面交付

　貸金業者は，貸付けに係る契約について保証契約を締結したときは**遅滞なく**，当該保証契約の内容を明らかにする事項で上記（1）に掲げる事項（根保証契約にあっては，③に掲げる事項（保証金額）を除く）その他の内閣府令で定めるものを記載した書面を，当該保証契約の保証人に交付しなければならない。

　また，貸金業者は，貸付けに係る契約について保証契約を締結したとき，または貸付けに係る契約で保証契約に係るものを締結したときは，**遅滞なく**，保証の対象となる貸付けに係る契約の内容を明らかにする書面を，これらの保証契約の保証人に交付しなければならない。

（3）　重要事項の変更時の書面交付

　上記（1）および（2）の書面については，**重要な事項に変更が生じた場合には，再度の書面交付が必要**となる。

7．受取証書

　貸金業者は，貸付けの契約に基づく債権について**弁済を受けたときはそのつど，直ちに所定の書面を弁済者に交付**する必要がある（弁済者と債務者が異なる場合，債務者に交付する必要はない）。

受取証書は「直ちに」交付する必要があるので，窓口などで弁済を受けた場合には，原則としてその場で受取証書を渡さなければならない。また，**受取証書は弁済を受けた「後」に交付されなければならないので**，たとえば貸金業者の銀行口座への振込用紙と一体となったものを債務者に交付し，債務者がこの書面を利用して同銀行口座に対する払込みの方法によって利息の支払をしたとしても，受取証書の交付を行ったことにはならない（最高裁判決）。

なお，**顧客から預金口座を利用して弁済を受けた場合には，原則として受取証書の交付は不要で，顧客からの請求がある場合に限り，受取証書を交付すればよい。**

8. 電磁的方法による書面の交付

貸金業者が交付する書面については，**相手方の承諾を条件に**電磁的方法により提供することができる。電磁的方法による提供が認められている書面は，以下のとおり。

・契約締結前交付書面
・保証契約締結前書面
・生命保険契約に係る同意前の書面
・契約締結時書面
・保証契約締結時書面
・受取証書
・マンスリーステートメントおよび簡素化書面

電磁的方法による提供について，相手方の承諾を取得する場合には，**あらかじめ，相手方に対して利用する電磁的方法の種類および内容を示し，書面または電磁的方法で承諾を得る必要がある。**この点について，マンスリーステートメントの場合と異なり，**オプトアウトによるみなし承諾は認められていない。**

9. 生命保険契約同意前書面の交付

貸金業者が，貸付けの契約の相手方または相手方となろうとする者の死亡によって保険金額の支払を受けることとなる保険契約を締結しようとする場合において，あらかじめ，①当該保険契約が，これらの者が死亡した場合に貸金業者に対し保険金額の支払をすべきことを定めるものである旨や，②貸金業者に支払われる保険金が貸付けの契約の相手方の債務の弁済に充てられるときは，その旨などの事項を記載した書面を，これらの者に交付する必要がある。

なお，自殺を保険事故とする生命保険契約については，原則として禁止されていることに留意が必要である。

12 マンスリーステートメント

✓チェック ☐☐☐

1．マンスリーステートメント

　極度方式基本契約に基づく個々の貸付け時の書面および弁済時の受取証書について，相手方の承諾を得て，一定期間における貸付けおよび弁済その他の取引の状況を記載した書面として内閣府令で定めるもの（いわゆるマンスリーステートメント）を交付する場合には，記載事項が軽減される。

2．マンスリーステートメント制度の内容

（1）　マンスリーステートメントが利用できる条件

　マンスリーステートメントによる書面の代替が認められるには，相手方の承諾を得ることが必要である。この承諾を取得する具体的な方法については，マンスリーステートメントが交付される旨および貸付けのつど交付される書面の記載が簡素化される旨を示したうえで，あらかじめ書面または電磁的方法により承諾を得ることが必要である。そのため，契約の一般条項に紛れ込ませて承諾を取得するような方法は望ましくないと考えられている。

　また，債務者等から電磁的方法で承諾を得た場合には，承諾をした債務者等に対して承諾を受けた旨を書面その他適切な方法により通知することが必要である。

　なお，相手方は，この承諾を自由に撤回することができるため，債務者等から撤回があった場合には，マンスリーステートメント以外の方法による書面交付の適用開始時期等について，適切な説明を行うことが求められている。

　さらに，貸金業者は，承諾および撤回の意思表示を受けた場合には，当該事実について記録しなければならない。

（2）　みなし承諾

　マンスリーステートメントについては，既存顧客に対して改めて承諾を取得することは困難なので，オプトアウトによるみなし承諾の制度が定められている。すなわち，貸金業法2条施行日前に締結した極度方式基本契約に相当する契約の相手方等に対し，マンスリーステートメントの交付を行う旨，および個別の書面交付に代えてマンスリーステートメントを交付する旨，異議がある場合には所定の期間内（1カ月以上）に異議を述べる旨を通知した場合で，相手方が異議を述べなかった場合には，マンスリーステートメントの交付の承諾があったものとみ

なされる。

（3）　記載事項

マンスリーステートメントの制度を利用する場合でも，貸付けに係る契約を締結したときまたは弁済を受領したときに，一定の事項を記載した書面を交付しなければならない。いわゆる「簡素化書面」による対応が可能となり，個別の貸付け時の書面の記載事項は，①契約年月日，②貸付けの金額に限られ，個別の弁済時における受取証書の記載事項は，①受領年月日，②受領金額になる。

（4）　その他の留意点

なお，マンスリーステートメントの採用により，契約締結時書面および受取書面の書面交付がまったく省略できるわけではないことに留意が必要である。すなわち，マンスリーステートメントにより，一定の書面の記載事項が簡素化できるが，書面交付そのものを省略することはできない。

また，マンスリーステートメントにより簡素化が認められる書面は，一部に限られ，具体的には，図12-1のとおりである。

［図12-1］

マンスリーステートメントが利用できる範囲	
貸金業法17条または18条により交付が義務づけられている書面	マンスリーステートメント利用の可否
・個別の貸付けに係る契約（極度方式基本契約（いわゆるリボ契約）に基づく個別契約を含む）締結時に交付すべき書面	○（※1）
・上記書面の重要事項変更時の書面	×
・極度方式基本契約（いわゆるリボ契約）締結時に交付すべき書面	×
・上記書面の重要事項変更時の書面	×
・保証契約締結時，保証対象となる個別契約締結時に交付すべき書面	○（※2）
・上記書面の重要事項変更時の書面	×
・極度方式保証契約（極度方式基本契約に基づく不特定の債務を主債務とする保証契約）締結時に当該リボルリング契約に関する交付すべき書面	×
・上記書面の重要事項変更時の書面	×
・受取書面	○（※3）

※1　極度方式貸付け（極度方式基本契約に基づく個別契約）の場合に限る。

※2　法17条4項前段の書面に限り，また，極度方式貸付け時に極度方式保証契約の保証人に対して交付する場合に限る。

※3　極度方式貸付けまたは極度方式保証契約に基づく債権の弁済の場合に限る。

13 帳簿の保存・閲覧

1．帳簿の保存

　貸金業者は，**営業所または事務所ごとに**，その業務に関する帳簿を備え，**債務者ごとに**貸付けの契約について一定の事項を記載し，これを保存しなければならない。

　帳簿の保存期間は，貸付けの契約ごとに**最終の返済期日**（その契約に基づく債権が，弁済その他の事由により消滅したときは，その債権が消滅した日）から**少なくとも10年間**とされている。ただし，極度方式基本契約を締結した場合には，当該極度方式基本契約および当該極度方式基本契約に基づくすべての極度方式貸付けに係る契約について，当該極度方式基本契約の解除の日またはこれらの契約に定められた最終の返済期日の最後のもの（これらの契約に基づく債権のすべてが弁済その他の事由により消滅したときにあっては，その消滅した日）のうち，いずれか遅い日から**少なくとも10年間**保存しなければならない。

　帳簿に記載する事項としては，①**契約年月日**，②**貸付けの金額**，③**受領金額等**のほか，④債権を譲渡したときは，その者の商号や住所，譲渡年月日・債権額，⑤**交渉経過**についても記載する必要がある。なお，監督指針では，交渉経過の記録として，①交渉の相手方，②交渉日時・場所・手法，③交渉担当者（同席者を含む），④交渉内容，⑤極度方式基本契約について出金停止の措置を講じている場合には，当該措置を講じた旨，年月日およびその理由を記載することとしている。

　貸金業者は，帳簿を保存すべき営業所または事務所ごとに，貸付契約書面の写し，保証契約の書面の写し，債権の譲渡契約の書面の写しを保存することをもって，帳簿の記載事項の一部に代えることができる。また，業務帳簿の備付けについては，**e－文書法**により電磁的記録による備付けが認められている。

　なお，営業所等が**現金自動設備（CD・ATM）**であるときは，**帳簿の備付けを行う必要はない。**

2．帳簿の閲覧

　債務者等または債務者等であった者その他内閣府令で定める者は，貸金業者に対して帳簿（利害関係がある部分に限る）の閲覧または謄写を請求できる。

　帳簿の閲覧および謄写の請求権者は，①債務者等または債務者等であった者，

②これらの者の法定代理人，後見監督人，保佐人，保佐監督人，補助人もしくは補助監督人，③債務者等または債務者等であった者の相続人，④債務者等もしくは債務者等であった者のためにまたはそれらの者に代わって弁済した者，⑤上記①から④の者から閲覧・謄写請求につき代理権を付与された者とされている。

　なお，債務者等であった者も業務帳簿の開示を請求することができるので，貸金業者は債務の完済者に対しても請求に応じなければならない。

　債務者その他の者に閲覧・謄写が認められるのは，帳簿記載事項のうち**利害関係を有する部分**とされているが，本人に関する帳簿記載事項は，原則として利害関係を有する部分と解されるので，広い範囲がこれに該当し，たとえば**交渉記録なども含まれる。**

　帳簿の閲覧・謄写にあたって，貸金業者の営業所または事務所内の複写機等を利用させた場合や複写物の郵送を行った場合は，これらの措置に係る**実費を徴収することも可能**だが，その金額は適正かつ適切な金額であることが必要である。

　なお，貸金業者は，閲覧または謄写の請求が請求者の権利行使に関する調査を目的とするものでないことが明らかであるときは，当該請求を拒むことができる。

14 取立行為規制等

1．特定公正証書

　債務者等が貸付けの契約に基づく債務について履行しなかった場合に，直ちに強制執行に服する旨の陳述が記載された公正証書を**特定公正証書**という。貸金業を営む者は，貸付けの契約について，**債務者等から特定公正証書の作成を公証人に嘱託することを代理人に委任することを証する書面を取得することはできない。**

　こうした特定公正証書作成嘱託委任状の取得の禁止に関して潜脱行為を防ぐために，貸金業を営む者は，貸付けの契約について，**債務者等が特定公正証書の作成を公証人に嘱託することを代理人に委任する場合には，当該代理人の選任に関し推薦その他これに類する関与をすることが禁じられている。**

　貸金業者は，貸付けの契約について特定公正証書の作成を公証人に嘱託する場合には，あらかじめ債務者等となるべき資金需要者等に対し，次の事項について書面を交付して説明しなければならない。

> ① 当該貸付けの契約に基づく債務の不履行の場合には，特定公正証書により債務者等が直ちに強制執行に服することとなる旨
> ② 特定公正証書に記載された内容の債務の不履行の場合には，貸金業者は訴訟の提起を行わずに，特定公正証書により債務者等の財産に対する強制執行をすることができる旨

2．年金受給者等への配慮

　貸金業を営む者は貸付けの契約について，公的給付が受給権者である債務者等または債務者等の親族その他の者（以下「特定受給権者」という）の預貯金口座に払い込まれた場合に，**当該預貯金の口座に係る資金から当該貸付けの契約に基づく債権の弁済を受けることを目的として，その者の預金通帳等の引渡しもしくは提供を求め，またはこれらを保管してはならない。**規制対象者は貸金業を営む者であり，無登録営業者も対象となる。

　また，貸金業を営む者は，公的給付が特定受給権者の預貯金の口座に払い込まれた場合に，当該預貯金口座の資金から貸付けの契約に基づく債権の弁済を受けることを目的として，特定受給権者に当該預貯金の払出しとその払い出した金銭による当該債権の弁済をその預貯金の口座のある金融機関に委託して行うこと

（口座振替等）を求める行為をしてはならない。

3．取立禁止行為

　貸金業法では，貸付金の取立てにあたって禁止される行為について，次のとおり具体的な例示を行っている。なお，以下に掲げる言動をしていなくとも，人の私生活もしくは業務の平穏を害するような言動をすれば貸金業法違反となる可能性がある。

（1）　正当な理由なく，社会通念に照らし不適当と認められる時間帯（午後9時から午前8時まで）に債務者等に電話，FAX，居宅訪問をすること

　　「正当な理由」としては，一般に，①債務者等の自発的な承諾がある場合や，②債務者等と連絡を取るための合理的な方法が他にない場合などがあげられ，これらの場合には基本的に貸金業法違反にはならないと解される。

（2）　債務者等が弁済し，または連絡し，もしくは連絡を受ける時期を申し出た場合において，その申出が社会通念に照らし相当であると認められないことその他の正当な理由がないのに，午後9時から午前8時以外の時間帯に，債務者等に電話をかけ，もしくはファクシミリ装置を用いて送信し，または債務者等の居宅を訪問すること

　　「その申出が社会通念に照らし相当であると認められないことその他正当な理由」については，たとえば，次のようなものが該当する可能性が高い。

---

① 債務者等からの弁済や連絡についての具体的な期日の申出がない場合
② 直近において債務者等から弁済や連絡に関する申出が履行されていない場合
③ 通常の返済約定を著しく逸脱した申出がなされた場合
④ 申出に係る返済猶予期間中に債務者等が申出内容に反して他社への弁済行為等を行った場合
⑤ 申出に係る返済猶予期間中に債務者等が支払停止，所在不明等となり，債務者等から弁済を受けることが困難であることが確実となった場合

（3）　正当な理由なく，債務者等の勤務先その他の居宅以外の場所に電話，電報，FAX，訪問すること

　　「正当な理由」としては，①債務者等の自発的な承諾がある場合，②債務者等と連絡をとるための合理的方法が他にない場合，③債務者等の連絡先が不明な場合に，債務者等の連絡先を確認することを目的として債務者等以外の者に電話連絡をする場合，が該当する。

（4）　債務者等の居宅または勤務先その他の債務者等を訪問した場所において，債務者等から当該場所から退去すべき旨の意思を示されたにもかかわらず，当該場所から退去しないこと

　債務者等の自宅やその他の場所を訪問した場合に，債務者等から退去要請を受けたときには，退去しなければならない。

（5）　はり紙，立看板その他何らの方法をもってするを問わず，債務者の借入れに関する事実等を債務者等以外の者に明らかにすること

　この規定は，債務者等に心理的な圧迫を加えることにより弁済を強要することを禁止する趣旨であり，債務者等から家族に知られないように要請を受けている場合以外においては，債務者等の自宅に電話をかけ家族がこれを受けた場合に貸金業者であることを名乗ったり，郵便物の送付にあたり差出人として貸金業者であることを示しても，直ちにこの規定に該当するわけではないことに留意する必要がある。

（6）　債務者等に対して，債務者等以外の者からの金銭の借入れその他これに類する方法（たとえば，クレジットカードの使用等）により貸付けの契約に基づく債務の弁済資金を調達することを要求すること

（7）　債務者等以外の者に対し，債務者等に代わって債務を弁済することを要求すること

（8）　債務者等以外の者が債務者等の居所または連絡先を知らせることその他の債権の取立てに協力することを拒否している場合において，さらに債権の取立てに協力することを要求すること

　債務者等と連絡が取れなくなったような場合において，貸金業を営む者が第三者に対して債務者等の居所を尋ねるなど一定の協力を要請することがあるが，貸金業を営む者が当該第三者と反復して接触する場合には，肩代わり返済を要求したり，債務者等のプライバシーを侵害する可能性が否定できないことから，債務者等以外の者が協力を拒否している場合に，さらに協力を求めることが禁止されている。

（9）　債務者等が，貸付けの契約に基づく債権に係る債務の処理を弁護士もしくは弁護士法人もしくは司法書士もしくは司法書士法人（以下「弁護士等」という）に委託し，またはその処理のために必要な裁判所における民事事件に関する手続をとり，弁護士等または裁判所から書面によりその旨の通知があった場合において，正当な理由なく，債務者等に対し，電話，電報，FAX，訪問する方法により，当該債務を弁済することを要求し，これに対し債務者等から直接要求しないように求められたにもかかわらず，さらにこれらの方法で当該債務を弁済することを要求すること

　「司法書士もしくは司法書士法人」とは，簡易裁判所における訴訟代理権が認められた司法書士等（いわゆる認定司法書士）を指す。なお，「外国弁護士による法律事務の取扱いに関する特別措置法の一部を改正する法律（令和2年法律第33号）」施行後は，「弁護士・外国法事務弁護士共同法人」が「弁護士等」として付け加わる。また，「正当な理由」とは，一般的には，①弁護士等からの承諾がある場合，②弁護士等または債務者等から弁護士等に

対する委任が終了した旨の通知があった場合が該当する。

(10) 債務者等に対し，（1）～（5），（7）～（9）のいずれかに掲げる言動をすることを告げること

　　　貸金業を営む者が取立行為を行う際に，弁済しなければ「家族に言う」，「勤務先を訪問する」というような発言をして，債務者等に圧力をかけることを禁止している。

(11) 監督指針における取立行為規制の留意事項

　　　監督指針ではこのほか，「人の私生活若しくは業務の平穏を害するような言動」に該当するおそれが大きいものとして，以下の事例を例示している。

①　反復継続して，電話をかけ，電報を送達し，電子メールもしくはファクシミリ装置等を用いて送信し，または債務者，保証人等の居宅を訪問すること

②　保険金による債務の弁済を強要または示唆すること

4．「威迫」に該当する行為

　　貸金業協会の自主規制基本規則では，次のような行為は「威迫」および「その他の人の私生活若しくは業務の平穏を害するような言動」に該当するおそれがあるとしている。

---

①　大声をあげたり，乱暴な言葉を使うなど暴力的な態度をとること
②　多人数で訪問すること（たとえば3名以上）
③　不適当な時期に取立ての行為を行うこと
・親族の冠婚葬祭時，年末年始（12月31日から1月3日）
・債務者等の入院時，罹災時
④　反復継続した取立行為を行うこと
・電話を用いた債務者等への連絡を1日に4回以上行うこと
・電子メールや文書を用いた連絡を前回連絡時から3日以内に行うこと
⑤　親族または第三者に対し，支払の要求をすること
・各態様において，あたかも返済義務があるような旨を伝えること
・支払申出があった際，支払義務がないことを伝えないこと

5．催告書面

　　貸金業を営む者または貸金業を営む者の貸付けの契約に基づく債権の取立てについて委託を受けた者は，債務者または保証人に対して支払を催告する書面またはこれに代わる電磁的記録を送付するときは，次の事項を記載しまたは記録する必要がある。

---

① 貸金業を営む者の商号，名称または氏名および住所ならびに電話番号
② 当該書面または電磁的記録を送付する者の氏名
③ 契約年月日
④ 貸付けの金額
⑤ 貸付けの利率
⑥ 支払の催告に係る債権の弁済期
⑦ 支払を催告する金額
⑧ 内閣府令で定める事項
　a　支払催告時における当該催告に係る残存債務の額
　b　支払を催告する金額の内訳（元本，利息，遅延損害金の別）
　c　保証人に送付する場合は，保証契約年月日および保証債務の極度額その他の保証人が負担する債務の範囲

---

　①に規定する「住所」および「電話番号」については，それぞれ，当該**債権を管理する部門または営業所等に係るもの**を記載する必要がある。また，②の「当該書面または電磁的記録を送付する者の氏名」については，当該債権を管理する部門または営業所等において，当該**債権を管理する者の氏名**を記載することが必要となる。

　また，支払を催告する書面またはこれに代わる電磁的記録を送付する場合には，当該書面に封をするか，本人のみが使用していることが明らかな電子メールアドレスにメールを送信するなどの方法により，**債務者の借入れに関する事実が第三者に明らかにならない方法**により行う必要がある。

6．取立てにあたり明らかにすべき事項

　貸金業者等が，債権の取立てをするにあたり**相手方の請求があったとき**は，貸金業を営む者の商号，名称，氏名および取立てを行う者の氏名その他内閣府令で定める事項を記載した**書面の交付または送付**により，その相手方に明らかにしなければならない。

7．取立ての委託

　貸金業を営む者または貸金業を営む者の貸付けの契約に基づく債権の取立てについて委託を受けた者が，当該債権の取立てをするにあたり相手方の請求があったときは，貸金業を営む者の商号，名称，氏名および**取立てを行う者の氏名等**を記載した**書面を交付または送付**する方法により，その相手方に明らかにしなければならない。

　なお，いずれも，従業員証の提示により，代えることができる。

15 債権証書の返還

✓チェック ☐☐☐

　貸金業者は，貸付けの契約に基づく債権についてその全部の弁済を受けた場合で，当該債権の証書を有するときには，遅滞なく債権証書をその弁済をした者に返還しなければならない。

　民法上は，債権に関する証書がある場合において，弁済をした者が全部の弁済をしたときは，債権者に債権証書の返還を請求することができると規定されているが，貸金業法は，これをさらに一歩進めて，貸金業者に対して**債権証書の返還義務を課している**点に注意が必要である。

　「債権証書」とは，債権の成立，内容などを証する書面をいうところ，たとえば，証書貸付の場合における金銭消費貸借契約書が債権証書に該当すると考えられる。

　債権証書は，その「弁済をした者」に返還する必要があるため，**債務者以外の者が弁済をした場合には，債務者ではなく，その「弁済をした者」に債権証書を返還することが必要**である点に注意が必要である。

16 債権譲渡の規制

1. 債権譲渡に準じた規定

・貸金業者が保証業者と貸付けに係る契約について保証契約を締結するときは，保証業者にも貸金業法の一部が適用される。

・貸金業者が貸付けに基づく債務の弁済を他人に委託するときは，受託弁済者にも貸金業法の一部が適用される。

・保証業者が求償権等を他人に譲渡した場合，譲受人にも貸金業法の一部が適用される。

・受託弁済者が求償権等を他人に譲渡した場合，譲受人にも貸金業法の一部が適用される。

2. 譲受人に対する規制

　貸金業者の貸付けに係る契約に基づく債権の譲渡があった場合，**当該譲受人が貸金業者であるか否かを問わず**，貸金業法の主要な各規定が適用される。

> ① 生命保険契約等の締結に係る制限　② 保証契約についての事前書面交付義務　③ 生命保険契約等に係る同意前の書面の交付　④ 債権譲渡時の書面の交付　⑤ 受取証書の交付　⑥ 帳簿の備付け　⑦ 帳簿の閲覧・謄写　⑧ 特定公正証書に係る制限　⑨ 公的給付に係る預金通帳等の保管等の制限　⑩ 取立て行為の規制　⑪ 債権証書の返還　⑫ 債権譲渡時における譲受人に対する所定の通知　⑬ 報告徴収および立入検査

　なお，貸金業者が，貸付債権について委託または譲渡を受けて，管理または回収を業として行う場合には，弁護士法等の規定に抵触しないかについて確認する必要がある。

3. 譲渡人に対する規制

　貸金業者が貸付けに係る契約に基づく債権を第三者に譲渡する場合，①当該債権が貸付けに係る契約に基づく債権であること，②譲受人が当該債権に関してする行為について貸金業法の規制が及ぶこと，③譲渡年月日と当該債権の額等を，譲受人に**書面で通知**しなければならない。

また，貸金業者が貸付債権を譲渡したときは，譲渡した日から2週間以内に**登録を受けた財務（支）局長または都道府県知事に届け出る**必要がある。

4．取立制限者に対する規制

　貸金業者は，債権譲渡等の相手方が取立制限者であることを知りもしくは知ることができるとき，または債権譲渡等の後に取立制限者が当該債権の債権譲渡等を受けることを知りもしくは知ることができるときには，その債権譲渡等を行ってはならない。言い換えると，取立行為の委託も債権の譲渡も禁止されている。

　取立制限者とは，次のいずれかに該当する者をいう。

---

① 暴力団員等
② 暴力団員等がその運営を支配する法人その他の団体または当該法人その他の団体の構成員
③ 貸付けの契約に基づく債権の取立てにあたり，取立行為規制に違反し，または刑法もしくは暴力行為等処罰に関する法律の罪を犯すおそれが明らかである者

5．密接な関係を有する者に対する債権譲渡と注意義務

　貸金業者は，施行令で定める密接な関係を有する者に貸付けの契約に基づく債権の取立ての委託をしたときだけではなく，債権譲渡をしたときも（「債権譲渡等」）その相手方が当該債権の取立てにあたり，貸金業法上の取立行為に関する規制に違反し，または刑法もしくは暴力行為等処罰に関する法律の罪を犯さないように相当の注意を払わなければならない。

　「**密接な関係を有する者**」とは，次のような者をいう。

---

① 貸金業者が個人の場合には，貸金業者の親族
② 貸金業者が法人である場合には，法人の取締役，代表者その他法人に対してこれらと同等以上の支配力を有している者（当該法人の発行済株式の25％超を有する個人，当該法人の親会社の発行済株式の50％超を有する個人など）
③ 貸金業者の貸金業に関する営業所，事務所の業務を統括する者およびこれに準ずる者で施行規則で定めるもの
④ 貸金業者の経営を支配しているものとして内閣府令で定める要件に該当する者
⑤ 貸金業者によって経営を支配されているものとして内閣府令で定める要件に該当する者

---

⑥　その他①～⑤に準ずる関係として施行規則で定める関係を有する者

　密接な関係を有する者に対する取立ての委託と注意義務に違反した場合の罰則はないが，貸金業者が相当な注意を払ったことを証明できないときは，業務停止処分の対象となる。

6．債権譲渡契約

　債権譲受人との間で債権譲渡契約を締結する場合は，債務者等からの問合せや取引履歴の開示請求などがある場合を想定し，**債権譲受人との明確な責任分担のもとに債務者等に適切に対応するための規定**を置かなければならない。また，債権譲受人が債務者等に対し債権譲渡通知を遅滞なく送付することや法令を遵守した債権管理および回収を行うこと等，債務者等の保護の確保に努めるための規定を設ける必要がある。

17 指定信用情報機関

1. 信用情報と個人信用情報

「**信用情報**」とは,資金需要者である顧客または債務者の借入金の返済能力に関する情報をいう。したがって,返済能力に関する情報であれば,広く「信用情報」に含まれることになるので,当該情報に係る対象者が自然人であっても法人であっても,「信用情報」に含まれる(なお,「債務者の借入金の返済能力に関する情報」には,保証人となろうとする者の保証債務の履行能力に関する情報が含まれるものと解される)。

これに対して「**個人信用情報**」とは,「信用情報」のうち,総量規制を実施するために特に必要となる情報をいい,具体的には図17-1の内容を指す。

[図17-1]

情報の項目	内閣府令で定める事項
① 当該顧客の氏名および住所その他当該顧客を識別することができる事項として内閣府令で定めるもの	・氏名(ふりがな) ・住所 ・生年月日 ・電話番号 ・勤務先の商号または名称 ・運転免許証等の番号(当該個人顧客が運転免許証等の交付を受けている場合に限る) ・本人確認書類に記載されている本人を特定するに足りる記号番号(当該本人確認書類により本人確認を行った場合)(※1) ・配偶者貸付けの場合には,当該配偶者に関する上記の事項
② 契約年月日	
③ 貸付けの金額	
④ ①~③に掲げるもののほか,内閣府令で定める事項	・貸付けの残高(※2) ・元本または利息の支払の遅延の有無 ・総量規制の対象外の契約に該当する場合にはその旨

※1　パスポートもしくは船舶観光上陸許可書,在留カード,特別永住者証明書または介護保険の被保険者証(当該自然人の氏名,住居および生年月日の記載があるものに限る)による場合のみ。

※2　極度方式基本契約における極度額は含まれない。

　このように，「個人信用情報」は，個人顧客に係る信用情報のうち一部のものを指す概念であり，両者の関係は図17-2のとおりである。

[図17-2]

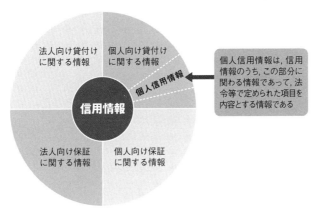

個人信用情報は，信用情報のうち，この部分に関わる情報であって，法令等で定められた項目を内容とする情報である

２．貸金業者からの情報提供

（1）　同意の取得

　貸金業者は，指定信用情報機関と信用情報提供契約（指定信用情報機関と貸金業者との間の信用情報の提供を内容とする契約）を締結した場合，その時点において当該貸金業者が締結しているすべての契約（ただし，**残高があるものに限る**）に関する個人信用情報を指定信用情報機関に提供しなければならない。

　この点，本来であれば貸金業者から指定信用情報機関への情報提供は，個人情報保護法に基づき情報提供についての同意を取得することが必要になるが，貸金業法は貸金業者が指定信用情報機関に加入する前の**既存の個人顧客**については，顧客本人からの**同意なく個人信用情報の提供を行うことができる**としている（指定信用情報機関加入前に締結した極度方式基本契約に基づく，加入後の極度方式貸付け契約に係る債権の管理に必要な場合についても同様に，本人の同意なく提供できるとしている）。

　また，貸金業者が指定信用情報機関と信用情報提供契約を締結した後に，当該貸金業者が貸付けに係る契約を締結する**新規の個人顧客**についても，加入する指定信用情報機関に個人信用情報を提供することが義務づけられている。この場合には，前述の既存顧客の場合とは異なり，**本人の同意の取得が必要**になる。

　取得すべき同意の内容は次のとおり。

個人信用情報を
・貸金業者が加入する指定信用情報機関に提供する旨
・指定信用情報機関が当該機関に加入する他の貸金業者に提供する旨
・他の指定信用情報機関に加入する他の貸金業者に提供する旨

（2）　情報の提供時期

　貸付けに係る契約を締結した際に取得した個人信用情報の指定信用情報機関への提供については，以下の点に留意する必要がある。

---

①　取得した個人信用情報は，原則として，取得当日中に指定信用情報機関に提供すること。

②　上記①の対応が困難な場合（貸付け業務を深夜まで行っている場合等）には，翌日の指定信用情報機関の情報提供開始時刻までに情報登録が行われるよう，各機関が信用情報提供契約等で定める締切時刻までに当日取得した情報を提供すること。

3．目的外使用の禁止

　指定信用情報機関の加入貸金業者またはその役職員は，**次の目的以外の目的**のために，指定信用情報機関に対して信用情報の**提供を依頼**し，提供を受けた信用情報を**当該目的外に使用**したり，**第三者に提供**することが**できない**。

---

①　加入貸金業者の顧客である資金需要者等の借入金の返済能力その他の金銭債務の弁済能力の調査

②　①のほか，当該加入貸金業者が締結する保証契約に係る主たる債務者の借入金の返済能力その他の金銭債務の弁済能力の調査

4．指定信用情報機関の業務の適切性

　指定信用情報機関については，反社会的勢力との関係を遮断するための態勢を整える必要があるほか，指定信用情報機関の代表者および常務に従事する役員は，**原則として兼職が禁止**されている。また，指定信用情報機関は原則として兼業を禁止されている。ただし，「信用情報提供等業務を適正かつ確実に行うにつき支障を生ずるおそれがないと認められるもの」について，内閣総理大臣の承認を受けたときは，兼業が認められている。同じく，内閣総理大臣の承認を受ければ，信用情報提供等業務の一部を委託することができる。なお，指定信用情報機関の役職員または役職員であった者については，秘密保持義務が課されている。

　指定信用情報機関は，貸金業者が信用情報提供契約の締結を希望する場合には，正当な理由なくこれを拒否してはならず，特定の加入貸金業者に対し不当な差別的取扱いをしてはならない。「正当な理由」がある場合として，たとえば，加入申請のあった貸金業者に信用情報の安全管理措置上の問題が認められた場合がある。また，加入貸金業者のシステム対応が整っていない場合などにおいて，指定信用情報機関が会員資格の停止や除名等の処分を行うことは，原則として「不当な差別的取扱い」とはならない。

18 返済能力の調査

✓チェック ▢▢▢

1. 返済能力調査義務

　貸金業法は，貸金業者に対して，貸付けの契約を締結しようとする場合における顧客等の**返済能力の調査**を義務づけている。この義務に違反すると，業務改善命令その他の行政処分の対象となる。

　この返済能力の調査にあたっては，対個人の貸付けの契約（ただし，極度方式貸付けに係る契約その他の内閣府令で定める貸付けの契約を除く）を締結しようとする場合には，**指定信用情報機関が保有する信用情報を利用した調査**が義務づけられている。

　さらに，締結しようとする対個人の貸付けの契約が一定の金額を超える場合には，年収等の**資力を明らかにする書類等を徴求**することが義務づけられている。

　なお，対個人の貸付けであっても，保証契約を締結する場合には，この義務は課されない。返済能力調査の概要は図18-1のとおり。

[図18-1]

		返済能力の調査義務	指定信用情報機関を利用した調査義務	資力を明らかにする書面等の徴求義務
対個人	貸付けに係る契約	○	○（※1）	○（※1）（※2）
	保証契約	○	○	×
対法人	貸付けに係る契約	○	×	×
	保証契約	○	×	×

※1　極度方式貸付けに係る契約（極度方式基本契約に基づく個別の貸付けの契約）その他の内閣府令で定める貸付けの契約を除く。

※2　貸付金額の総額が一定の範囲を超えた場合に限る。

2. 指定信用情報機関を利用した調査

　貸金業者は，**個人である顧客等**と貸付けの契約を締結しようとする場合には，原則として指定信用情報機関が保有する信用情報を利用した調査を行う必要がある。

　ただし，例外的に，①極度方式貸付けに係る契約，②手形割引を内容とする契約，③金融商品取引業者が行う500万円を超える一定の有価証券担保ローン，④金融商品取引業者が行う500万円を超える一定の投資信託受益証券担保ローン，

⑤媒介契約の場合には，この限りではない。また，貸金業者が一定のNPOバンク（特定非営利金融法人）に該当する場合であって，一定の要件を充たす貸付けに係る契約（特定貸付契約）または当該契約の保証契約を締結するときにも信用情報を利用した調査は不要となる。

　なお，信用情報を利用した調査を行うにあたっては，顧客に係る信用情報の照会が指定信用情報機関に対して同日中に繰り返し行われているなど**借回り**が推察される場合には，**より慎重な貸付審査**を行うなど，過剰貸付けの防止に努める必要がある。

3．資力の証明

　貸金業者は個人である顧客等と貸付けの契約を締結しようとする場合であって，次の場合に該当するときは，**原則として当該顧客から資力を明らかにする書面等を徴求しなければならない。**

> ①　貸付けの金額（極度方式基本契約の場合には極度額）が**自社の既存の貸付けに係る契約の残高**（極度方式基本契約の場合には極度額）と**合算して50万円を超える場合**
> ②　貸付けの金額（極度方式基本契約の場合には極度額）が**自社の既存の貸付けに係る契約の残高**（極度方式基本契約の場合には極度額）と**指定信用情報機関から提供を受けた信用情報より判明した他の貸金業者の貸付けの残高**（極度額ではない）と**合算して100万円を超える場合**

　なお，信用情報による調査の場合と同様に，①極度方式貸付けに係る契約，②手形割引を内容とする契約，③金融商品取引業者が行う500万円を超える一定の有価証券担保ローン，④金融商品取引業者が行う500万円を超える一定の投資信託受益証券担保ローン，⑤媒介契約，⑥貸金業者が一定のNPOバンク（特定非営利金融法人）に該当する場合であって，一定の要件を充たす貸付けに係る契約（特定貸付契約）または当該契約の保証契約を締結するときには例外となる。

　資力を証明する書面の種類および必要となる要件は図18-2のとおりである。

　なお，すでにこれらの収入証明を取得しているときは，勤務先に変更があったときなどを除き当該書面等の有効期間内であれば，改めて取得する必要はない。この点，これらの書面は，**原則として一般に発行される直近の期間のものが必要である。**

4．極度方式基本契約に係る調査
（1）　極度方式基本契約締結「時」における返済能力調査
　返済能力の調査は，貸金業者が貸付けの契約を締結する場合に広く適用があることから，貸金業者には極度方式基本契約を締結する場合にも返済能力の調査義

［図18-2］

収入証明の種類	必要となる要件
源泉徴収票	一般に発行される直近の期間に係るもの
支払調書	
年金通知書	
給与の支払明細書	直近2カ月分以上のもの（ただし，地方税額が明示されているものを利用して直近の年間の給与の金額を算出する場合にあっては，直近のもの）
確定申告書	通常提出される直近の期間（当該直近の期間を含む連続した期間における事業所得の金額を用いて基準額を算定する場合にあっては，当該直近の期間を含む連続した期間）に係るもの
青色申告決算書	
収支内訳書	
納税通知書	一般的に発行される直近の期間（当該直近の期間を含む連続した期間における事業所得の金額を用いて基準額を算定する場合にあっては，当該直近の期間を含む連続した期間）に係るもの
納税証明書	
所得証明書（※）	
年金証書	

※　「所得証明書」には，たとえば，以下のようなものが含まれる。
　①　根拠法令なく，行政サービスの一環として，地方公共団体が交付する所得・課税証明書
　②　個人顧客の勤務先が発行する所得証明書（ただし，当該勤務先の代表者その他の権限を有する者が確認したことの記録により真正であると認められるものに限る）
　なお，上記の書面については，法令を根拠として交付されたものであれば，その名称の如何は問題とはならない。

務が課されている。
　また，個人である顧客等と極度方式基本契約を締結する場合であれば，指定信用情報機関が保有する**信用情報を利用した調査を行う義務**および所定の場合の**収入証明書面等の徴求義務**が課される。すなわち，極度方式基本契約を締結する場合であって，①極度額が既存の貸付けの契約の残高（極度方式基本契約の場合には極度額）と合算して50万円を超える場合，または，②極度額が既存の貸付けの契約の残高（極度方式基本契約の場合には極度額）と指定信用情報機関から提供を受けた信用情報より判明した他の貸金業者の貸付け（極度額ではない）の残高と合算して100万円を超える場合には，所定の期間内に，収入証明の取得が必要となる。なお，「所定の期間」とは，本来は1カ月とされているが，当分の間は2カ月とされている。
（2）　極度額増額の際の調査
　加えて，極度方式基本契約の極度額（貸金業者が相手方に対して，極度方式貸

付けの元本の残高の上限として極度額を下回る額を提示している場合には当該下回る額）を増額しようとする場合には，貸金業者は原則として，指定信用情報機関が保有する信用情報を利用した調査，収入証明書類等の徴求義務が課されることになる。

ただし，債務者と連絡が取れないことを理由に極度額を一時的に減額していた場合（債務者の返済能力の低下が理由である場合を除く）に，相手方と連絡が取れたために極度額を元に戻す場合はこの限りではない。

（3）　極度方式基本契約締結「後」の調査

①　信用情報を利用した調査

貸金業者は定期的に信用情報機関の保有する信用情報を利用して，個々の債務者ごとに総量規制に抵触していないかどうかを調査する必要がある（**調査の時期等については，**図18−3のとおり）。

前記の定期調査または，随時調査の基準を満たした場合には，貸金業者は，その調査期間の末日から3週間を経過する日までに，指定信用情報機関に個人信用情報の提供の依頼をしなければならない。

②　収入証明書面等の取得義務

いわゆる証貸しの場合には，自社50万円超または他社合算100万円超などの一定の要件を充たす場合に収入証明書面等を取得する必要が生じるが，取得すべき収入証明書は，その時点で**直近のもの**が求められ，原則として最新性が要求されている。これに対し，極度方式基本契約の場合には，極度方式基本契約時に収入証明書の取得義務が課されていることから，極度方式貸付けの締結のつど収入証明書を取得する必要はない。

また，自社・他社合算100万円超などの一定の要件を充たす場合であっても，すでに収入証明書を取得している場合には，当該証明書の有効期間内であれば（有効期間は3年（勤務先に変更がないことが確認できれば，5年）），改めて取得する必要はない。

③　必要な措置

そして，②の調査の結果，いわゆる総量規制に抵触していることが判明した場合には，貸付けを抑制するために必要な措置（極度額の減額，新たな極度方式貸付けの停止）を講じなければならない。

5．極度方式貸付けに係る調査

極度方式貸付けの場合は，調査義務が緩和されている。すなわち，貸金業者が個人である顧客との間で極度方式貸付けに係る契約を締結する場合には，指定信用情報機関の保有する信用情報を利用して返済能力の調査を行う必要はない。

極度方式基本契約（途上与信を除く）および極度方式貸付けにおける調査義務は図18−4のとおり。

[図18-3]

調査の内容	調査の時期	例外的に調査が不要となる場合
定期調査	3カ月以内に1回	① 調査対象期間末日における合計のリボ残高(極度方式貸付の合計残高)が10万円以下である場合 ② 総量規制に該当することを理由に新たな極度方式貸付けを停止する措置(いわゆる出金停止措置)が講じられている場合 ③ (a)元本・利息の延滞(b)その他合理的な理由(ただし,理由等が帳簿に記載されていることが条件)を根拠に出金停止措置が講じられている場合 ④ (a)金融商品取引業者が行う500万円を超える一定の有価証券担保ローン,(b)金融商品取引業者が行う500万円を超える一定の投資信託受益証券担保ローン,(c)媒介契約,(d)一定の証券担保貸付,(e)一定の不動産担保貸付け,(f)売却予定の不動産の売却代金により弁済される貸付けのいずれかに該当する場合 ⑤ 貸金業者が一定のNPOバンク(特定非営利金融法人)に該当する場合であって,一定の要件を充たす貸付けに係る契約(特定貸付契約)を締結しているとき
随時調査	以下のいずれかに該当する場合には,そのつど ① 一定の期間(原則的に1カ月)内に行った極度方式貸付(リボ個別契約)の合計額が5万円超であり,かつ,当該期間の末日における合計のリボ残高が10万円超である場合(ただし,当該極度方式基本契約が特定緊急貸付契約の場合には,調査必須) ② 新たな極度方式貸付けを停止する措置(いわゆる出金停止措置)を解除しようとする場合	① (a)金融商品取引業者が行う500万円を超える一定の有価証券担保ローン,(b)金融商品取引業者が行う500万円を超える一定の投資信託受益証券担保ローン,(c)媒介契約,(d)一定の証券担保貸付,(e)一定の不動産担保貸付け,(f)売却予定の不動産の売却代金により弁済される貸付けのいずれかに該当する場合 ② 貸金業者が一定のNPOバンク(特定非営利金融法人)に該当する場合であって,一定の要件を充たす貸付けに係る契約(特定貸付契約)を締結しているとき

[図18-4]

	返済能力の調査義務	指定信用情報機関を利用した調査義務	資力を明らかにする書面等の徴求義務	極度額増額時の調査義務
極度方式基本契約	○	○	○(一定の場合)	○
極度方式貸付けに係る契約	○	×	×	

19 総量規制

1．過剰貸付禁止義務の概要

貸金業法は，多重債務者の発生防止という観点から，**返済能力を超えると認められる貸付けの契約の締結を禁止**している。

あわせて，監督指針では，保証人や物的担保を徴求する貸付け（あらかじめ不動産の売却代金により弁済される予定であることが客観的に明らかな不動産担保貸付けは除外される）において，主債務者自身の返済能力ではなく，保証の履行や担保実行を主な回収手段とする貸付けの契約の締結を防止する措置が講じられているか，また，保証人および物的担保提供者の適格性審査について明確な基準が整備されているかが求められている。

また，実務において，同日中に複数の貸金業者から借入れを行ういわゆる「借回り行為」が見受けられているところ，当該借回り行為による過剰貸付けを防止する観点から，顧客に係る信用情報の照会が指定信用情報機関に対して同日中に繰り返し行われているなど，借回りが推察される場合には，より慎重な貸付審査を行うことが求められている。

2．総量規制の概要

上記のような一般的な過剰貸付禁止義務（およびその前提となる一般的な返済能力調査義務）とは別に，貸金業法は，貸金業者が個々の債務者の総借入残高を把握する仕組み（指定信用情報機関制度）を整備して，返済能力の調査義務を強化するとともに，いわゆる総量規制を導入した。

「総量規制」とは，新規の貸付契約により，当該契約の相手方である個人顧客に係る借入残高が年収の3分の1を超える場合には，当該新規の貸付契約を締結してはならないとする制度をいう。ただし，総量規制の対象となる貸付けは，「貸金業者（**銀行等の貸付けや，クレジット会社の割賦販売は含まない**）」が行う，「**対個人の貸付けに係る契約**」に限られており，また，総量規制の除外または例外とされる貸付けの契約が規定されている。

なお，**返済能力を超える貸付けの契約は，すべての顧客等について禁止されている（過剰貸付禁止）**。

過剰貸付禁止義務および総量規制の概要は，図19-1のとおりである。

[図19-1]

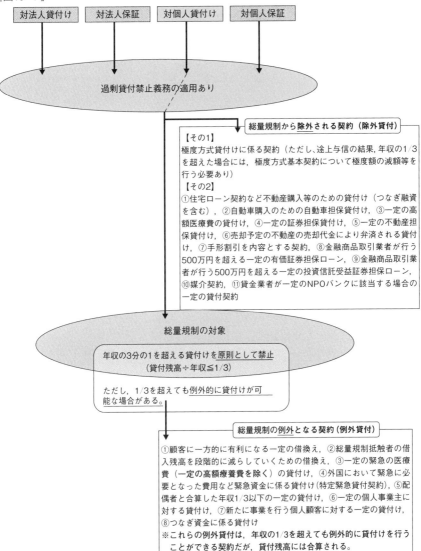

3．総量規制の内容

（1）　概要

　貸金業法は，「返済能力を超える貸付け」に該当するかどうかを判断する基準の1つとして，**債務者の年収**（年間の給与およびこれに類する定期的な収入の額

として内閣府令で定めるもの（①年間の年金の金額，②年間の恩給の金額，③（事業として行う場合を除く）年間の定期的に受領する不動産の賃貸収入），④個人事業者の事業所得（過去の事業所得の状況に照らして安定的と認められるものに限る）を合算した額）**の3分の1を超える貸付けを原則として禁止している。**

（2）　例外貸付契約

　　ただし，年収の3分の1を超える貸付けであっても，返済が合理的に見込まれ，健全な資金ニーズが認められるのであれば，貸付けを認めてよい場合もあり得ることから，次の契約については「**個人顧客の利益の保護に支障を生ずることのない契約**」として総量規制の例外としている。

【例外貸付契約】

① 　債務をすでに負担している**個人顧客が当該債務を弁済するために必要な資金の貸付けに係る契約**であって，（a）〜（f）の**すべての要件に該当するもの**

　（a）　当該貸付けに係る契約の1カ月の負担が当該債務に係る1カ月の負担を上回らないこと

　（b）　当該貸付けに係る契約の**将来支払う返済金額の合計額**と当該貸付けに係る契約の締結に関し当該個人顧客が負担する**元本および利息以外の金銭の合計額**の合計額が当該債務に係る**将来支払う返済金額の合計額**を上回らないこと

　（c）　当該債務につき供されている物的担保以外の物的担保を供させないこと

　（d）　当該貸付けに係る契約に基づく債権につき物的担保を供させるときは，当該物的担保の条件が当該債務につき供されていた物的担保の条件に比して物的担保を供する者に不利にならないこと

　（e）　当該債務に係る保証契約の保証人以外の者を当該貸付けに係る契約の保証契約の保証人としないこと

　（f）　当該貸付けに係る契約について保証契約を締結するときは，当該保証契約の条件が当該債務に係る保証契約の条件に比して**保証人に不利にならないこと**

② 　債務をすでに負担している個人顧客が当該債務を弁済するために必要な資金の貸付けに係る契約であって，（a）〜（d）の**すべての要件に該当するもの**

　（a）　当該個人顧客が弁済する**債務のすべて**が，当該個人顧客が貸金業者と締結した貸付けに係る契約に基づき負担する債務であって，**貸金業者または貸金業者とみなされる者**（「みなし貸金業者」という）を**債権者とするものであること**

（b）　当該貸付けに係る契約の貸付けの利率が，当該個人顧客が弁済する債務に係る貸付けに係る契約の貸付けの利率（当該個人顧客が弁済する債務に係る貸付けに係る契約が二以上ある場合は，弁済時における貸付けの残高（極度方式基本契約に基づく極度方式貸付けにあっては，当該極度方式基本契約に基づく極度方式貸付けの残高の合計額。（c）において同じ）により**加重平均した貸付け**の利率）を上回らないこと

（c）　当該貸付けに係る契約に基づく定期の返済により，当該貸付けの**残高が段階的に減少することが見込まれる**こと

（d）　前号（a）および（c）から（f）までに掲げるすべての**要件に該当する**こと

③　個人顧客または当該個人顧客の親族で当該**個人顧客と生計を一にする者の緊急に必要と認められる医療費**を支払うために必要な資金の貸付けに係る契約であって，当該個人顧客の返済能力を超えないと認められるもの（当該個人顧客が現に当該貸付けに係る契約を締結していない場合に限る）

④　個人顧客が特定費用を支払うために必要な資金の貸付けに係る契約として当該個人顧客と貸金業者の間に締結される契約であって，（a）〜（c）に掲げるすべての要件に該当するもの（特定緊急貸付契約）

（a）　当該個人顧客の返済能力を超えない貸付けに係る契約であると認められること

（b）　次に掲げる金額を合算した額（緊急個人顧客合算額）が10万円を超えないこと

　（ア）　当該**特定緊急貸付契約に係る貸付けの金額**（極度方式基本契約にあっては，極度額）

　（イ）　当該個人顧客と当該**特定緊急貸付契約以外の特定緊急貸付契約**を締結しているときは，その貸付けの残高（極度方式基本契約にあっては，極度額）の**合計額**

　（ウ）　指定信用情報機関から提供を受けた**信用情報により判明**した当該個人顧客に対する**当該貸金業者以外の貸金業者の特定緊急貸付契約に係る貸付けの残高**の合計額

（c）　返済期間（極度方式基本契約にあっては，当該極度方式基本契約に基づく極度方式貸付けの返済期間）が3カ月を超えないこと

⑤　個人顧客を相手方とする貸付けに係る契約であって，当該**個人顧客に係る個人顧客合算額**と当該個人顧客の**配偶者に係る個人顧客合算額**を合算した額が，当該個人顧客に係る基準額と当該個人顧客の配偶者に係る基

準額を合算した額を超えないもの（当該貸付けに係る契約を締結することについて当該個人顧客の**配偶者の同意がある場合に限る**）

⑥ **事業を営む個人顧客**に対する貸付けに係る契約であって，（ａ）～（ｂ）に掲げるすべての要件に該当するもの

（ａ） **実地調査**，当該個人顧客の直近の確定申告書の確認その他の方法により当該事業の**実態が確認**されていること

（ｂ） 当該個人顧客の**事業計画**，**収支計画**および**資金計画**（契約に係る貸付けの金額が100万円を超えないものであるときは，当該個人顧客の営む事業の状況，収支の状況および資金繰りの状況。⑦において同じ）に照らし，当該個人顧客の**返済能力を超えない貸付け**に係る契約であると認められること

⑦ **現に事業を営んでいない個人顧客**に対する新たな事業を行うために必要な資金の貸付けに係る契約であって，（ａ）～（ｂ）に掲げるにすべての要件に該当するもの

（ａ） 事業計画，収支計画および資金計画の確認その他の方法により確実に当該**事業の用に供するための資金の貸付けである**と認められること

（ｂ） 当該個人顧客の**事業計画**，**収支計画**および**資金計画**に照らし，当該個人顧客の返済能力を超えない貸付けに係る契約であると認められること

⑧ 金融機関（預金保険法に規定する金融機関）からの貸付け（正規貸付け）が行われるまでのつなぎとして行う貸付けに係る契約（極度方式基本契約を除く）であって，（ａ）～（ｂ）に掲げるすべての要件に該当するもの

（ａ） 正規貸付けが行われることが**確実であると認められる**こと

（ｂ） 返済期間が**１カ月を超えない**こと

なお，例外貸付契約に関しては，以下の点に留意する必要がある。

・ 上記の総量規制の例外となる貸付契約は年収の３分の１を超えても，個人顧客に返済能力があると認められる場合には貸付けを行える契約となるが，**貸付残高には算入される**。

　したがって，上記の例外貸付契約により年収の３分の１を超える貸付けを行った直後に，さらに総量規制の対象となる貸付け（例外貸付，除外貸付を除く）を行うことはできない。

・ ②における借換えの対象には，当該借換えに係る貸付けの契約を締結する貸金業者のみの債務を対象とすることができる。

・ ⑤について，配偶者と合算した年収の３分の１以下の一定の貸付けで配偶者の同意のあるものは，本人の年収の３分の１を超える場合も認められる

が，その際配偶者に借入れがある場合には，借入残高も合算される。また，いわゆる事実婚であるときには，「事実上婚姻関係と同様の事情にあることを証明する書面」を保存することが必要であるところ，「事実上婚姻関係と同様の事情にあることを証明する書面」とは，住民票（続柄に，「夫（未届）」，「妻（未届）」など未届の配偶者である旨の記載があるもの）のみをいう。

・　⑥について，貸付けの金額が100万円を超える場合，貸金業者は「**事業計画**」，「**収支計画**」，「**資金計画**」を記載した書面（以下「**三計画書**」という）を保存することが必要である。「三計画書」について，自主規制基本規則では「業務の適正な運営に関する社内規則策定にあたっての細則」に記載されている別紙「借入計画書」を使用することができる旨を規定している。なお，別紙「借入計画書」の各記載事項の要素を満たしていれば，各貸金業者が独自に作成する書式等を使用することも可能である。

　　また，貸付けの金額が100万円を超えない場合には，事業の状況，収入の状況および資金繰りの状況に照らして判断すれば足り，より簡易な要件とされている。

　　なお，⑦の場合も，⑥と同様に貸付けの金額が100万円を超えない場合には，三計画書によらず事業の状況，収入の状況および資金繰りの状況に照らして判断することができる。この場合，⑥，⑦ともに当該状況を確認した書面の保存が必要である（貸付けの金額が100万円を超える場合は，三計画書の保存が必要）。

4．住宅ローン契約等の取扱い

　住宅の新築，購入等の資金調達のための**住宅ローン契約**については，個人である債務者が日常的に行う借入れではなく，通常は適切な返済計画に基づいて当該住宅を担保に借入れが行われ，定型的に低利で返済期間が長期にわたるものである。そこで，多重債務に陥る危険性が少ないと考えられることから，**総量規制の対象から除外**されている。ただ，住宅ローン契約についても通常の借入れと同様に，過剰貸付禁止の対象になるので，貸金業者は，相手方が個人であれば指定信用情報機関が保有する信用情報を利用した**返済能力の調査が必要**になるとともに，住宅ローンと他の借入れとを併せて考慮したときに，返済能力を超えていると判断されるような貸付けは**過剰貸付禁止の一般原則**により**禁止**される。

　なお，住宅ローン契約以外にも，以下のような契約については，**総量規制から除外されるもの**として取り扱われ，住宅ローン契約と同様の取扱いを受ける。

【除外貸付契約】

① 不動産の建設もしくは購入に必要な資金（**借地権**の取得に必要な資金を**含む**）または不動産の改良に必要な資金の貸付けに係る契約

② 自らまたは他の者により前号に掲げる契約に係る貸付けが行われるまでの**つなぎ**として行う貸付けに係る契約

③ 自動車の購入に必要な資金の貸付けに係る契約のうち、当該自動車の**所有権**を貸金業者が**取得**し、または当該自動車が**譲渡**により**担保の目的**となっているもの

④ 個人顧客または当該個人顧客の親族で当該個人顧客と生計を一にする者の、健康保険法、船員保険法、国家公務員共済組合法（私立学校教職員共済法において準用する場合を含む）、国民健康保険法、地方公務員等共済組合法、高齢者の医療の確保に関する法律に規定する**高額療養費**を、支払うために必要な資金の貸付けに係る契約

⑤ **金融商品取引法に規定する有価証券**（同法の規定により有価証券とみなされる権利を含む）であって、一定の有価証券を担保とする貸付けに係る契約（担保に供する当該有価証券の購入に必要な資金の貸付けに係る契約を含み、貸付けの金額が当該貸付けに係る契約の締結時における当該有価証券の時価の範囲内であるものに**限る**）

⑥ **不動産**（**借地権**を含み、個人顧客もしくは担保を提供する者の**居宅、居宅の用に供する土地もしくは借地権**または当該個人顧客もしくは担保を提供する者の**生計を維持するために不可欠なものを除く**）を担保とする貸付けに係る契約であって、当該個人顧客の**返済能力を超えないと認められるもの**（貸付けの金額が当該貸付けに係る契約の締結時における当該不動産の価格（鑑定評価額、公示価格、路線価、固定資産税評価額その他の資料に基づき合理的に算出した額をいう、⑦において同じ）の範囲内であるものに**限る**）

⑦ **売却を予定している個人顧客の不動産**（借地権を含む）の売却代金により弁済される貸付けに係る契約であって、当該個人顧客の**返済能力を超えないと認められるもの**（貸付けの金額が当該貸付けに係る契約の締結時における当該不動産の**価格の範囲内**であるものに限り、当該不動産を売却することにより当該個人顧客の生活に支障を来すと認められる場合を除く）

⑧ 次に掲げる契約

（a） 手形（融通手形を除く）の割引を内容とする契約

（b） 金融商品取引業者（第一種金融商品取引業者または投資運用業者に限る。（c）において同じ）が顧客から**保護預り**をしている**有価証券**が金

融商品取引業等に関する内閣府令65条1号イからチまでに掲げるいずれかの有価証券であって，当該顧客が当該有価証券を引き続き所有するために必要なものとして当該有価証券を**担保**として当該金融商品取引業者が行う金銭の貸付けのうち，当該顧客に貸し付ける金額（ただし，すでに貸し付けている金銭の額と合計して**500万円**を超える場合に**限る**）が当該貸付けの時における当該有価証券の時価の範囲内であるものに係る契約

（ c ）　金融商品取引業者が顧客から**保護預り**をしている**有価証券**が投資信託の受益証券のうち金融商品取引業等に関する内閣府令65条2号イからハまでに掲げるいずれかの有価証券であって，当該有価証券に係る**解約を請求**した顧客に対し，解約に係る金銭が支払われるまでの間に当該有価証券を担保として当該金融商品取引業者が行うその解約に係る金銭の額に相当する額の金銭（ただし，すでに貸し付けている金銭の額と合計して**500万円を超える場合に限る**）の貸付けに係る契約

（ d ）　貸金業者を債権者とする金銭の貸借の媒介に係る契約

⑨　貸金業者が特定非営利金融法人（一定のNPOバンク）である場合に特定貸付契約（特定非営利活動貸付けまたは生活困窮者支援貸付けに係る契約）。

⑩　極度方式貸付けに係る契約

4．極度方式基本契約と総量規制

　貸金業者は，個人顧客と極度方式基本契約を締結している場合で，**一定の要件に該当するとき**は，指定信用情報機関が保有する信用情報を利用して，「基準額超過極度方式基本契約」に該当しているかどうかを調査する必要がある。詳細については，「18 返済能力の調査」の本文および図表を参照のこと。

5．基準額超過極度方式基本契約

　基準額超過極度方式基本契約を図示すると，図19-2 のようになる。
　極度方式基本契約が基準額超過極度方式基本契約であることが判明した場合には，貸金業者は，以下のいずれかの措置を講じることとされている。

①　極度額の減額
②　当該極度方式基本契約に基づく新たな極度方式貸付けの停止

[図19-2]

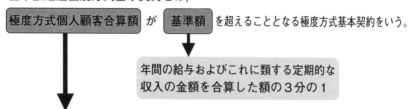

基準額超過極度方式基本契約とは，

極度方式個人顧客合算額 が 基準額 を超えることとなる極度方式基本契約をいう。

年間の給与およびこれに類する定期的な
収入の金額を合算した額の3分の1

極度方式個人顧客合算額とは，❶❷❸の合計額をいう。
❶ 当該極度方式基本契約の極度額(個別貸付けの上限としてそれを下回る額を提示している場合には当該金額)
❷ 上記❶以外の既存の貸付けの契約があるときはその残高
(極度方式基本契約にあっては，極度額)
❸ 指定信用情報機関から提供を受けた信用情報より判明した他の貸金業者の残高

6．保証人に対する総量規制の適否

　貸金業者が貸付けに係る契約に関し個人である顧客と保証契約を締結しようとする場合には，保証人となろうとする者の**返済能力の調査**が義務づけられ，その際には**信用情報機関が保有する信用情報を利用した調査**が必要となり，返済能力を超えると認められる場合には保証契約を締結することは禁止されている。

　しかしながら，**総量規制については，対個人の「貸付けに係る契約」のみが対象であり，保証契約については対象にはならない。**対個人の保証契約と総量規制等との関係は図19-3のとおり。

[図19-3]

	返済能力の調査義務	指定信用情報機関を利用した調査義務	資力を明らかにする書面等の徴求義務	過剰貸付けの禁止	総量規制
対個人の保証契約	○（適用あり）	○*	×（適用なし）	○	×

※　極度方式貸付けに係る契約（極度方式基本契約に基づく個別の貸付契約）その他の内閣府令で定める貸付けの契約を除く

7．対法人貸付けと総量規制

　法人については，その経営実態はさまざまであり，売上等の一定割合を超える場合には，当該法人による借入れを一律に過剰貸付けとすることは困難であると考えられるため，総量規制の対象外とされている。

　ただし，対法人の貸付けであっても，返済能力の調査義務は課されるので，貸金業者は適切な方法で調査を行う必要がある。

　また，一般的な原則としての**過剰貸付禁止の規制も適用**される。

8.「経営者保証に関するガイドライン」について

　中小企業，小規模事業者等（以下「中小企業」という）の経営者による個人保証（経営者保証）については，「経営者保証に関するガイドライン」が定められている。

　同ガイドラインは，法的な拘束力はないが，経営者保証における合理的な保証契約のあり方等を示すとともに，主債務の整理局面における経営者保証の取扱方法を定めており，貸金業者としては，自発的に尊重し，遵守することが求められる。

　そのため，事業貸付けを行う貸金業者は，以下の点等について留意が必要である。

> ① 経営陣が同ガイドラインを尊重・遵守する重要性を認識し，主導性を十分に発揮して，経営者保証への対応方針を明確に定めること。また，同ガイドラインの内容について職員への周知徹底を図ること。
> ② ガイドラインに基づく対応を適切に行うための社内規程やマニュアル，契約書の整備，本部による営業店支援態勢の整備等，必要な態勢の整備に努めているか。
> ③ 経営者保証に関する相談に対して，適切に対応できる態勢が整備されているか。
> ④ 主債務者たる中小企業等から資金調達の要請を受けた場合には，経営者保証を求めない可能性等を検討する態勢が整備されているか。
> ⑤ 保証債務の整理に当たっては，ガイドラインの趣旨を尊重し，関係する他の金融機関，外部専門家（公認会計士，税理士，弁護士等）と十分連携・協力するよう努めているか。
> ⑥ 定期的かつ必要に応じ，内部監査等を実施することにより，ガイドラインに基づく対応が適切に行われていることを確認しているか。必要に応じて態勢の改善・充実を図るなど監査等を有効に活用する態勢が整備されているか。

9.まとめ

　これまで説明したとおり，貸金業法は，過剰貸付けの抑制を図るために，貸金業者に対して，①返済能力の調査義務および②過剰貸付禁止義務という2つの義務を課している。

　これらの義務は，複数の制度から構成されているが，具体的な内容をまとめる

と図19-4のようになる。

[図19-4]

貸付形態		返済能力調査義務	過剰貸付禁止義務	備考
対法人保証		一般的な返済能力調査義務	返済能力を超えた貸付けの一般的な禁止	
対法人貸付け				
対個人保証		① 一般的な返済能力調査義務 ② 指定信用情報機関の情報を利用した調査義務（※1）		
対個人貸付け	極度方式基本契約	① 一般的な返済能力調査義務 ② 指定信用情報機関の情報を利用した調査義務（※1） ③ 一定の場合（※1，※2）の収入証明書（※3）の取得義務	① 返済能力を超えた貸付けの一般的な禁止 ② 年収（※6）の3分の1を超える場合の契約締結を禁止	返済能力調査義務のうち②，③および過剰貸付禁止義務②については，極度方式貸付け締結時には義務づけられていないことに注意
	極度方式貸付けに係る契約（新規）	① 一般的な返済能力調査義務 ② 指定信用情報機関の情報を利用した調査義務（※1） ③ 一定の場合（※1，※2）の収入証明書（※3）の取得義務	① 返済能力を超えた貸付けの一般的な禁止 ② 年収（※6）の3分の1を超える場合の契約締結を禁止	
	極度方式貸付けに係る契約（途上）	① 一般的な返済能力調査義務 ② 指定信用情報機関の情報を利用した定期または随時の調査義務 ③ 一定の場合（※4）の収入証明書の取得義務 （ただし，すでに取得した書面の有効期間内（※5）である場合は義務はない）	① 返済能力を超えた貸付けの一般的な禁止 ② 年収（※6）の3分の1を超える場合に （ア）極度額の減額 または （イ）出金停止措置が義務づけられている	※2および※4における収入証明書取得の要件の差異に注意

※1 （ア）極度方式貸付け，（イ）手形割引契約，（ウ）金融商品取引業者が行う500万円超の一定の有価証券・投資信託受益証券担保ローン契約，（エ）媒介契約，（オ）貸金業者が一定のNPOバンク（特定非営利金融法人）に該当する場合であって一定の要件を満たす貸付けに係る契約（特定貸付契約）または当該契約の保証契約を締結するとき，には例外的に義務なし

※2 （ア）当該貸付けの金額（極度方式基本契約の場合には極度額）が当該貸金業者の既存の貸付残高（リボ契約の場合には極度額）と合算して50万円超の場合，または，（イ）上記（ア）の金額と他社借入残高とを合算して100万円超の場合

※3 源泉徴収票，支払調書，給与の支払明細書，確定申告書，青色申告決算書，収支内訳書，納税通知書，納税証明書，所得証明書，年金証書，年金通知書など（配偶者貸付けの場合には，合算対象となる配偶者の当該書類）

※4 当該極度方式基本契約の極度額，当該貸金業者の既存の貸付残高（極度方式基本契約の場合には極度額），他社借入残高とを合算して100万円超の場合

※5 上記※3記載の書面のうち，年金証書以外の書面については，過去3年以内に発行されたものの提出を受けていれば取得義務はない（勤務先に変更がないことを確認した場合には，5年以内に発行されたものでよい）

※6 年間の給与，年金，恩給および定期的に受領する不動産の賃貸収入（事業として行う場合を除く），個人事業者の事業所得（過去の事業所得の状況に照らして安定的と認められるものに限る）

20 監督と行政処分

1．事業報告書の提出

　すべての貸金業者は，事業年度ごとに，貸金業に係る事業報告書を作成し，**毎事業年度経過後3カ月以内**に当局に提出することが義務づけられている。なお，この規定は，休止の届出を提出している貸金業者や，媒介のみを行っている貸金業者にも適用される。

2．報告徴収

　財務（支）局長，都道府県知事は，必要があると認めるときは，登録を受けた貸金業者に対してその業務に関し報告または資料の提出を命ずることができる。

　また，①貸金業者の貸付けに係る契約について保証契約を締結した保証業者および②貸金業者から貸金業の業務の委託を受けた者に対しても，「資金需要者等の利益の保護を図るため特に必要があると認めるときは，その必要の限度において」当局が報告徴収命令を行うことができる。

3．立入検査

　財務（支）局長，都道府県知事は，貸金業者について「資金需要者等の利益の保護を図る」ため必要がある場合には当該職員に，その登録を受けた貸金業者の営業所もしくは事務所に立ち入らせ，その業務に関して質問させ，または帳簿書類その他の物件を検査させることができる。また，①貸金業者の貸付けに係る契約について保証契約を締結した保証業者，および②貸金業者から貸金業の業務の委託を受けた者の営業所もしくは事務所についても，「資金需要者等の利益の保護を図るため特に必要があると認めるときは，その必要の限度において」当局が当該職員に，その営業所もしくは事務所に立ち入らせ，質問させ，または帳簿書類その他の物件を検査させることができる。

4．業務改善命令

　財務（支）局長（一部は金融庁長官），都道府県知事は，その登録を受けた貸金業者の業務の運営に関し，資金需要者等の利益の保護を図るため必要があると認めるときは当該貸金業者に対して，その必要の限度において業務の方法の変更その他業務の運営の改善に必要な措置を命ずることができる。

5．監督上の処分

　財務（支）局長，都道府県知事は，その登録を受けた貸金業者が一定の事由に該当する場合においては，当該貸金業者に対し登録を取り消し，または1年以内の期間を定めてその業務の全部もしくは一部の停止を命ずることができる。

　また，貸金業者の役員が一定の事由に該当することとなった場合には，当局は当該役員の解任を命ずることができる。貸金業者が役員解任命令に従わないときは，当局の処分に違反したこととなるため，**登録取消**しまたは**業務停止命令**の対象になる。

21 出資法

1．金利の上限

　出資法は，出資金の受入れの制限，預り金の禁止，媒介手数料の制限，高金利貸付けに対する処罰などを定めた法律で，**業として金銭の貸付けを行う場合**，高金利違反の罪となる金利が，利息についても遅延損害金についても，年20％を超える金利となる。

　この上限金利については，**うるう年については20％÷366日が１日当りの刑罰金利となる点**に，特に注意が必要となる。なお，**業としてではなく金銭の貸付けを行う場合**の上限金利は，平年が年109.5％，うるう年が年109.8％となっている。

2．金銭貸借の媒介手数料の制限

　出資法では，金銭の貸借の媒介を行う場合，媒介に係る貸借の金額の５％に相当する金額（**貸借の期間が１年未満であるものについては，当該貸借の金額に，その期間の日数に応じ，年５％の割合を乗じて計算した金額**）を超える手数料の契約をし，またはこれを超える手数料を受領してはならないと定められている。

　また，金銭の貸借の保証の媒介についても，媒介にかかる保証料の５％に相当する額（保証の期間が１年未満であるものについては，当該保証料の額にその期間の日数に応じて，年５％の割合を乗じて計算した額）に制限される。

3．金銭貸借の保証料の制限

　債権者が業として行う金銭消費貸借上の債務を主たる債務とする保証を業として行う場合には，保証人が主たる債務者から受けるべき保証料につき，**主たる債務の利息と合算して上限金利規制の対象**となる。

　また，保証料がある場合においても，高金利の規制の特則が設けられている。

　つまり，貸付利息が変動利率のとき，債権者と保証人が特約上限利率の定めをして，これを主債務者に通知したときは，当該貸付利息の割合は特約上限利率となり，それ以外のときは年10％となる。

　なお，貸金業法では，金銭貸借の媒介を行った貸金業者について，媒介のための新たな役務の提供を伴わない場合は，契約の更新にあたって，新たに媒介手数料を受領することを禁止している。

22 利息制限法

1．上限利率

利息制限法は，**金銭を目的とする消費貸借上の利息の契約について適用される法律で，金利を規制することを目的**としている。そして利息制限法は，下記の上限利率を超えた利息は，その**超過部分を無効**とすると定めている。ただし，年109.5%（うるう年のときは年109.8%）を超える場合（賠償額の予定を含む）は，**契約自体が無効**となる。

［図22-1］

元本が10万円未満のとき	年20%
元本が10万円以上100万円未満のとき	年18%
元本が100万円以上のとき	年15%

また，利息制限法は天引き契約について，約定どおりの貸付金額について金銭消費貸借が成立するものとみなし，かつ天引きは利息の前払として取り扱うこととしている。そこで，利息制限法の適用にあたっては，現実に交付された金額について同法の範囲内で利息を算出し，**これを超過する天引き部分は元本に充当**されたものとみなされることになる。

2．賠償額

利息制限法は，金銭消費貸借契約の債務不履行による賠償額の予定の上限を「**法定利率の1.46倍**」に制限している。これは，利息制限法における賠償額の予定の上限が現行の出資法上の上限金利を超えないようにしたものである。

そこで，元本の金額に応じた損害賠償額の上限は次のとおりとなり，超過部分は無効となる。なお，**営業的金銭消費貸借における債務不履行による賠償額の予定の上限は，年20%**とされている。

［図22-2］

損害賠償額の上限 （業として行うものを除く）	元本が10万円未満	年29.2%
	元本が10万円以上100万円未満	年26.28%
	元本が100万円以上	年21.9%
営業的金銭消費貸借（業として行うもの）における損害賠償の上限		年20.0%

3．元本額区分の適用の特則

　利息制限法では，債権者が業として行う金銭消費貸借が同一の当事者間で複数ある場合における元本額区分の適用の特則が，以下の内容で設けられている。

1　**営業的金銭消費貸借（債権者が業として行う金銭を目的とする消費貸借）**上の債務をすでに負担している債務者が，同一の債権者から重ねて営業的金銭消費貸借による貸付けを受けた場合における，当該貸付けに係る営業的金銭消費貸借上の利息…当該すでに負担している債務の残元本の額と当該貸付けを受けた元本の額との合計額

＜具体例＞
既存貸付け6万円に7万円の追加貸付けを行う場合
　・既存貸付け（6万円）の上限金利…年20%
　・追加貸付け（7万円）の上限金利…年18%

2　債務者が同一の債権者から同時に二以上の営業的金銭消費貸借による貸付けを受けた場合におけるそれぞれの貸付けに係る営業的金銭消費貸借上の利息…当該二以上の貸付けを受けた元本の額の合計額

＜具体例＞
同時に，6万円と7万円の貸付けを行う場合
　・6万円の貸付けの上限金利…年18%
　・7万円の貸付けの上限金利…年18%

4．保証料の特則

　営業的金銭消費貸借に基づく債務を主たる債務として行われる業として行う保証において，保証人が主たる債務者から受ける保証料については，**主たる債務の利息と合算して上限金利規制の対象**とされている。

　この場合，利息が変動利率で定められている場合の保証料の契約は，債権者と保証人の合意により，特約上限利率を定め，これを主たる債務者に通知したときは，法定利息により計算した額から特約上限利率により計算した額を減じた額を超える時は，これを超える部分について無効となり，それ以外のときは，法定上限額の2分の1を超える部分が無効となる。

5．利息の天引き

　利息制限法2条は，利息の天引きについて規定しているところ，ここでいう**「利息の天引き」**とは，金銭消費貸借の際に，貸付金額より利息をあらかじめ先取りし，その差額を実際に交付する方法をいう。

　利息制限法は，天引き契約について，約定どおりの貸付金額について金銭消費貸借が成立するものとみなし，かつ，天引きについては，利息の前払いとして取り扱うこととしている。

＜具体例＞

契約元本額100,000円，期間1年1回払，利率年18％の融資契約において，利息の天引き契約により契約元本から18,000円を差し引き，82,000円を顧客に交付した場合

この場合には，契約上，顧客は，1年後に100,000円を返済することになるが，利息制限法2条の規定に基づいて計算すると，次のとおりになる。

計算上の元本：100,000円－18,000円＝82,000円

→元本が10万円未満となるため，利息制限法の上限金利は年20％。

→利息金額の上限：82,000円×0.2（20％）＝16,400円

→天引き額との差額：18,000円－16,400円＝1,600円

上記の差額（取り過ぎの金額）は，100,000円の元本に充当されるため，元本残高は，100,000円－1,600円＝98,400円となる。

以上より，利息制限法に基づいて引き直した返済額は，98,400円となる。

23 上限金利規制

✓チェック ☐ ☐ ☐

1. 利息について規定した法律

利息とは，金銭その他金銭代替物の使用の対価として，元本の額およびその使用期間に応じて支払われる金銭その他の代替物をいう。

貸金業に関連する法令のうち，利息について規定した主要な法律としては，次の5つの法律がある。

（1） 法定利率（民法）

利率の定めがない利息債権についての法定利率を年3％とする規定である。

（2） 出資の受入れ，預り金及び金利等の取締りに関する法律（出資法）

出資法は一定の限度を超える利息の契約を締結し，これを超える利息（賠償額も含む）を受領または要求することを禁止しており，違反した場合には刑罰が科されることとしている。同法は，以下のとおり利息を制限している。

---

① 業として金銭の貸付けを行う場合…年20％
② それ以外の場合…年109.5％（ただし，うるう年のときには年109.8％。
　　　　　　　　　　　　　　　1日当り0.3％）

（3） 利息制限法

利息制限法は，金銭消費貸借上の利息の最高限度を規定し，これを超えるときは超過部分について無効とする法律である。同法は，図23-1のとおり上限金利を規定している。

[図23-1]

元本が10万円未満のとき	年20％
元本が10万円以上100万円未満のとき	年18％
元本が100万円以上のとき	年15％

なお，業として行う金銭消費貸借でない金銭消費貸借契約についての遅延損害金の上限は，図23-2のとおりである。また，営業的金銭消費貸借の場合，元本にかかわらず，利息制限法における遅延損害金の上限は年20％である。

[図23-2]

元本が10万円未満のとき	年29.2%	営業的金銭消費貸借 年20%
元本が10万円以上100万円未満のとき	年26.28%	
元本が100万円以上のとき	年21.9%	

（4） 貸金業法

　　貸金業法は，貸金業を営む者（**無登録営業者も含む**）が業として行う金銭を目的とする消費貸借の契約において，年109.5%（ただし，うるう年のときには年109.8%。1日当り0.3%）を超える割合による利息（賠償額も含む）の契約をしたときは，当該消費貸借の契約は，無効となると規定している。

　　また，貸金業者が利息制限法の上限金利を超える利息の契約を行うことや，当該利息の要求，受領を禁止する規定も設けられている。

２．上限金利規制３つのルール

　上限金利規制は，不利益が課される内容に従い，①**刑事ルール**，②**民事ルール**および③**行政ルール**の３つに分類することができる。

① **刑事ルール**

　　まず，出資法では，上限金利を超える利息について契約締結，受領，要求をした場合に，刑事罰の対象としている（刑事ルール）。

　　すなわち，出資法は，**業として金銭消費貸借を締結する場合**において，**年20%を超える利息について契約締結，受領，要求をしたときに，刑事罰の対象**とした（５年以下の懲役もしくは1,000万円以下の罰金またはこれらの併科）。

　　また，出資法は，**年109.5%（うるう年のときには年109.8%）の利息を超える利息の契約をした場合には，さらに重い刑罰の対象**とした（10年以下の懲役もしくは3,000万円以下の罰金またはこれらの併科）。

② **民事ルール**

　　この民事ルールは，異なる２つのレベル（内容）から構成される。

（ａ） 金銭消費貸借契約自体が無効となるレベル（第１のレベル）

　　まず，金利が高額であるために，金銭消費貸借契約自体が無効となる段階が第１のレベルである。すなわち，貸金業を営む者が業として行った金銭消費貸借契約において年109.5%（うるう年のときには年109.8%）を超える利息の合意をした場合には，当該金銭消費貸借契約自体が無効となる。この場合には，金銭消費貸借契約自体が無効となるため，同契約に付随する利息契約も併せて無効となる。

（ｂ） 利息契約のうち上限金利を超える部分が無効となるレベル（第２のレベル）

　次に，前述の第1のレベルまでに至らないものの，高金利であることから上限金利を超えた部分の利息契約が無効となる段階が第2のレベルである。すなわち，利息制限法において元本金額に応じ定められる上限金利（利率年20%，18%または15%）に係る規制がこれに該当する。

　この場合には，利息の契約のうち，所定の上限金利を超えた部分が無効となるのみで，金銭消費貸借契約自体は有効である。また，利息契約についても上限金利を超えない部分は有効となる。そこで，債権者は，上限金利の範囲内であれば，契約に基づく元本および利息の請求ができることになる。

③　**行政ルール**

　最後に，貸金業法に基づく行政ルールがある。

　利息制限法における上限金利は，元本額に応じて年20%，18%，15%とされている。そのため，利息制限法の上限金利と出資法の上限金利の間の金利帯での貸付けについては，民事上は無効であるものの，刑事罰の対象とならない部分が生じる。貸金業法は，貸金業者によるこのような金利帯による貸付けを禁止するために行政ルールを設け，貸金業者によるこのような金利帯における利息の契約，利息の要求，受領を禁止している。

3．3つのルールのまとめ

　以上の上限金利規制に関する刑事ルール，民事ルール，行政ルールをまとめると，図23-3のとおりである。

[図23-3]

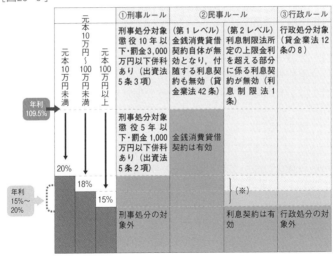

※　元本金額に応じて20%，18%または15%が上限金利となる。

24 みなし利息

✓チェック ☐☐☐

　出資法・利息制限法においては，「貸付けを行う者がその貸付けに関し受ける元本以外の金銭」は，次に掲げるものを除き，利息としてみなすとされている。

　　一般の金銭消費貸借において，みなし利息から除外されるもの
① 契約締結の費用
② 債務の弁済の費用

　　営業的金銭消費貸借および出資法においてみなし利息から除外されるもの
（1） 契約の締結または債務の弁済の費用であって，次に掲げるもの
① **公租公課**
② 公の機関が行う手続に関してその機関に支払うべきもの
③ 債務者が債務の弁済を行う際等の**ATM手数料**
　（**ただし，受払額が1万円以下は110円，1万円を超える場合には220円を上限とする**）⁽※⁾
（2） 債務者の要請により債権者が行う事務の費用として，次に掲げるもの
① **ローンカード再発行**の手数料
② 貸金業法の規定に基づき債務者に交付された**書面の再発行**等の手数料
③ 債務者が弁済期に弁済できなかった場合に行う**再度の口座振替手続**の費用
※ **11　書面の交付　5．重要事項変更時書面に関する特例　参照**

　みなし利息の概念については，図24-1のとおりである。

[図24-1]①一般の金銭消費貸借における利息

┌──────────────────────────────┐
│ 利息として上限金利規制の対象となる │
└──────────────────────────────┘

| 利息 | みなし利息
（貸付けに関し債権者の
受ける元本以外の金銭） | みなし利息から除外される金銭
①契約締結の費用
②債務の弁済の費用 |

[図24-1]②営業的金銭消費貸借および出資法における利息

┌──────────────────────────────┐
│ 利息として上限金利規制の対象となる │
└──────────────────────────────┘

| 利息 | みなし利息
（貸付けに関し債権者の
受ける元本以外の金銭） | みなし利息から除外される金銭
①契約締結および債務の弁済の費用
・公租公課の支払に充てられるべきもの
・強制執行の費用，担保権の実行としての競売手続の費用その他公の機関が行う手続に関してその機関に支払うべきもの
・債務者が金銭の受領・弁済のために利用するATM等の利用料（ただし，利用金額が1万円以下の場合には110円，1万円超の場合には220円の範囲）（※）
②債務者の要請により債権者が行う事務の費用
・金銭の貸付け・弁済のために債務者に交付されたカードの再発行手数料
・貸金業法に基づき債務者に交付される書面等の再発行手数料・再提供手数料
・口座振替の方法による弁済において債務者が弁済期に弁済できなかった場合の再度の口座振替費用 |

※　11　書面の交付　5．重要事項変更時書面に関する特例　参照

25 契約

1．取引の主体

権利・義務の主体となることができる者として，民法は自然人と法人を定めている。自然人とは人間のことで，法人とは人以外で権利を有したり義務を負ったりすることを法律が認めたものをいい，たとえば，株式会社などがある。自然人は**出生**によって権利能力を取得し，**死亡**によってそれを失う。

（1）　行為能力と制限行為能力者制度

行為能力とは，1 人で完全に有効に契約などの法律行為を行うことができる能力・資格のことで，民法は，行為能力に制限を設けている。

①　未成年者

年齢が**18歳未満**の者は未成年者とされ，これらの者が契約などを行うためには，**原則として法定代理人（親権者など）の同意が必要**であり，法定代理人の同意を得ずに未成年者が単独で契約などの法律行為を行った場合は，原則として，本人・法定代理人はこれを**取り消す**ことができる。

②　成年被後見人，被保佐人，被補助人

成年被後見人とは，精神上の障害により**事理を弁識する能力（理解・判断する能力）を欠く常況にある者**で，家庭裁判所から後見開始の審判を受けた者をいう。成年被後見人をサポートする者は**成年後見人**で，成年被後見人の行った法律行為は，原則として**取り消す**ことができる。ただし，日用品の購入その他日常生活に関する行為については，取り消すことができない。

被保佐人とは，精神上の障害により事理を弁識する能力が著しく不十分である者で，家庭裁判所から保佐開始の審判を受けた者をいう。被保佐人をサポートする者は**保佐人**で，被保佐人が，借財や保証などの重要な行為をするには，保佐人の同意が必要となる。保佐人の同意を得なければならない行為で，その同意を得ないで行われたものは**取り消す**ことができる。

被補助人とは，精神上の障害により事理を弁識する能力が不十分である者で，家庭裁判所から補助開始の審判を受けた者をいう。被補助人をサポートする者は**補助人**で，本人以外の者の請求により家庭裁判所が補助開始の審判をするには，本人の同意が必要となる。また，被補助人が補助人の同意を得なければできない行為は，家庭裁判所が定めたものに限られる。補助人の同意を得なければならない行為であって，その同意を得ないでしたものは，**取り消すことができる**。

（2）　制限行為能力者の相手方の保護
　①　催告権
　　　制限行為能力者と取引をした相手方は，1カ月以上の期間を定め，制限行為能力者側に対して，その取り消すことができる行為を**追認**する（取り消さずに有効なものとして扱うこと）か否かについて確答せよと催告をすることができ，これを**催告権**という。
　②　詐術と取消権の排除
　　　制限行為能力者が，自分が行為能力者であると相手方に信じさせるために詐術を用いたときには，制限行為能力者はその法律行為を取り消すことができない。

2．意思表示

　契約は原則として，**申込みと承諾**という2つの意思表示を通じて，当事者双方が合意に達して成立する（ただし，原則として，**金銭消費貸借契約の場合には，このほかに金銭の交付が必要**となる。もっとも，**申込みと承諾が書面によって行われる書面でする消費貸借においては，金銭の交付がなくても契約が成立する**）。
（1）　申込み・承諾の効力と契約の成立時期
　申込者と承諾者が離れた場所にいる場合，**申込みおよび承諾**は，相手方に到達した時に効力が生じる（到達**主義**）。
　申込者が承諾の期間を定めて申込みをした場合には，申込者は，原則として申込みを撤回することができず，申込者が期間内に承諾の通知を受けなかった場合には，その申込みは効力を失う。
　また，申込者が，承諾の期間を定めなかった場合には，申込者は，原則として承諾の通知を受けるのに相当な期間が経過するまでの間は，申込みを撤回することができない。
　さらに，申込者が，申込みを撤回するためには，申込みの撤回の通知が，相手方の承諾の通知よりも先に相手方に到達しなければならない。
（2）　契約の成立と契約書の要否
　民法上は，口頭の申込みと口頭の承諾だけでも契約は成立するが，実際には後日の紛争を防ぐため契約書を作成するのが一般的である。
（3）　契約の有効要件

---

　①　適法であること（適法性）
　②　社会的にみて妥当であること（社会的妥当性）
　③　実現可能であること（実現可能性）

（4）　契約が有効であるためのポイント

　契約が有効であるためのポイントとして，意思表示が有効になされていることがあげられる。

（5）　正常でない意思表示の類型について

　①　心裡留保

　　たとえば，土地購入を希望しているAがBに対しBが所有する土地の購入を申し込んだところ，Bは売却する気がないのに冗談でAに売却するといってしまったとする。この場合，内心の意思（売却する気持ちはない）と，外部に表示された意思（売却する）とが食い違っている。内心の意思と外部に表示された意思とが合致しないことを表意者が知っていることを，**心裡留保**という。

　②　通謀虚偽表示

　　A（債務者）がB（債権者）からの差押えを免れるために，A所有の不動産の名義を他人名義（C名義）にしたとする。この場合，Cに所有権が移転されたような登記がなされることになるが，実際にはA・C間では売買契約の意思はない。このように，相手方と通謀して仮装の意思表示をすることを**通謀虚偽表示**という。

　③　錯誤

　　意思表示をする者が，勘違いや思い違いをして内心の意思と異なる意思表示をすることを**錯誤**という。意思表示をする者が，契約などの法律行為の内容の重要な部分（要素）について錯誤に陥ったまま意思表示をした場合，この意思表示を取り消すことができる。錯誤は通常，**表示行為の錯誤**と**動機の錯誤**の２種類に分類される。動機の錯誤とは，意思表示の内容に関係なく，意思表示をするに至った動機に錯誤がある場合をいう（民法では，「表意者が法律行為の基礎とした事情についてのその認識が真実に反する錯誤」と規定されている）。動機が表示され，法律行為の内容となったときに限り，その意思表示を取り消すことができる。

（6）　詐欺・強迫について

　詐欺や強迫を受けたために意思表示をした者は，後でこれを取り消すことができる。ただし，詐欺の場合は善意・無過失の第三者に取消しの効果を主張（対抗）できないが，強迫の場合には，取消しの効果を善意の第三者に主張（対抗）できる。

※　第三者詐欺

　　第三者が詐欺を行った結果として相手方に瑕疵ある意思表示をした場合においては，相手方がその事実を知っていたときまたは知ることができたときに限って意思表示を取り消すことができる。

（7）　無効と取消し

　契約などが取り消されると，その行為は遡及的に無効になる。契約などが取り

[図25-1]

	原則	例外① (相手方の保護)	例外② (第三者の保護)
心裡留保	有効	相手方がその意思表示が表意者の真意ではないことにつき悪意または有過失の場合は，その意思表示は，無効	善意の第三者には対抗できない。
通謀虚偽表示	無効	(規定なし)	善意の第三者には対抗できない。
錯誤	取り消すことができる	錯誤が表意者の重過失によるものであった場合は意思表示の取消しをすることができない。ただし，次の場合は，原則に戻り，取り消すことができる。① 表意者に錯誤があることにつき悪意または重過失のとき② 相手方が表意者と同一の錯誤に陥っていたとき	善意かつ無過失の第三者には対抗できない。
詐欺	取り消すことができる	第三者による詐欺の場合には，相手方が悪意または有過失である場合に限り，その意思表示を取り消すことができる。	善意かつ無過失の第三者には対抗できない。
強迫	取り消すことができる	(規定なし)	(規定なし)

[図25-2]

	無効	取消し
主張者	誰でも主張できる。	本人・代理人・承継人等
効果	当事者が意図した法律効果は，はじめから効力を生じない。	法律行為は一応有効に成立しており，取消しによって遡及的に無効となる。
追認	追認をしても有効とはならない。(ただし，無効であることを知りながら追認した場合は，新たな行為をなしたものとみなす)	追認をすれば，確定的に有効となる。追認と認められるような一定の行為がある場合には，追認があったものとみなされる。
消滅	原則として，いつでも主張することができる。	追認をすることができるときから5年経過するか，行為がなされたときから20年経過した時点で時効により取消権が消滅する。

消された場合，当事者はお互いに，自分が受け取った物を相手方に返還する義務を負うのが原則であるが，民法は，制限行為能力者はその行為によって現に利益を受けている限度において返還の義務を負うと定め，制限行為能力者の返還義務を軽減している。無効と取消しの違いは図25-2のとおり。

3．代理

代理とは，本人に代わって代理人が契約などをし，代理人の行為の効果が，直接，本人に帰属する制度をいう。

（1）　代理権の付与

代理人の行為が本人に有効に帰属するためには，代理人となる者に代理人としての地位・資格がなければならない（代理権）。

任意代理……本人が，代理人を選び，代理権を与える場合のこと

　　　　　　（例)Aが，Cに対し，Bとの契約締結の代理権を与える場合

法定代理……法律上当然に，一定の者が代理人となる場合や，裁判所が代理人を選任する場合など

　　　　　　（例)未成年者の場合，親権者（両親）が法定代理人になる

原則的には，この代理権の発生によって，代理人は代理権の範囲内で法律行為を行うことができる。

（2）　代理行為

代理人が代理権に基づいて契約などを行う場合，その行為の効果が本人に生じるためには，本人のためにすることを示して（**顕名**）行う必要がある。また，その者が本当に代理人かどうかを確認する手段として，代理人に印鑑証明書付きの委任状を提示してもらうことがしばしばある。

（3）　無権代理

代理権のない者が代理人と称していわゆる代理行為をなすことを**無権代理**という。無権代理人が行った無権代理行為は，本人には何の効果も生じないのが原則である。もっとも，本人が，無権代理行為を追認した場合には，無権代理人の行為は，初めに遡って有効な代理行為になる。

無権代理人（他人の代理人として契約した者）は，自己の代理権を証明したとき，または，本人の追認を得たときを除き，取引の相手方の選択に従って，その取引によって発生した義務を履行するか，または，取引の相手方に対し損害賠償をしなければならない。もっとも，相手方が，①無権代理人が代理権を有していないことを知っていたとき，②無権代理人が代理権を有しないことを相手方が過失により知らなかったとき（無権代理人が自分に代理権がないことを知っていた場合を除く），または，③無権代理人が制限行為能力者であるときのいずれかに当たる場合には，無権代理人は，相手方に対する義務の履行および損害賠償をする責任を負わない。

（4）　表見代理

本人と無権代理人との間に代理権があるような外観があり，その外観に対する責任が本人にも認められる場合には，取引の相手方の保護の観点から，本人にも無権代理行為の効果を帰属させて，あたかも有効な代理行為があったかのように

させることを**表見代理**という。民法では，表見代理の態様として，次の3つを規
定している。

---

① 代理権授与の表示による表見代理
② 権限外の行為についての表見代理
③ 代理権消滅後の表見代理

---

26 金銭消費貸借契約

1．諾成契約と要物契約

　諾成契約とは，申込みと承諾だけで契約が成立する契約類型で，民法の原則的パターンである。**要物契約**とは，申込みと承諾＋目的物の授受によって契約が成立する契約類型である。

> 諾成契約：申込みと承諾だけで契約が成立する契約類型
> 　　　　⇒民法の原則的パターン
> 要物契約：申込みと承諾＋目的物の授受によって契約が成立する契約類型
> 　　　　⇒消費貸借契約（「書面でする消費貸借契約」を除く）

　なお，実際の取引社会では，民法に規定されている**13種類の典型契約以外の契約**も存在する。「契約の自由」を原則とするわが国においては，典型契約に合致しない内容の契約を締結することも基本的には自由である。このように，民法に規定されていない契約を「**非典型契約**」または「**無名契約**」という。

2．金銭消費貸借契約

　消費貸借契約とは，借主が金銭などの代替物を消費し，種類・品質・数量の同じ物を返還することを約束する契約をいう。消費貸借契約は，民法587条の2が適用される場合（「書面でする消費貸借契約」）を除き，**要物契約**である。民法上の消費貸借は，無償（無利息）が原則であるが，商人間の金銭消費貸借契約においては，有償（利息付）が原則となっている。利息の支払義務を負うかは貸主と借主の合意によって決まるが，特に合意がないときは上記の原則が適用される。

（1）　金銭消費貸借契約の成立（要物性）

　金銭消費貸借契約の成立には，借主の申込みと貸主の承諾の合致のほかに，借主が目的物を受け取ること（要物性）が必要となる（ただし，「書面でする金銭消費貸借契約」は除く）。

（2）　諾成的消費貸借契約（「書面でする金銭消費貸借契約」）

　民法は，「書面でする消費貸借は，当事者の一方が金銭その他の物を引き渡すことを約し，相手方がその受け取った物と種類，品質および数量の同じ物をもって返還をすることを約することによって，その効力を生ずる」と定め，消費貸借

の合意に書面等がある場合に限って，**諾成的消費貸借契約**の成立を認めている。

　なお，借主は，目的物を受け取るまでは，契約を解除することができる。ただし，借主が契約を解除した場合には，貸主に対し，資金調達コスト等の損害賠償義務を負う可能性がある。また，借主が，貸主から金銭等の目的物を受け取る前に当事者の一方が破産手続開始の決定した場合には，諾成的消費貸借は，その効力を失う。

（３）　準消費貸借契約

　金銭その他の物を給付する義務を負う者がある場合において，当事者がその物を消費貸借の目的とすることを約したときは，消費貸借はこれによって成立したものとみなされる。このような合意によって成立する契約を，**準消費貸借契約**という。すでに金銭消費貸借契約を締結している当事者が，既存の借入金返還債務を消費貸借の目的とすることに合意した場合にも，準消費貸借契約が成立する。

（４）　期限の利益とその喪失

　期限が付けられることによって当事者が受ける利益を，**期限の利益**という。期限の利益を有する者（借主など）は期限の利益を放棄することができるが，これによって相手方（債権者など）の利益を害する場合には，損害を賠償しなければならない。

３．利息・損害金

　利息とは，金銭などの代替物の使用の対価として，元本の額とその使用期間に比例して支払われる金銭などの代替物をいう。利息は，民法上**法定果実**に分類される。果実に対応する概念を「**元物**」という。

（１）　約定利率と法定利率

　金銭消費貸借契約の貸主と借主が利息を付す合意をしなければ，民法上は無利息となる。契約などによって利息を付する旨を合意する場合，利息を付する旨の合意を利息契約といい，契約などにより定められた利率を約定利率という。利率に関する合意がない場合には，利率年３％（※１）となる（**法定利率**）。

　※１　民法においては，法定利率について，金利の一般的動向を示す一定の数値を指標とし，その数値が大きく変動した場合に，法定利率をその変動に合わせて緩やかに上下させる「緩やかな変動制」が採用されている。変動制の概要は次のとおり。

　　　・法定利率を算出するために用いる利率（「基準割合」）は，短期貸付の過去５年の平均値とする（法務大臣の告示により確定する）。

　　　・法定利率の変動幅は１％単位とする。

　　　・直近変動期の基準割合と当期の基準割合との差（ただし，１％未満の端数は，切り捨て）を直近変動期における法定利率に加算し，または減算した割合をもって，当期における新たな法定利率とする。

　　　・変動頻度は，３年に１回とする。

・法定利率に変動制が導入されたが，ある債権に適用される利率は，その利息が生じた最初の時点における法定利率によるものとし，期中において変動することはない。

なお，2024年4月1日時点での法定利率は，年3％とされている。

※2　法定重利

民法は，複利（重利）について，利息が1年以上延滞し，債権者が催告をしても債務者がその利息を支払わない場合には，債権者は元本に組み入れることができるとしている。

（2）　利息と損害金の違い

民法上，損害金とは，債権者が元本を利用できないことによって，債権者に生じた損害の賠償金のことをいう。**利息は期限未到来の元本について発生するが，期限到来後の元本には利息は発生せず，元本の返済がなされないときは，損害金が発生する**こととなる。貸主が借主に対し貸付けを行う場合の損害金額は，**当事者間に損害金額について合意（特約）があればそれにより，**合意（特約）がなければ**法定利率による**。損害金の法的性質は，債務不履行に基づく損害賠償請求権である。

27 商取引に関する特別ルール

✓チェック ☐ ☐ ☐

1. 商人と商行為

商人とは，自己の名をもって，**商行為**をすることを業とする者をいう。また，商人の営業や商行為など商事に関する事項については，原則として商法の規定が適用される。

2. 商行為の分類

「**絶対的商行為**」とは，行為の客観的性質から当然に商行為とされるもので，営業としてなされるか否かを問わず，商行為とされる。絶対的商行為にあたる行為は，商人でない者が，偶然に1回限りで行った場合でも，商行為となる。絶対的商行為の例として，取引所において行う取引や手形に関する行為などがある。

「**営業的商行為**」とは，「営業としてするとき」，すなわち営利の目的をもって，しかも営業として反復・継続してなされるときにはじめて商行為となる。営業的商行為の具体例として，作業や労務の請負・保険などがある。

商人が営業のためにする行為も，商行為とされている。これを「**附属的商行為**」という。「営業のためにする」行為とは，営業の目的たる行為と異なり，それ自体は営利性を有さない場合もあるが，それが営業のための手段的行為であることから，これも商行為とする判例がある（たとえば，企業が営業資金のために他から金銭を借り入れる行為などが，附属的商行為にあたる）。

[図27-1]

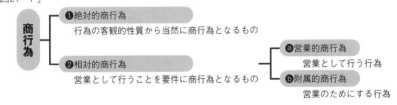

3. 双方的商行為と一方的商行為

双方的商行為とは，当事者の双方にとって商行為となる行為のことであり，たとえば，商人間の取引がある。**一方的商行為**とは，当事者の一方にとってのみ商行為となる行為であり，たとえば，商人と消費者の取引があげられる。

> 双方的商行為……当事者の双方にとって商行為である行為
>
> 　　　　（例）商人間の取引
>
> 一方的商行為……当事者の一方にとってのみ商行為である行為
>
> 　　　　（例）商人と消費者の取引

　商法では，原則として，双方的商行為に加え，一方的商行為の場合にも，当事者双方に商法を適用するものとしている。これは，「当事者の一方には民法が，一方には商法が適用される」といった取扱いによって権利・義務関係が複雑となってしまわないよう，法律関係をできるだけ簡素化しようとする趣旨である。

　なお，消費者に対する貸付けなど，契約の一方の当事者が消費者であっても，相手方が商行為として行えば，双方に商法の規定が適用される。もっとも，消費者に対する貸付けの場合，「**消費者契約法**」が適用され消費者の保護が図られる。

4．商行為一般に関する特別ルール

① 　多数債務者・保証人の連帯

　　債務者が数人いる場合，その1人または全員のために商行為によって債務を負担した場合には，**当然に連帯債務となる**。民法上は分割債務が原則である。また，商行為によって生じた債務を保証する保証人は当然に連帯保証の責任を負うことになる。主たる債務が商行為によらないで保証契約が商行為であるときも同じである。

② 　商行為の代理

　　民法においては顕名主義が採用されているが，商行為の代理人は，原則として本人のためにすることを示さなくても，有効な代理行為ができる。

5．当事者の一方が商人である場合の商行為に関する特別ルール

　商人が従来からある程度の継続取引関係のある者から営業の部類に属する契約の申込みを受けたときは，遅滞なく諾否の通知を発することを要し，これを怠ればその申込みを承諾したものとみなされ，当然に契約が成立する。

6．商人の商行為に関する特別ルール

　商人間で金銭の消費貸借をしたときは，利息の定めがなくても**貸主は法定利息を請求できる**。

28 期間の計算

✓チェック ☐☐☐

　民法において，期間の計算方法に関する原則的なルールが定められており，法令・裁判上の命令に特別の定めがある場合や，契約などでの法律行為に別段の定めがある場合を除き，民法が定めている期間の計算方法が適用される。

1．期間の起算点

　時間によって期間を定めた場合，その期間は，即時から起算する。

　また，日，週，月または年によって期間を定めた場合，期間の初日は算入されない（**初日不算入の原則**）。たとえば，20X7年5月15日午前10時に「今日から5日間」という場合，5月15日（初日）は算入せず，5月16日から起算して期間を計算する。

　もっとも，初日不算入の原則には例外があり，その期間が午前零時から始まるときは初日を算入して期間の計算を行う。たとえば，20X7年5月15日午前10時に，「20X7年6月1日から1年間」という場合，初日である20X7年6月1日は午前零時から始まるので，初日である20X7年6月1日を算入して1年間という期間の計算を行う。

2．期間の満了

　日，週，月または年によって期間を定めた場合，期間はその末日の終了（「末日の終了」とは，午後12時が経過するという意味である）をもって満了する。たとえば，20X7年6月3日午前10時に「今日から1年間」という場合，期間の起算点は，初日不算入の原則により20X7年6月4日となり，期間の末日は，20X8年6月3日となるので，20X8年6月3日午後12時が経過することにより期間が満了する。

　もっとも，期間の末日が日曜日，国民の祝日に関する法律に規定する休日などの休日に当たるときには，その日に取引をしない慣習がある場合に限り，期間は，その翌日に満了する。

3．暦による期間の計算

　週，月または年によって期間を定めた場合，その期間は暦に従って計算する。

　そして，週，月または年のはじめから期間を起算しない場合，その期間は，最後の週，月または年においてその起算日に応当する日の前日に満了し，月または

年によって期間を定めた場合において，最後の月に応当する日がないときは，その月の末日に満了する。

　たとえば，20X7年6月5日午前10時に「今日から3カ月間」といった場合，「3カ月間」という期間の起算日は，初日不算入の原則より同年6月6日になり，同年9月6日が「最後の月においてその起算日に応当する日」にあたる。したがって，その前日である同年9月5日の終了をもって，「3カ月間」という期間が満了する。

29 物権と債権

1．物権

　物権とは，**特定の物を直接に支配して排他的に利益を享受する権利**をいい，たとえば，担保物権も物権の1つである。物権は，民法その他の法律に定められているもの以外に創設することができない（物権法定主義）。

（1）　物権変動とは

　物権の発生，移転，消滅という法現象を**物権変動**という。

（2）　不動産の物権変動

　物権変動を考える際には，①当事者間でどのようにすれば物権変動が生ずるかという問題と，②他人にもその物権変動を認めてもらうにはどのようにすればよいかという問題を，分けて考える必要がある。①に関し，民法は，当事者の意思表示のみによって物権変動が生ずるものとしている（意思主義）。

　②について，民法は，不動産に関する物権の得喪および変更は，登記法の定めるところに従ってその登記をしなければ，第三者に対抗することができないと定めている。物権を第三者に主張するための要件を対抗要件といい，**不動産の物権変動の対抗要件は「登記」**である。

（3）　動産の物権変動

　当事者間では，動産の物権変動は，当事者の意思表示によって効力が生じる（意思主義）。**動産の物権変動の対抗要件は「引渡し」**である。

2．債権

　債権とは，特定人（債権者）が特定人（債務者）に対して，一定の行為（給付）を請求することを内容とする権利をいう。民法は，債権発生原因として，①**契約**，②**事務管理**，③**不当利得**，④**不法行為**を定めている。債権には，次のような分類がある。

（1）　金銭債権と非金銭債権

　一定額の金銭の支払を求める債権を「金銭債権」といい，それ以外を「非金銭債権」という。

（2）　不可分債権と可分債権

　自動車1台の引渡請求権のように給付内容が不可分のものを「不可分債権」といい，金銭債権のように給付内容が可分のものを「可分債権」という。

（3）　元本債権と利息債権

　金銭債権のなかでは，「**利息債権**」（利息の支払を目的とする債権）という概念が重要である。たとえば，Ａ社がＢに金銭を貸し付けた場合，Ｂは借入金（元本）を返還するとともに（これを「元本債権」または「元本債務」という），元本を借り入れた期間に応じて一定比率（利率）で計算された金銭（利息）を支払わなければならない。これを「利息債権」または「利息債務」という。

３．債務不履行

　債務不履行には，①**履行遅滞**，②**履行不能**，③**不完全履行**，の３つがある。履行遅滞とは，債務者が履行期を経過しても履行がなされないことをいう。履行遅滞の要件としては，ａ．履行が可能なこと，ｂ．履行期が経過したこと，ｃ．債務者の故意・過失または信義則上これと同視すべき事由があることが必要となる。貸付取引において，借主の資金繰りが悪化して貸付金の返済ができなくなった場合は，履行不能ではなく履行遅滞となる。

　履行遅滞については，　①**確定期限のあるとき**は，その**期限の到来**によって遅滞となる，②不確定期限のあるときは，債務者は，その期限の到来した後に履行の請求を受けた時またはその期限到来の事実を知った時のいずれか早い時から遅滞となる，③**期限の定めがない場合**には，**債務者が履行の請求を受けた時**から遅滞となる。ただし，**消費貸借契約に基づく返還請求権**については，民法に特別な定めがあり，期限の定めのない場合，貸主は相当の期間を定めて借主に対し催告することを要し，**催告に定められた相当期間を経過した時**に遅滞となる。また，相当の期間を定めずに催告したときは，催告の時から相当の期間を経過したときに遅滞となる。

　なお，債務不履行を理由に契約を解除する場合は履行遅滞であるか，履行不能であるかにより差異が生じる。履行遅滞は相当な期間を定めた履行の催促をし，その期間内に履行がないときに解除権が発生する。履行不能は履行が不能になったことのみで，契約の解除権が発生する。

４．債権譲渡

（1）　債権譲渡の自由とその例外

　債権は原則として譲渡することができるが，**法令による譲渡禁止**がある場合には債権を譲渡することができない。**譲渡制限特約**が締結されている場合であっても，有効に債権の譲渡を行うことができる。

　もっとも，債権の譲受人が譲渡制限特約について悪意または重過失がある場合には，債務者は，譲受人に対する債務の履行を拒むことができ，かつ，譲受人に対する弁済等の債務消滅事由をもって譲受人に対抗することができる。

　譲渡制限特約付き債権の譲渡に関する規定は，次のとおり。

---

① 譲受人は，債務者が債務を履行しない場合には，債務者に対し，相当の期間を定めて，譲渡人への債務の履行をするよう催告をすることができ，その期間内に履行がないときは，債務者は譲受人に対して債務を履行しなければならない。
② 譲渡人について破産手続開始の決定があったときは，債権の全額を譲り受けた譲受人（第三者対抗要件を具備した者に限られる）は，譲渡制限特約について悪意または重過失であっても，債務者にその債権の全額に相当する金銭を供託させることができる。
③ 譲渡制限特約が付された債権に対する強制執行をした差押債権者については，当該差押債権者が譲渡制限特約について悪意または重過失であっても，債務者は，譲渡制限特約を理由に債務の履行を拒むことができない

なお，預貯金債権に関する特別ルールとして，ある債権が預金口座または貯金口座に係る預金または貯金に係る債権（預貯金債権）についての債権譲渡については，譲受人が譲渡制限特約について悪意または重過失である場合には，その譲渡は無効となる。ただし，差押えを禁止することはできず，差押債権者に対して譲渡禁止特約を主張することはできない。

（2）　債権譲渡の対抗要件および債務者の抗弁

売買代金債権や貸金返還請求権などの債権の譲渡は，譲渡人と譲受人との間の意思表示によってその効力が発生する。その効力を**債務者に対抗（主張）するためには，①譲渡人が債務者に対して譲渡の通知**をするか，または②譲渡について**債務者の承諾**を得ることが必要となる。したがって，通知または承諾のない間に，債務者が譲渡人にその債務を弁済するとその債務は消滅し，譲受人は債務者に対して債務の履行を求めることはできない。また，債務者以外の第三者に対する関係では，**通知または承諾は，確定日付のある証書**によらなければ対抗力が生じない。債権が二重に譲渡され，双方について確定日付のある証書による通知をし，または承諾を得ていた場合，譲受人相互間の**優劣**は確定日付のある通知が**到達した日時**または確定日付のある債務者の承諾の日時の**先後**によって決する。

債権譲渡においても，債務者の有していた抗弁権は原則として制限されず，債務者は，対抗要件具備時までに譲渡人に対して生じた事由をもって譲受人に対抗することができる。そのため，債務者が抗弁放棄の意思表示をしなければ，抗弁権は切断されない。

5．債務引受

A（債権者）がB（原債務者）に対して貸金返還請求権（債権）を有する場合，Bが免責されてC（引受人）が債務者となることを**免責的債務引受**という。B（原債務者）が，免責的債務引受を行うためには，A（債権者）の承諾が必要

となる。**併存的債務引受**とは，B（原債務者）が債務者としてとどまりながら，C（引受人）も併存的に債務を負担することをいう。併存的債務引受は，A・B・Cの三面契約はもちろん，Bの意思に反しても，AとCの合意によって成立する。併存的債務引受の場合，B・Cは，原則として連帯債務者となる。

［図表29-1］

	三者間の契約	債務者・引受人間の契約	債権者・引受人間の契約
併存的債務引受	○	○ ただし，債権者の承諾が必要	○
免責的債務引受	○	○ ただし，債権者の承諾が必要	○ ただし，債務者に対する通知が必要

30 人的担保

✓チェック

1．多数当事者の債権債務関係

同一の債権・債務関係に対し，多数の債権者・債務者のある場合を多数当事者の債権債務関係という。

（1） 分割債権債務関係

数人の債権者または債務者がある場合において，別段の意思表示がないときは，各債権者または各債務者は，それぞれ等しい割合で権利を有し，または義務を負う。

（2） 不可分債権債務関係

債権の目的がその性質上または当事者の意思表示によって不可分である場合において，数人の債権者があるときは，各債権者はすべての債権者のために履行を請求し，債務者はすべての債権者のために各債権者に履行をすることができる。

2．連帯債務

（1） 連帯債務の成立

連帯債務とは，債権の目的が性質上可分であり，法令の規定または当事者の意思表示に基づき**各債務者が債権者に対し全額の履行をすべき債務**をいう。

（2） 連帯債務の効力

債権者は，各連帯債務者に対して，**債務の全部を請求する**ことができる。連帯債務は単一の目的を有するものであるから，この目的を達成させる事由（弁済）はすべての債務者のために効力を生じる（**絶対的効力**）。ほかに絶対的効力が生じるものとして，①更改，②相殺，③混同がある。これ以外の事由（請求以外の原因による時効の更新など）は，他の債務者に影響しない（**相対的効力**）。

3．保証債務

保証債務は，**債権者と保証人**の間の保証契約によって発生する。保証債務は，主たる債務と同一内容の給付を目的とする債務であり，主たる債務を担保する作用をなす。保証人は，主たる債務者がその債務を履行しないときに，その履行を行う責任を負う。

（1） 保証契約の成立要件

保証契約は，**書面で行わなければその効力を生じない**（「要式契約」という）。

保証債務は，原則として主債務が存在していることが前提となる。主債務が不成立・無効・取り消されたような場合には，保証債務も発生せず，消滅する。これを**保証債務の付従性**という。

（2）　保証債務の内容

　保証債務の内容を主たる債務の内容より重いものとすることはできない。そこで，保証人の負担が主債務より重いときはその負担は主たる債務の限度に減額される。また，主たる債務の目的または態様が保証契約の締結後に加重されたときであっても，保証人の負担は加重されない。保証債務の範囲には，特約のない限り元本のほか利息・違約金・損害賠償その他すべてその債務に従たるものが含まれる。

（3）　催告の抗弁と検索の抗弁

　債権者は，主たる債務の履行期到来後であれば，保証人に対して保証債務の履行を請求することができる。なお，債権者が保証人に対して履行を請求してきた場合，保証人は債権者に対して，催告の抗弁と検索の抗弁を主張できる（保証債務の補充性）。

　債権者が保証人に債務の履行を請求したときは，保証人はまず主たる債務者に催告をすべき旨を請求することができる。これを「**催告の抗弁**」という。

　債権者が主たる債務者に催告をした後であっても，保証人が主たる債務者に弁済をする資力があり，かつ，執行が容易であることを証明したときは，債権者は，まず主たる債務者の財産について執行をしなければならない。これを「**検索の抗弁**」という。

（4）　保証債務の随伴性

　債権者が債務者に対する貸付債権を第三者に譲渡した場合，保証債務も主たる債務と一緒に第三者に移転する（**随伴性**）。

（5）　分別の利益

　複数の保証人が同一の債務について共同で保証した場合，各保証人は債務を全保証人で均分した部分（負担部分）についてのみ保証責任を負うこととなる。

（6）　主たる債務者・保証人について生じた事由の効力

　主たる債務者について生じた事由の効力は，原則として保証人に及ぶ。また，保証人は，主たる債務者が主張することができる抗弁をもって債権者に対抗することができる。さらに，主たる債務者が債権者に対して相殺権，取消権または解除権を有するときは，これらの権利の行使によって主たる債務者がその債務を免れるべき限度において，保証人は，債権者に対して債務の履行を拒むことができる。

　逆に，保証人について生じた事由の効力は，主たる債務を消滅させる行為（弁済・代物弁済・供託・相殺・更改など）のほかは，主たる債務者に影響を及ぼさない。

（7）　保証人に対する情報提供義務（図表30-1）

　民法は，保証人に対する**情報提供に関する規定**として，次の3つの規定を設けている。

　①　契約締結時の情報の提供義務

　　　主たる債務者は，事業のために負担する債務を主たる債務とする保証または主たる債務の範囲に事業のために負担する債務が含まれる根保証の委託をするときは，委託を受ける者に対し，次に掲げる事項に関する情報を提供しなければならない。

　（a）　財産および収支の状況

　（b）　主たる債務以外に負担している債務の有無ならびにその額および履行状況

　（c）　主たる債務の担保として他に提供し，または提供しようとするものが

［図表30-1］

	①　保証契約締結時の主債務者の情報提供義務	②　主債務者の履行状況に関する債権者の情報提供義務	③　主債務者が期限の利益を失った場合の債権者の情報提供義務
情報提供を行う時点	事業のために負担する債務を主債務とする保証（根保証）の委託をするとき	保証人から請求があったとき，遅滞なく	主債務者が期限の利益を喪失したことを知った時から2カ月以内
対象となる保証人の範囲	事業のために負担する債務について委託を受けた保証人（個人のみ）	委託を受けた保証人	保証人（個人のみ）
提供する情報の内容	（a）　財産および収支の状況 （b）　主たる債務以外に負担している債務の有無ならびにその額および履行状況 （c）　主たる債務の担保として他に提供し，または提供しようとするものがあるときは，その旨およびその内容	（a）　主債務の元本および主債務に関する利息，違約金，損害賠償その他その債務に従たるすべてのものについての不履行の有無 （b）　これらの残額およびそのうち弁済期が到来しているものの額	主債務者が期限の利益を喪失したこと
違反した場合の効果	主債務者が情報提供をせず，または保証人が錯誤に陥った場合において，債権者が悪意または過失があるときは，保証人は，保証契約を取り消すことができる	規定なし（ただし，一般的な債務不履行として損害賠償の対象になりうる）	通知をするまでに生じた遅延損害金を保証人に請求することができない

あるときは，その旨およびその内容
② 主たる債務の履行状況に関する情報の提供義務
　　保証人が主たる債務者の委託を受けて保証をした場合において，保証人の請求があったときは，債権者は，保証人に対し，遅滞なく，主たる債務の元本および主たる債務に関する利息，違約金，損害賠償その他その債務に従たる全てのものについての不履行の有無ならびにこれらの残額およびそのうち弁済期が到来しているものの額に関する情報を提供しなければならない。
③ 主たる債務者が期限の利益を喪失した場合における情報の提供義務
　　主たる債務者が期限の利益を有する場合において，その利益を喪失したときは，債権者は，保証人に対し，その利益の喪失を知った時から2カ月以内に，その旨を通知しなければならない。

4．連帯保証・個人根保証契約・事業に係る債務についての保証契約の特則

（1）　連帯保証

　保証人が主たる債務者と連帯して債務を負担する保証を「連帯保証」という。実際の金銭消費貸借取引ではほとんどが連帯保証となっている。これは普通保証に比べて債権を担保する効力が強いため，債権者としては安心して債権管理・回収を行うことができるからである。連帯保証の特徴は，次のとおり。

> ① **補充性がない**（催告の抗弁や検索の抗弁ができない）
> ② **分別の利益を有しない**

　なお，連帯保証人について生じた事由の効力について，民法は連帯債務に関する規定を準用している。そのため，連帯債務において絶対的効力が生じるものが限定されていたとおり，連帯保証についても，別段の合意等がないかぎり，①更改，②相殺，③混同についてのみ絶対的効力が認められる。したがって，**連帯保証人に対する履行の請求の効力も，主たる債務者には及ばない。**

（2）　個人根保証契約

　個人根保証契約とは，①**根保証契約**（一定の範囲に属する不特定の債務を主たる債務とする保証契約）であること，②**個人を保証人とするものであること**，という2つの要件が備わった契約をいう。**個人根保証契約については，極度額が定められていない根保証の効力が否定**されている。

① 極度額
　　極度額の定めのない個人根保証契約は無効となる。個人根保証の保証人は，主たる債務の元本，主たる債務に関する利息，違約金，損害賠償その他その債務に従たるすべてのもの，およびその保証債務について約定された違約金・損害賠償の額について，その全部に係る極度額を限度として，その履行をする責任を負うにすぎない。

② 元本確定期日

　個人貸金等根保証契約（個人根保証契約であってその主たる債務の範囲に金銭の貸渡しまたは手形の割引を受けることによって負担する債務（貸金等債務）が含まれるものをいう）においては，**契約締結日から5年を経過する日よりも後の日を元本確定期日とする定めは無効となり**，また**元本確定期日の定めがない場合には**，**契約締結日から3年を経過する日が元本確定期日となる**（契約締結日から5年を経過する日よりも後の日を元本確定期日とした場合を含む）。貸金等根保証契約における元本確定期日の変更をする場合において，変更後の元本確定期日がその変更をした日から5年を経過する日より後の日となるときは，その元本確定期日の変更は，その効力を生じない。ただし，元本確定期日の前2カ月以内に元本確定期日の変更をする場合において，変更後の元本確定期日が変更前の元本確定期日から5年以内の日となるときは，有効に元本確定期日の変更を行うことができる。元本確定期日の定めやその変更は，原則として書面または電磁的記録によることが必要である。

③　元本確定事由

　個人根保証契約の締結時には**予想しえなかった著しい事情変更にあたる場合**，**元本確定期日の到来前であっても**，**元本が確定する**。元本確定事由としては，［図表30-2］の事由が定められている。

［図表30-2］

	個人貸金等根保証契約	全ての個人根保証契約
債権者が，主たる債務者の財産について，金銭の支払を目的とする債権についての強制執行または担保権の実行を申し立てたとき	○	－
債権者が，保証人の財産について，金銭の支払を目的とする債権についての強制執行または担保権の実行を申し立てたとき	○	○
主たる債務者が破産手続開始の決定を受けたとき	○	－
保証人が破産手続開始の決定を受けたとき。	○	○
主債務者が死亡したとき	○	○
保証人が死亡したとき	○	○

④　保証人が法人である場合

　法人が根保証契約の保証人である場合には，個人根保証に関する上記の**規定は適用されない**。

（3）　事業に係る債務についての保証契約の特則

①　公正証書の作成

　事業のために負担した貸金等債務を主たる債務とする保証契約または主たる債務の範囲に事業のために負担する貸金等債務が含まれる根保証契約につ

いては，保証契約（または根保証契約）の締結に先立ち，その締結の日前1カ月以内に作成された公正証書で保証人になろうとする者（個人の場合に限る）が保証債務を履行する意思を表示しなければ，原則として無効となる。

　なお，この公正証書を保証意思宣明公正証書という。保証人となろうとするもの本人が公証役場に出頭し，公証人に対し，主たる債務の内容など法定された事項を述べる（口授する）ことによって，保証意思を宣明する。

　公証人は，保証人になろうとする者が，主債務の具体的な内容を理解しているか，また，主債務が履行されなければ自らが保証債務を履行しなければならなくなることなどを理解しているかなど，保証意思を確認する。公証人は，保証人になろうとする者が述べた内容を筆記し，筆記した内容を読み聞かせ（閲覧させ）て，保証意思宣明公正証書の内容を確認させ，保証人になろうとする者が，当該証書の内容が正確なことを承認して署名押印し，公証人が当該証書に署名押印するという手順で作成する。

② 経営者保証の例外

　もっとも，経営者保証の場合など，一定の場合については，公正証書の作成が免除されている。具体的には，次のとおり。

（a）　主債務者が法人である場合のその理事，取締役，執行役またはこれらに準ずる者

（b）　主債務者が法人である場合の次に掲げる者
　　ア　主債務者の総株主の議決権（株主総会において決議をすることができる事項の全部につき議決権を行使することができない株式についての議決権を除く。以下同様）の過半数を有する者
　　イ　主債務者の総株主の議決権の過半数を他の株式会社が有する場合における当該他の株式会社の総株主の議決権の過半数を有する者
　　ウ　主債務者の総株主の議決権の過半数を他の株式会社および当該他の株式会社の総株主の議決権の過半数を有する者が有する場合における当該他の株式会社の総株主の議決権の過半数を有する者

（c）　株式会社以外の法人が主債務者である場合におけるi〜iiiに掲げる者に準ずる者

（d）　主債務者（法人であるものを除く）と共同して事業を行う者

（e）　主債務者（法人であるものを除く）が行う事業に現に従事している主債務者の配偶者

---

31 物的担保

✓チェック ☐☐☐

1．担保物権の特徴

（1）　優先弁済的効力

優先弁済的効力とは，債務者が弁済しないときに，債権者がその担保物から他の債権者より優先的に弁済を受けることができることをいう。

（2）　留置的効力

留置的効力とは，債権者が担保物を留置することによって，間接的に債権の弁済を強制するという効力をいう。

（3）　付従性

被担保債権が発生しないと担保物権も成立せず，被担保債権が消滅すれば担保物権も消滅する。このように被担保債権を離れて抵当権など担保物権は存在しないという原則を，担保物権の付従性という。

（4）　随伴性

被担保債権が移転すると，担保物権も原則として債権とともに移転する。これを担保物権の随伴性という。

2．質権

質権者は，その債権の担保として債務者または第三者から受け取った物を占有し，かつその物について他の債権者に先立って自己の債権の弁済を受ける権利を有する。民法では，動産質，不動産質，権利質の3種類について定めている。

（1）　質権の設定手続

①　質権設定契約の締結

債権者が質権を取得するためには，質権設定の合意だけでは足りず，原則として**債権者が質権の目的物の引渡しを受ける**ことが必要となる。もっとも，債権質については，債権であってこれを譲り渡すにはその証書を交付することを要するものを質権の目的とするときは，質権の設定は，その証書を交付することによって，その効力を生ずる。

②　対抗要件

動産質の場合，質権者が，**質権の目的物を継続して占有**することが対抗要件となる。また，権利質の対抗要件は，通常の指名債権においては，民法が定める債権譲渡の対抗要件か，または動産・債権譲渡特例法による債権譲渡

登記ファイルに質権設定登記がなされていることが必要となる。
（2）　質権の効力
　質権者は，債権の全額の弁済を受けるまで目的物を留置することができ（留置的効力），また，債務者が債務を弁済しない場合には，**質権の目的物を売却**するなどして質権の目的物から**優先して債務の弁済**を受けることができる（優先弁済的効力）。また，**債権質**の場合には，**直接取立による弁済充当**が認められている。
　質権の被担保債権の範囲は，元本，利息，違約金，質権の実行の費用，質物の保存の費用，債務不履行または質物の隠れた瑕疵によって生じた損害の賠償である。

3．抵当権
（1）　抵当権とは
　抵当権とは，不動産について，債務者・第三者がその占有を債権者（抵当権者）に移さないまま，抵当権者が他の債権者に先立って不動産から自己の有する債権の弁済を受けることができる担保物権をいう。
　①　抵当権の設定手続
　　債権者が抵当権を取得するためには，抵当権の目的物である不動産の所有者との間で，**抵当権設定契約**を結ぶことが必要となる。債務者以外の者も，抵当権者との合意により抵当権を設定することができる（物上保証人）。
　②　対抗要件
　　抵当権者が第三者に対抗するためには，**抵当権の設定登記**が必要である。
　　なお，抵当権は，同一の不動産について，複数の抵当権を設定することができる。同一の不動産について数個の抵当権が設定されたときは，その抵当権の順位は，登記の前後によることになる。
（2）　抵当権の被担保債権の範囲
　抵当権者は，利息その他の定期金を請求する権利を有するときは，その満期となった**最後の2年分**についてのみ，その抵当権を行使することができる。
（3）　抵当権の効力が及ぶ目的物の範囲
　①　付加一体物
　　抵当権は，抵当権の目的である土地（抵当地）の上に存する建物を除いて，その目的である不動産に付加して一体となっている物に及ぶ。
　②　分離物・従たる権利
　　抵当地から分離した動産（抵当山林から伐採した樹木など）や，従たる権利（借地上の建物が抵当権の目的となっている場合の借地権など）にも，抵当権の効力が及ぶ。
　③　果実
　　抵当権は，抵当権設定者のもとに抵当不動産の使用・収益権をとどめておく担保物権であるから，抵当不動産から生ずる果実の収益権は抵当権設定者

に留保されている。被担保債権の不履行後は，抵当権の効力がその後に生じた抵当不動産の果実にも及ぶ。

（4）　抵当権の物上代位

　抵当権の目的物が滅失・損傷したことによって，**債務者が受けるべき金銭がある場合，抵当権はその金銭に対しても行使することができる。**これを物上代位という。

（5）　抵当権の解除

　抵当権者が，抵当権設定者（債務者）との合意により，抵当権を解除する場合がある。この場合には抵当権が消滅するが，債権者の担保保存義務に注意する必要がある。保証人などがいる場合には，保証人から担保解除に関する同意を得ることが必要になる。

4．根抵当権

（1）　根抵当権とは

　一定の範囲に属する不特定の債権を，極度額の限度において担保するために設定する抵当権を根抵当権という。**極度額**とは，変動する不特定な被担保債権のなかで，根抵当権者がその根抵当権に基づいて優先弁済を受けることのできる**被担保債権の上限額**を指す。根抵当権は，一定の時期の到来，または一定の事由が生じることによって，それまで変動していた被担保債権が確定（元本の確定）し，確定時における特定の被担保債権を担保する根抵当権へと変化する。

（2）　根抵当権の設定

　根抵当権の設定は，根抵当権者（債権者）と根抵当権設定者（債務者など）の合意による。根抵当権の設定の対抗要件は，普通抵当と同様，**登記**である。

（3）　被担保債権の範囲

　被担保債権の範囲は，①根抵当権者と債務者との間で締結された特定の継続的取引契約から生ずる債権など根抵当権者と債務者との間の一定の種類の取引から生ずる債権，②特定の原因に基づいて継続的に生ずる債権，③手形上・小切手上の請求権，のいずれかに限定される。

（4）　根抵当権の確定

　根抵当権が確定すると，**確定後に発生した元本債権**は，たとえ極度額の範囲内であっても，もはやその**根抵当権**によって**担保されなくなる**。

32 時効・弁済・相殺・定型約款

1．時効

（1） 消滅時効

　一定の要件を満たした事実状態を真実の法律関係とみなそうとするのが，「時効制度」である。時効制度は，取得時効と消滅時効に分類される。

① 時効の起算点

　消滅時効は，権利の不行使が一定期間継続することによって権利の消滅を認める制度である。債権の消滅時効は，後述するとおり，5年と10年の2つの消滅時効の期間があり，①5年の消滅時効については，**債権者が権利を行使することができることを知った時から**，②10年の消滅時効については，**権利を行使することができる時から**，それぞれ進行する。

　5年の消滅時効について「権利を行使することができることを知った」というためには，客観的に「権利を行使することができる」状態であることを前提に，債権者が，権利の発生原因や権利行使の相手方を認識することが必要であると考えられる。

　また，「権利を行使することができる時」がいつかについては，権利の態様などによって，若干異なる。たとえば，確定期限のある債権の場合には，期限の到来の時から，債務不履行による損害賠償請求権の場合には，本来の債務の履行を請求できる時から，消滅時効の時効期間が進行すると考えられる。

　分割弁済金について，一定の事由が生じた場合に当然に（自動的に）借主が期限の利益を失うというタイプの期限の利益喪失条項がある場合には，一定の事由が生じて期限の利益が当然に失われた時から，残元本全額について消滅時効が進行することになる。借主が，期限の利益を喪失した後，一部弁済をしたときには，その時点で，時効が更新される。

② 時効期間

　債権の消滅時効期間は，原則として，①債権者が権利を行使することができることを知った時から5年または，②権利を行使することができる時から10年である。もっとも，この原則には例外がある。

　まず，人の生命または身体の侵害による損害賠償請求権の消滅時効については，「権利を行使することができるときから20年」である。また，不法行

為による損害賠償の請求権は，①被害者またはその法定代理人が損害および加害者を知った時から３年間（人の生命または身体を害する不法行為の場合は５年間）行使しないとき，または②不法行為の時から20年間行使しないときは，時効によって消滅する。

貸金業者が有している貸金返還請求権の消滅時効期間は，確定期限が付されており，一般にその期限が到来する時期は明確であるため，債権者において権利を行使することができる時期を具体的に認識することができると考えられるため，通常，５年になると考えられる。

債権や所有権以外の財産権（抵当権など）の消滅時効期間は20年。所有権は消滅時効にかからない。

（２）　時効の援用

消滅時効期間が経過しただけでは，消滅時効の効果が発生したか否かは不確定の状態で，債務者などの当事者が時効を**援用**しなければ，裁判所は時効を前提に裁判をすることができない。消滅時効の効力は，消滅時効期間の起算日に遡って生じる。民法では「当事者」が時効を援用できると規定しているが，「当事者」とは**時効によって直接利益を受ける者**を指し，債務者だけではなく，連帯保証人，物上保証人，抵当不動産の第三取得者なども消滅時効を援用できる。

（３）　時効の更新・完成猶予

民法は，継続する事実状態を覆すような事実が生じたときに，それまでの消滅時効期間の経過をまったく無意味にすることとしている（**時効の更新**）。時効の更新事由が生じた場合は，時効の更新事由が終了した時より改めて消滅時効が進行する。時効の更新事由には，裁判上の請求等がある。

時効の更新とは別に，「**時効の完成猶予**」という概念がある。民法は，消滅時効期間の満了にあたり，このまま時効を完成させたのでは真の権利者に著しく不利益を及ぼす場合に，時効の完成を猶予することを認めている。この制度を，「時効の完成猶予」という。時効の完成猶予は，経過した消滅時効期間がゼロに戻るのではなく，時効の完成が一定期間猶予されるにとどまる（図表32-１）。

①　裁判上の請求等

請求は，権利者が債務者などに対し，自己の権利を主張することを意味する。裁判上の請求等には，ａ．裁判上の請求，ｂ．支払督促，ｃ．和解・調停の申立て，ｄ．破産手続参加・再生手続参加などがある。

これらのいずれかの事由が生じると，まずは，時効の完成が猶予される。そして，これらの各事由に係る裁判手続において，確定判決または確定判決と同一の効力を有するものによって権利が確定したときは，各事由の終了時において時効は更新され，時効期間が新たに進行し始める。確定判決等によって権利の確定がされず，途中で，時効の完成猶予事由が終了した場合には，時効の更新は生じないが，その終了の時から６カ月を経過するまでは，引き続き，時効の完成が猶予される。

② 強制執行等

　強制執行，担保権の実行，担保権の実行としての競売，財産開示手続・情報取得手続の各事由が生ずれば，その事由の終了まで時効の完成が猶予され，その上で，その事由の終了時に時効は更新され，時効期間は新たに進行を始める。ただし，申立ての取下げまたは法律の規定に従わないことよる取消しによってその事由が終了したときは，時効の更新は生じないが，その終了の時から6カ月を経過するまでは，引き続き時効の完成が猶予される。

③ 仮差押え等

　仮差押えまたは仮処分の各事由があれば，その事由が終了した時から6カ月を経過するまでの間は，時効の完成が猶予されるが，時効の更新の効果はない。

④ 催告

　催告は，権利者が，裁判外で，債務者などに対して義務の履行を請求する一切の行為をいう。催告があったときは，その時から6カ月を経過するまでの間は，時効の完成は猶予される。もっとも，催告によって時効の完成が猶予されている間にされた再度の催告は，時効の完成猶予の効力を有しない。また，協議を行う旨の合意によって時効の完成が猶予されている間にされた催告も時効の完成猶予の効力を有しない。

⑤ 協議を行う旨の合意

　争いになっている権利についての協議を行う旨の合意が書面または電磁的記録によって行われた場合には，その合意があった時から1年を経過した時，その合意において当事者が協議を行う期間（1年未満に限られる）の経過時，または当事者の一方から協議の続行を拒絶する旨の書面等の通知がされてから6カ月を経過した時のいずれか早い時まで時効の完成が猶予される。協議を行う旨の合意は，催告によって時効の完成が猶予されている間にされても時効の完成猶予の効力を有しない。

　協議を行う旨の合意によって時効の完成が猶予されている間に，再度書面または電磁的記録で協議を行う旨の合意がされれば，その合意の時点から時効の完成がさらに猶予され，この合意は複数繰り返すことができる。ただし，協議を行う旨の合意による時効完成猶予については，本来の時効が完成すべき時（時効の完成が猶予されなかったとすれば時効が完成すべき時）から通じて5年を超えることができない。

⑥ 承認

　承認がなされると，時効は更新され，その時から時効期間は新たに進行を始める。

⑦ その他（未成年者等，夫婦間の権利，相続財産，天災等）

　以上のほかに，民法は，時効の期間の満了前6カ月の間に，未成年者または成年被後見人に法定代理人がいない場合等の時効の完成猶予，夫婦間の権

［図表32-1］

	時効の完成猶予（停止）	時効の更新（中断）
裁判上の請求等 ・裁判上の請求 ・支払督促 ・和解または民事調停，家事調停の申立て ・破産手続参加，再生手続参加または再生手続参加	当該事由が発生した時から，当該事由が終了する時まで，時効は完成しない （例外） 確定判決等によって権利が確定することなくその事由が終了した場合には，「その終了の時から6カ月を経過する時」まで，時効は完成しない	確定判決等によって権利が確定したときは，その事由が終了した時から，新たに時効は進行する
強制執行等 ・強制執行 ・担保権の実行 ・担保権の実行としての競売 ・財産開示手続・情報取得手続	当該事由が発生した時から，当該事由が終了する時まで，時効は完成しない （例外） 申立ての取下げまたは法律の規定に従わないことによる取消しによってその事由が終了した場合には，「その終了の時から6カ月を経過する時」まで，時効は完成しない	強制執行等の手続が終了した時から新たに時効は進行する （例外） 申立ての取下げまたは法律の規定に従わないことによる取消しによる終了の場合には，時効は更新されない
仮差押え等 ・仮差押え ・仮処分	その事由が終了した時から6カ月を経過するまでの間は時効は，完成しない	（該当なし）
催告	催告があったときは，その時から6カ月を経過するまでの間は，時効は，完成しない	（該当なし）
協議を行う旨の合意	権利についての協議を行う旨の合意が書面（または電磁的記録）でされたときは，次に掲げる時のいずれか早い時までの間は，時効は，完成しない ①　その合意があった時から1年を経過した時 ②　その合意において当事者が協議を行う期間（1年に満たないものに限る）を定めたときは，その期間を経過した時 ③　当事者の一方から相手方に対して協議の続行を拒絶する旨の通知が書面等でされたときは，その通知の時から6カ月を経過した時	（該当なし）
承認	（該当なし）	権利の承認があった時から，新たに時効は進行する

利に関する時効の完成猶予，相続財産に関する時効の完成猶予および天災等による時効の完成猶予を定めている。

（4） 時効の利益の放棄

時効の利益は，あらかじめ放棄することができない。

2．弁済

弁済とは，債務者が債務の本旨に従って給付を行い，債務を消滅させることをいう。

（1） 弁済者と弁済受領者

① 弁済者

弁済を有効になしうる者は，原則として債務者であるが，第三者による弁済も認められる。ただし，例外として，ａ．債務の性質がこれを許さないとき，ｂ．当事者が第三者の弁済を禁止しまたは制限する旨の意思表示をしたとき，ｃ．弁済をするについて正当な利益を有しない第三者の弁済で，それが債務者または債権者の意思に反するときには，第三者の弁済は許されない。ただし，債務者の意思に反することを債権者が知らなかったときまたは第三者が債務者の委託を受けて弁済をする場合において，そのことを債権者が知っていたときは第三者の弁済は許される。

② 弁済受領者

弁済を受領できる者は，原則として債権者である。

③ 弁済受領権限のない者への弁済の有効性

弁済受領権限のない者への弁済は，原則として無効となる。例外的に受領権限を有しない者でも「受領権者としての外観を有する者」に対して弁済した場合は，弁済者が善意・無過失である限り，その弁済は有効となる。「受領権者としての外観を有する者」とは，債権者でないのに取引通念上債権者らしい外観を有する者をいう。

（2） 弁済場所

債務者が，債権者の住所・営業所において弁済すべき場合を持参債務といい，債権者が債務者の住所・営業所に出向いて弁済を受ける場合を取立債務という。金銭債務の支払については，特に合意がない限り**持参債務**になる。

（3） 弁済の充当

① 元本・利息・費用の間の充当関係

債務者が1個または数個の債務について，元本・利息・費用を支払うべき場合に，その一部の弁済の提供があったときは，**費用・利息・元本の順**に充当する。

② 法定充当

充当の方法について当事者間に指定や約定がない場合などには，民法の定める「法定充当」の定めに従う。法定充当の内容は，おおよそ次のとおり。

> a 総債務のなかに弁済期にあるものとないものがあるときは，弁済期にあるものに先に充当する。
> b 総債務が弁済期にあるとき，または総債務が弁済期にないときは，債務者のために弁済の利益の多いものに先に充当する。
> c 債務者のための利益が同じであるときは，弁済期が先に到来するものを先に充当する。
> d 上記の基準によって充当の順序が定まらないときは，各債務の額に按分して充当する。

（4）　弁済の費用

　弁済にかかわる費用は，原則として**債務者が負担**する。

（5）　受取証書の交付等

　債権の全部ないし一部を弁済した者は，受領者に対して受取証書の交付を請求することができる。また，債務者から債権者に対して債権証書（借用書など）を差し入れてある場合には，弁済者が全部の弁済をしたとき，その証書の返還を請求することができる。

（6）　弁済による代位

　第三者が弁済をすると，これらの弁済者は，原則として，債務者に対して，**求償権**を取得する。民法は，この求償権の効力を確保するために，債権者が有していた債権や担保権その他の権利が，この求償権の範囲内において，弁済者に移転すると規定している。

　① 法定代位

　　弁済を行うことにつき正当な利益を有する者の代位を「**法定代位**」という。

　② 任意代位

　　弁済を行うことにつき正当な利益を有しない者の弁済による代位を「**任意代位**」という。

　③ 代位の効果

　　法定代位・任意代位のいずれであっても債権者に代位した者は，その求償権の範囲において債権者が有した一切の権利を行使することができる。代位弁済によって全部の弁済を受けた債権者は，債権に関する証書および自己の占有する担保物を，代位した者に交付しなければならない。

（7）　弁済供託

　弁済者が，弁済の目的物を債権者のために供託所に寄託して，債務を免れる制度を弁済供託という。債務者が供託をするためには，①債権者が受領拒絶をしていること，②債権者が受領することができないこと，または③弁済者に過失なく債権者を確知できないこと，といった原因（供託原因）があることが必要となる。

（8） 代物弁済

　債権者・弁済者間の合意によって，本来の給付に代えて異なる他の給付を行うことによって，債務を消滅させることを代物弁済という。代物弁済は，弁済と同一の効力を有し，それによって債務は消滅する。

3．相殺

（1）　自働債権と受働債権

　相殺とは，債務者が債権者に対して債権を有している場合に，その債権と反対債務とを対当額において消滅させることをいう。**相殺する旨の意思表示をした側の債権を「自働債権」，相殺される側の債権を「受働債権」**という。

（2）　相殺の要件（**相殺適状**）

　①　同種の債権が対立していること

　②　自働債権の弁済期が到来していること

　③　相殺禁止の特約が存在しないこと

　④　法律により相殺が禁止されていないこと

　　a　債務が不法行為によって発生したとき

　　b　相殺が禁じられている債権

　　c　支払の差止めを受けた債権

（3）　相殺の方法と効果

　相殺は，当事者の一方から，相手方に対する意思表示によって行う。相殺の意思表示がされると，自働債権と受働債権が対当額で消滅するが，この場合，双方の債務が互いに相殺に適するようになったとき（相殺適状時）に遡って消滅する。

4．定型約款

（1）　定型約款とは

　①　定型約款への該当性

　　「定型約款」とは，①定型取引において，②契約の内容とすることを目的としてある特定の者により準備された条項の総体をいう。

　　そして，「定型取引」とは，次の要件を満たすものをいう。

（a）　ある特定の者が不特定多数の者を相手方として行う取引であること

　（※）「不特定多数の者を相手方として行う取引」とは，相手方の個性に着目しない取引をいう。

（b）　その内容の全部または一部が画一的であることがその双方にとって合理的であること

　　どのようなものが定型約款に該当するのかについては，ケースバイケースではあるが，投資信託や金銭信託などの信託契約書を構成する信託約款や

カードローンにおける約款，住宅ローンに関する金銭消費貸借契約書などは定型約款に該当する可能性が高いとされている。他方で，銀行取引約定書は，変更される場合があるということで，定型約款には該当しないとされている。

② 定型約款の内容が適用されるための要件

定型約款に該当した場合には，a）定型約款を契約の内容とする旨の合意をしたとき，または，b）定型約款を準備した者があらかじめその定型約款を契約の内容とする旨を相手方に表示していたときにおいて，定型取引を行うことの合意をした者は，定型約款の個別の条項について合意をしたものとみなされる。

b）の場合においては，定型約款を準備した者があらかじめその定型約款を契約の内容とする旨を相手方に「表示」することが必要となるが，この「表示」とは，取引を実際に行おうとする際に，顧客である相手方に対して定型約款を契約の内容とする旨が個別に示されていると評価できるものでなければならない。定型約款の準備者のホームページなどにおいて一般的にその旨を公表するだけでは足りず，インターネットを介した取引であれば契約締結画面までの間に画面上で認識可能な状態に置くことが必要である。

（2）定型約款の内容の開示義務

定型取引合意の前または定型取引合意の後相当の期間内に相手方から請求があった場合には，原則として，遅滞なく，相当な方法でその定型約款の内容を示す必要がある。

「相当な方法」とは，たとえば，定型約款を記載した書面を現実に開示したり，定型約款が掲載されているウェブサイトを案内するなどの方法によって，相手方に示すことなどが想定される。

（3）不当条項の排除

相手方の権利を制限し，または相手方の義務を加重する条項であって，その定型取引の態様およびその実情ならびに取引上の社会通念に照らして民法1条2項に規定する基本原則（信義則）に反して相手方の利益を一方的に害すると認められるものについては，合意をしなかったものとみなされる。

（4）定型約款の変更

定型約款準備者は，以下の要件を満たす場合には，個別に相手方と合意をすることなく，契約の内容を変更することができる。

【定型約款を変更するための要件】
① 次のいずれかに該当すること
（a） 定型約款の変更が，相手方の一般の利益に適合するとき（利益変更の場合）

（b）　定型約款の変更が，契約をした目的に反せず，かつ，変更の必要
　　　性，変更後の内容の相当性，この条の規定により定型約款の変更を
　　　することがある旨の定めの有無およびその内容その他の変更に係る
　　　事情に照らして合理的なものであるとき（不利益変更の場合）
②　効力発生時期を定めること
③　定型約款を変更する旨および変更後の定型約款の内容ならびにその効
　　力発生時期をインターネットの利用その他の適切な方法により周知する
　　こと
④　①（b）の場合には，③における周知が，効力発生時期までに行われて
　　いること

33 相続

1．相続人

（1） 相続の開始と権利・義務

　相続は死亡によって開始する。人が死亡したことによって，**相続開始の時（死亡の時）から，被相続人に属した一切の権利・義務が，相続人に包括的に承継される**。ただし，被相続人に固有の権利である一身専属権は承継されない。

（2） 相続人

　被相続人の配偶者は常に相続人となる。他に相続人がいる場合，被相続人の配偶者は，それらの者と共同して（同順位で），相続する。

　　①　第一順位の相続人は，「子」（実子・養子を問わない）。

　　②　第二順位の相続人は，「直系尊属」（父母・祖父母・曽祖父母など）。

　　③　第三順位の相続人は，「兄弟姉妹」。

　以上の子，直系尊属，兄弟姉妹，配偶者などを，**法定相続人**という。

（3） 代襲相続

　被相続人の死亡以前に，その相続人になるはずだった子，兄弟姉妹が死亡などによって相続権を失ったときは，その者の直系卑属（子・孫・ひ孫など）が，その者に代わって，その者が受けるはずであった相続分を相続することができる。これを**代襲相続**という。

2．相続財産の分割

（1） 法定相続分

　　①　相続人が配偶者と子の場合

　　　　配偶者と子で，2分の1ずつ分配する。子が複数人いる場合には，子の相続分である2分の1を，子の数で均等に配分する。

　　②　相続人が配偶者と直系尊属の場合

　　　　法定相続分は，配偶者が3分の2，直系尊属が3分の1となる。直系尊属が複数人いる場合は，直系尊属の相続分である3分の1を直系尊属の数で均等に配分する。

　　③　相続人が配偶者と兄弟姉妹の場合

　　　　法定相続分は，配偶者が4分の3，兄弟姉妹が4分の1となる。兄弟姉妹が数人いる場合は，兄弟姉妹の相続分である4分の1を兄弟姉妹の数で均等

に配分する。

（2） 特別受益者・寄与分

　複数の相続人のなかに他の相続人と比べて被相続人から特別の利益を受けていた者（特別受益者）がいた場合，特別受益者である相続人は，その額の分だけその者が相続する財産が減額される。

　また，特別受益者と反対に，被相続人の生前の財産形成について多大な寄与をした相続人（寄与者）に対しては寄与分が加算される。

　婚姻期間が20年以上である夫婦の一方配偶者が，他方配偶者に対し，その居住用建物またはその敷地（居住用不動産）を遺贈または贈与した場合については，持戻しの免除の意思表示があったものと推定し，遺産分割においては，原則として当該居住用不動産の持戻し計算が不要となる（当該居住用不動産の価額を特別受益として扱わずに計算をすることができる）。

（3） 特別寄与者

　被相続人に対して無償で療養看護その他の労務の提供をしたことにより被相続人の財産の維持または増加について特別の寄与をした被相続人の親族（相続人，相続の放棄をした者および891条の規定に該当しまたは廃除によってその相続権を失った者を除く，「特別寄与者」）は，相続の開始後，相続人に対し，特別寄与者の寄与に応じた額の金銭の支払を請求することができる。

（4） 遺産分割

　相続人が複数いる場合，相続の開始とともに，**相続財産は共同相続人全員の共同所有**となる。そして，遺産分割により，この共同所有関係が解消され，個々の相続財産の権利者が決定することとなる。遺産分割が行われると，**分割によって各相続人が取得した権利**は，原則として相続開始時に遡って**各相続人に帰属した**ものとされる。ただし，分割の効果は，すでに発生している第三者の権利を害することができない。

3．相続の承認と放棄

（1） 単純承認

　相続人が単純承認をしたときには，**被相続人の権利・義務をすべて承継**する。単純承認は，原則として相続人の意思表示によってなされるが，相続人が，①相続財産の処分，②熟慮期間の経過，③相続人の背信行為などをした場合には，法律上当然に単純承認をしたものとみなされる。

（2） 限定承認

　相続人は，**相続によって得た財産の限度においてのみ**被相続人の債務などを弁済すべきことを留保して，相続の承認をすることができる。相続人が数人あるときは，限定承認は，**共同相続人の全員が共同してのみ**これをすることができる。相続人が限定承認をしようとする場合には，自己のために**相続の開始があったことを知った時から３カ月以内**に，家庭裁判所に対して申述する必要がある。

（3）　相続放棄

　相続の放棄をしようとする者も，限定承認と同様，**相続の開始があったことを知った時から3カ月以内**に，その旨を家庭裁判所に申述しなければならない。**相続放棄をした者は，はじめから相続人とならなかったものとみなされる。**また，原則として相続放棄の撤回はできない。

（4）　遺留分

　民法は，一定の相続人に一定割合の相続財産を必ず相続できる権利を与えて，遺言者の意思（遺贈の自由）を尊重しながらも，ある程度は家族（法定相続人）の期待を保護している。この割合を**遺留分**という。そして，被相続人が遺留分に抵触する遺贈を行った場合，遺留分の権利者は自らの遺留分を取り戻すために**遺留分侵害額請求権**を行使することができる。**遺留分を有する者**は，被相続人の①**配偶者**，②**子**，③**直系尊属**で，兄弟姉妹は，遺留分を有しない。

　この遺留分侵害額請求権を行使した場合，遺留分権利者は，遺留分に関する権利の行使によって遺留分侵害額に相当する金銭債権が生ずる。すなわち，遺留分権利者は，受遺者または受贈者に対し，遺留分侵害額に相当する金銭の支払を請求することができる。また，遺留分権利者から金銭請求を受けた受遺者または受贈者が，金銭を直ちには準備できない場合には，受遺者等は，裁判所に対し，金銭債務の全部または一部の支払につき期限の許与を求めることができる。

（5）　相続人が不明の場合

　相続人がいるかどうか明らかでないときは，相続財産は相続財産法人として独立した法人となり，利害関係人などの請求に基づき，家庭裁判所によって相続財産の管理人が選任される。

（6）　相続における金銭債権・債務の取扱い

　①　金銭債権の取扱い

　　これまで，金銭債権のような可分債権は，各相続人の法定相続分に従って当然に分割承継される，とされてきた。

　　しかし，2016年12月19日，最高裁にて重大な判例変更が行われ，普通預金債権，通常貯金債権および定期貯金債権については，いずれも，相続開始と同時に当然に相続分に応じて分割されることはなく，遺産分割の対象となると判断された。

　※　遺産分割前の払戻し制度の創設等

　　遺産分割における公平性を図りつつ，相続人の資金需要に対応できるよう，民法において，家庭裁判所の判断を経ないで預貯金の払戻しを認める方策と，家事事件手続法の保全処分の要件を緩和する方策が設けられた。

　②　金銭債務の取扱い

　　可分債務である金銭債務は，相続開始により当然に分割される。したがって，債権者は，各相続人に対して債権全額を請求できるわけではなく，相続分に応じた割合でしか請求できない。保証債務については，金額や保証期間

が確定している保証債務は，相続人らに承継（相続）されると考えられるが，包括根保証人の地位は，相続人らに承継（相続）されないと考えられる（なお，現在では包括根保証は禁止されている）。また，貸金等根保証債務については，主債務者・保証人が死亡した場合，元本が確定する。

４．配偶者居住権および配偶者短期居住権
（１）　配偶者短期居住権
　①　居住建物について配偶者を含む共同相続人間で遺産の分割をすべき場合の規律
　　　配偶者は，相続開始の時に被相続人所有の建物に無償で居住していた場合には，遺産分割によりその建物の帰属が確定する日または相続開始の時から６カ月を経過する日のいずれか遅い日までの間，引き続き無償でその建物を使用することができる。
　②　遺贈などにより配偶者以外の第三者が居住建物の所有権を取得した場合や，配偶者が相続放棄をした場合など①以外の場合の規律
　　　配偶者は，相続開始の時に被相続人所有の建物に無償で居住していた場合には，居住建物の所有権を取得した者は，いつでも配偶者に対し配偶者短期居住権の消滅の申入れをすることができるが，配偶者はその申入れを受けた日から６カ月を経過するまでの間，引き続き無償でその建物を使用することができる。
　③　その他の留意事項
　　　配偶者短期居住権は，相続開始により当然に発生する。そのため，配偶者居住権とは異なり，被相続人の遺言などであらかじめ定めておく必要はない。また，配偶者自身が住宅を使用（居住）することができることに加え，住宅を取得した者の承諾を得て第三者に使用させることもできる。そして，配偶者が居住建物に係る配偶者居住権を取得したときは，配偶者短期居住権は消滅する。
（２）　配偶者居住権
　配偶者居住権は，相続開始により当然に発生する配偶者短期居住権とは異なり，遺贈または遺産分割によって取得させる必要がある。ただし，被相続人が相続開始の時に居住建物を配偶者以外の者と共有していた場合にあっては，配偶者は，配偶者居住権を取得することができない。
　配偶者居住権を取得した場合，相続開始時に被相続人の持ち家に住んでいた配偶者は，その全部について，原則としてその終身の間，無償で使用・収益することができる。ただし，遺言や遺産分割の定めによって，より短い期間とすることもできる。
　配偶者居住権は登記が義務づけられている。

34 会社合併時等における取扱い

✓チェック ☐ ☐ ☐

1．合併の場合

会社の合併には，吸収合併と新設合併がある。

> 吸収合併：会社が他の会社とする合併であって，合併により消滅する会
> 社（消滅会社）の権利義務の全部を，合併後存続する会社（存
> 続会社）に承継させるもの
> 新設合併：2以上の会社がする合併であって，合併により消滅する会社
> の権利義務の全部を，合併により設立する会社（新設会社）
> に承継させるもの

（1） 合併時の権利義務の承継

借主である会社が消滅会社となって，吸収合併が行われた場合，貸金業者が消滅会社に対して有していた貸付債権は，存続会社に**包括的に承継され**，存続会社が新たな債務者になる。

借主である会社が存続会社となって，吸収合併が行われた場合，貸金業者が存続会社に対して有していた貸付債権は，特に影響を受けない。貸付債権の債務者は，存続会社のままである。

（2） 債権者保護手続

吸収合併によって消滅する会社の債権者などは，消滅会社に対し，吸収合併について異議を述べることができる。債権者が，一定の期間内に異議を述べたときは，消滅会社は，その債権者に対し，原則として，債務の弁済等をしなければならない。

2．会社分割の場合

会社分割には，吸収分割と新設分割がある。

> 吸収分割：会社が，その事業に関して有する権利義務の全部または一部
> を，分割後他の会社に承継させること
> 新設分割：1または2以上の会社が，その事業に関して有する権利義務
> の全部または一部を，分割により設立する会社に承継させる
> こと

借主である会社が吸収分割を行った場合，貸金業者がその会社に対して有していた貸付債権が，その会社（分割会社）に残るのか，それとも分割先の会社（承継会社）に移転するのかは，原則として，**分割会社と承継会社の間の合意内容（吸収分割契約）によって決まる**。

　会社分割においても，一定の場合について，合併の場合に似た債権者保護手続が設けられている。

　なお，会社法において，詐害的な会社分割における債権者保護の仕組みが設けられている。

3．事業譲渡の場合

（1）　事業譲渡の場合の権利・義務の承継

　会社は，事業の譲渡を行うことができる。

　たとえば，借主であるA社が，B社に対し，事業譲渡を行うことになった場合，貸金業者がA社に対して有していた貸付債権の債務者は，通常はA社のままであり，当然に，B社が債務者になるわけではない。

　もっとも，会社法では，一定の場合について，事業の譲受人である会社（譲受会社）が，譲渡会社の債務を弁済すべきものとしている。具体的には，まず，譲受会社が譲渡会社の商号を引き続き使用する場合には，その譲受会社も，原則として，譲渡会社の事業によって生じた債務を弁済する責任を負う。また，譲受会社が譲渡会社の商号を引き続き使用しない場合であっても，譲渡会社の事業によって生じた債務を引き受ける旨の広告をしたときは，譲渡会社の債権者は，その譲受会社に対して弁済の請求をすることができる。

（2）　債権者保護手続

　事業譲渡については，合併や会社分割のような詳細な債権者保護手続はないが，会社法では，詐害的事業譲渡における債権者保護の仕組みが設けられている。

35 法的回収手続

1．民事訴訟

　典型的な民事訴訟では，原告による訴状の提出でスタートした訴訟は，図35-1のような流れで，判決になる。

［図35-1］

❶原告が，裁判所に「訴状」を提出し，訴えを起こす

❷裁判所が訴状の内容をチェックし，第1回の口頭弁論の期日を決め，被告に訴状を送り，答弁書を提出するよう促す

❸被告が，裁判所と原告に，答弁書を提出する

❹裁判所で，第1回口頭弁論期日が開かれる。原告と被告が裁判所に出頭する

❺原告と被告が，自己の主張や相手方の主張への反論を記載した「準備書面」などを，裁判所に，交互に提出する

❻裁判所が，争点・証拠の整理を行う

❼原告と被告に争いがある点について，証人尋問などを行う

❽裁判所が判決を言い渡す

（1）　訴えの提起

　①　訴状の提出

　　　原告が，訴えを提起するためには，裁判所に**訴状**を提出する。

　②　管轄

　　　民事訴訟法では，原告は原則として，被告の住所地を管轄（担当）する裁判所に訴えを提起すべきとされている。財産権上の訴えは，義務履行地を管轄（担当）する裁判所で，訴えを提起することができる。原告と被告の間に

取引関係があり，取引基本契約書などで「管轄の合意」をしている場合があるが，管轄の合意は第1審に関するものに限り有効となる。管轄の合意は，**書面**で行わなければならない。

③　第1回口頭弁論期日の指定

訴状が裁判所に提出された後，裁判所はその民事訴訟を担当する裁判官を決め，第1回の口頭弁論期日を決める。

（2）　口頭弁論

第1回の口頭弁論期日には，原告と被告が出頭し，原告は訴状を陳述し，被告は答弁書を陳述する。第1回の口頭弁論期日に被告が欠席し，答弁書も提出しない場合には，被告は原告の主張を争わないとみなされ（**擬制自白**），原告が判決をしてほしい旨を申し出れば，裁判所は口頭弁論を終結し，原告勝訴の判決が言い渡される。第2回以降の口頭弁論期日では，原告と被告が，**準備書面・証拠**を提出する。原告と被告の主張が食い違っている事件では，裁判所が主張を整理して争点を特定したり，証拠を整理する作業を行う（争点・証拠整理手続）。

（3）　証拠調べ（証人尋問など）

口頭弁論や，争点・証拠整理手続において，争点が明らかになれば，その争点について判断するために，証人尋問や当事者尋問などの**証拠調べ**を行う。証拠調べの手続として，①**証人尋問・当事者尋問**，②**鑑定**，③**検証**，④**書証の取調べ**などがある。

（4）　証拠調べ後の手続

証拠調べが終わり，裁判所が判断ができる状態になった場合，裁判所は**口頭弁論手続を終結**して判決を言い渡す。**判決書**は，言渡し後速やかに原告と被告に送達される。

（5）　判決に対する不服申立てと，判決が確定した場合の効果

第1審裁判所の判決に不服のある当事者は，判決書の送達を受けた日から2週間**以内に控訴**できる。控訴審での判決に不服がある当事者は上告などをできる。判決書の送達を受けた後，2週間以内に不服申立てがなされないと判決が確定する。確定した判決（確定判決）には，既判力や執行力などが生じる。

（6）　簡易裁判所における民事訴訟

①　訴えの提起において明らかにすべき事項は，紛争の要点で足りる。

②　和解に代わる決定という制度がある。この制度は，金銭の支払の請求を目的とする訴えにおいて，以下6つの要件が必要となる。①簡易裁判所は，②被告が口頭弁論において原告の主張した事実を争わず，③その他何らの防御の方法をも提出しない場合において，④被告の資力その他の事情を考慮して相当であると認めるときは，⑤原告の意見を聴いて，⑥5年を超えない範囲内において，当該請求に係る金銭の支払について，その時期を定めたり，分割払の定めをし，またはこれと併せて，その時期の定めに従い支払をしたとき，その分割払の定めによる期限の利益を失うことなく支払

をしたときは，訴え提起後の遅延損害金の支払義務を免除する旨の定めをして，当該請求に係る金銭の支払を命ずる決定をすることができるという制度である。

③　判決書の一定の記載事項について，その要旨の表示で足りる。

④　初回の口頭弁論だけでなく，２回目以降の口頭弁論（続行期日）において，被告が出頭せずとも，擬制陳述が認められる。

2．少額訴訟手続

　少額訴訟とは，60万円以下の金銭の支払を求める訴えについて，原則として1回の審理で紛争を解決する特別の手続をいう。少額訴訟手続の審理は，**簡易裁判所が担当**する。少額訴訟の利用を希望する原告は，60万円以下の金銭の支払を求める訴訟を起こす際に，その旨を裁判所に申し述べる必要がある。なお，少額訴訟手続の利用回数は，**1人が同じ裁判所に対して同一一年に10回まで**に制限されている。被告は，第1回の口頭弁論期日において弁論をする前までに，少額訴訟手続での審理・裁判を希望せず，通常訴訟手続による審理・裁判を希望する旨を裁判所に申し述べることができる。

　少額訴訟手続で利用される証拠は，**即時に取り調べることができる証拠に限られる**。このほかに，証人尋問や当事者尋問も行うことができる。

　判決の言渡しは，原則として，口頭弁論の終結後直ちに行われる。裁判所は，原告の請求を認める判決をする場合において，被告の資力などの事情を考慮して，特に必要があると認めるときは，判決の言渡しの日から3年を超えない範囲内において，認容する請求に係る金銭の支払について，その時期の定めや分割払の定めをし（支払猶予，分割払），またはこれと併せて，その時期の定めに従い支払をしたときやその分割払の定めによる期限の利益を失うことなく支払をしたときは，訴え提起後の遅延損害金の支払義務を免除する旨の定めをすることができる。

3．手形・小切手訴訟

　手形訴訟・小切手訴訟とは，手形金・小切手金の支払を求める訴訟で，民事訴訟法の特別の規定によって審理されるものをいう。手形訴訟の特徴は次のとおり。

---

①　証拠調べは，原則として，**書証に限り**，行うことができる。

②　文書の成立の真否や，手形の呈示に関する事実については，当事者の申立てにより，当事者本人を尋問することができる。

4．支払督促

　支払督促手続とは，金銭その他の代替物・有価証券の一定の数量の給付を目的とする請求について，債権者の申立てにより，**裁判所書記官が，債務の支払督促を発するもの**をいう。

（1）　申立て

　支払督促の申立ては，**債務者の住所地（所在地）を管轄（担当）する簡易裁判所の裁判所書記官**などに対して，債権者が行う。ただし，支払督促が債務者に送達できることが必要であり，公示送達をしなければならない場合には支払督促手続は利用できない。

（2）　支払督促の発付等

　裁判所書記官は，債権者の申立書を審査し，債務者の審尋なしで申立書に必要事項が記載されているかなどを確認する。**支払督促手続では，裁判所書記官が，債権者側の言い分だけを聞いて，支払督促が発せられる**。債務者は，送達された支払督促に記載されている「請求の趣旨」や「請求の原因」をみて，申立人である債権者の主張が事実か否かを確認し，支払督促に不服があれば，簡易裁判所に対して異議を申し立てる。

（3）　送達

　支払督促は，債務者に送達されなければならず，支払督促の効力は債務者に対し現実に送達されたときに生じる。

（4）　仮執行の宣言

　債務者が支払督促の送達を受けた日から**2週間以内に異議の申立てをしないときは，裁判所書記官は，債権者の申立てにより，仮執行の宣言**を行う。債権者が，仮執行宣言の申立てをすることができる時から30日以内にその申立てをしないときは，その支払督促は効力を失う。

（5）　通常訴訟への移行

　適法な異議の申立てが債務者からなされたときは，通常訴訟に移行する。

36 民事執行手続

✓チェック □ □ □

1. 強制執行

強制執行は，確定判決などの債務名義を得た債権者などの申立てに基づき，裁判所が債務者に対する権利を強制的に実現する手続である。

（1） 債務名義

債務名義とは，強制執行によって実現しようとする権利があるか否かや，その権利があるとして，具体的にどのような権利の内容なのかなどを明らかにした**文書**をいう。**債務名義がないと，原則として強制執行手続はスタートしない**。債務名義の主なものとしては，次のものがある。

① **確定判決**

債権者が，確定判決を債務名義として強制執行をする場合，確定判決に加えて，その訴訟事件の記録の存する裁判所の裁判所書記官によって付与される**執行文**を付し，それらの正本に基づいて，強制執行を実施することが必要になる。

② **仮執行宣言付判決**

裁判所が，判決に「仮執行の宣言」を付して，債権者が判決の確定前であっても強制執行をすることができるようにする制度を「**仮執行宣言付判決**」制度という。通常は，裁判所が，原告の申立てに基づき，その必要があると認める場合に，仮執行宣言付きの判決をする。

③ **仮執行宣言付支払督促**

金銭その他の代替物または有価証券の一定の数量の給付を目的とする請求については，支払督促手続に関する民事訴訟法の規定を利用し，**裁判所書記官**から支払督促を出してもらうことができる。そして，債務者から異議の申立てがないと，債権者が支払督促に仮執行宣言を得ることになる。

④ **執行証書**

公証人が作成した公正証書に基づいても強制執行をすることができる。ただし，それが金銭の一定額の支払またはその他の代替物もしくは有価証券の一定の数量の給付を目的とする請求につき作成されたもので，しかも債務者が直ちに強制執行を受けることを承認する旨の陳述が記載されているものに限られる（執行証書）。債務者が直ちに強制執行を受けることを承認する旨の文言のことを，**執行認諾文言**という。なお，貸金業法では，強制執行を受

けることを承認する旨の文言が記載された特定公正証書の取得について制限を設けている。

⑤ **確定判決と同一の効力を有するもの**

確定判決と同一の効力を有するものとして，**裁判上の和解調書**などがある。

（2） **執行文**

強制執行手続を利用するためには，執行文が付与された執行力のある債務名義が必要となる（ただし，**少額訴訟の確定判決**，仮執行宣言付少額訴訟の判決・支払督促により行う強制執行については，**執行文が不要**）。執行文とは，債務名義に執行力が現存していること，その範囲を公証する文言をいう。裁判関係については**書記官**が，執行証書については**公証人**が執行文の付与を行う。

2．不動産・動産・債権に対する強制執行

（1） 不動産に対する強制競売

不動産に対する強制執行は，強制競売などの方法により行う。不動産の強制競売手続は，担保権の実行としての競売手続とほとんど変わらない。

債権者が裁判所に対し不動産の強制競売を申し立てる場合，書面で申立てを行う。この申立てを行うには，**執行力のある債務名義**などが必要となる。債権者の申立てを受けた裁判所は，債権者の申立て内容を審査し，債権者の申立てが適法になされていると判断した場合は，強制競売の開始決定をする。強制競売の開始決定がなされると，裁判所は対象となる不動産を差し押さえる。その後，対象不動産の現況調査と評価を経て，**裁判所書記官が物件明細書を作成**して一般の閲覧に供する。裁判所書記官は，売却の日時，場所のほか，売却方法を定めて，対象不動産を売却する。最高価買受申出人が決まると，裁判所は売却決定期日を開いて，売却を許すかどうかについて決定をする。最高価で落札し，売却許可がされた買受人が，裁判所書記官に買受代金を納付する。**買受人は，代金を納付した時に，不動産の所有権を取得する**。裁判所は，買受人による代金の納付があると，その代金を一定の債権者らに分配する。

不動産の強制競売手続は，図36-1のような流れで進む。

（2） 動産に対する強制執行

動産に対する強制執行（動産執行）は，債務者の所有する動産を**執行官**が差し押さえて，これを売却（換価）し，代金を債権者に配当する手続である。動産執行は，債権者の申立てに基づき，執行官が目的物を差し押さえることによって開始する。差し押さえられた動産は，**執行官が競売，入札その他の方法で売却**する。差し押さえた動産の売却代金は，債権者に配当される。

民事執行法は，差押禁止動産について定めており，たとえば，①債務者等の生活に欠くことができない衣服，寝具，家具，台所用具，畳および建具，②債務者等の1カ月間の**生活に必要な食料および燃料**，③標準的な世帯の2カ月間の必要生計費を勘案して政令で定める額の金銭などが差押禁止動産に該当する。

［図36-1］

❶債権者が，裁判所に対し，強制競売の申立てを行う

❷裁判所が，債権者の申立て内容を審査し，強制競売を開始することを決定し，対象となる不動産について差押えの登記を嘱託する

❸裁判所が，執行官や評価人に，対象となる不動産の調査等を命ずる

❹裁判所が，売却基準価額を決め，対象不動産の売却を実施する

❺最高価で落札し，売却許可がなされた買受人が，買受代金を納付する

❻裁判所が，一定の債権者らに対し，買受代金を分配する（配当）

（3）　債権およびその他の財産権に対する強制執行
　①　意義
　　　債権に対する強制執行（債権執行）は，債務者が第三者に対して有している債権を裁判所が差し押さえ，債権者がこれを取り立てて自己の債権の弁済に充てる手続である。債権執行についても，次のような差押禁止債権（差押えが禁止されている債権）が定められている。

> ・次に掲げる債権について，その支払期に受けるべき給付の4分の3に相当する部分（その額が33万円を超えるときは，33万円に相当する部分）
> 　a　債務者が国および地方公共団体以外の者から生計を維持するために支給を受ける継続的給付に係る債権
> 　b　給料，賃金，俸給，退職年金および賞与ならびにこれらの性質を有する給与に係る債権
> ・退職手当およびその性質を有する給与に係る債権については，その給付の4分の3に相当する部分

　②　債権執行の流れ
　　債権執行手続も，債権者が裁判所に対し債権差押命令を発令するよう，申し立てることによってスタートする。被差押債権が現実に存在するかどうか，存在するとしていくらあるのかを正確に知らない場合，債権者は債権差押命令の申立てと同時に，陳述催告の申立てを行うことができる。債権者から債権差押命令の申立てを受けた裁判所は，債権者の申立書の内容などをチェックし，債権者の申立てが適法であるときには，債権差押命令を発する。債権差押命令は，第三債務者

と債務者に送達される。**債権差押命令が第三債務者に送達された時に**，差押えの効力が生じる。なお，裁判所（裁判所書記官）は，差押命令を送達する際に，当該差押命令の取消し（差押禁止債権の範囲変更の制度）の申立てができること，また当該申立てに係る手続きの内容を，債務者に対し教示しなければならない。債権者が，陳述催告の申立てを行っている場合，裁判所（裁判所書記官）は，差押命令を送達するに際し，第三債務者に対し，差押命令の送達の日から2週間以内に，差押えに係る債権の存否など一定の事項について陳述すべき旨を催告する（第三債務者に対する陳述催告）。

　債権差押命令が債務者に送達された日から1週間（一定の場合には4週間）を経過したときは，債権者はその債権を自ら取り立てることができる。

（4）　財産開示制度

　財産開示手続は，執行力のある債務名義の正本を有する金銭債権の債権者が，6カ月以内に実施された動産，不動産もしくは債権に対する強制執行または担保権の実行における配当（弁済金の交付を含む）において，金銭債権の完全な弁済を得ることができなかったとき，その証明として配当表や弁済金交付計算書の写しを提出したり，すでに知れている債務者の財産に対し強制執行をしても完全な弁済が得られないことを疎明したときなどに，債務者の普通裁判籍の所在地を管轄する裁判所に対し，債務者の財産に関する情報を開示するよう申し立てることができる制度である。

　債務者は，裁判所が指定する財産開示期日に出頭し，宣誓をしたうえで自己の現在の財産状況について開示しなければならず，正当な理由なく不出頭・陳述拒絶・虚偽陳述をした場合には，6カ月以下の懲役または50万円以下の罰金が科せられる。

（5）　第三者からの情報取得手続

　民事執行法の改正により，債権者からの申立てにより，債務者以外の第三者から，債務者の財産状況に関する情報を取得する制度（第三者からの情報取得手続）が新設された。

　①金融機関（銀行，信用金庫，労働金庫，信用協同組合，農業協同組合，証券会社等）等から，預貯金債権や上場株式，国債，投資信託受益権等に関する情報を取得できる手続，②登記所から土地・建物に関する情報を取得できる手続，③市町村，日本年金機構等から給与債権（勤務先）に関する情報を取得できる手続である。

　ただし，③については，全ての債権者が対象となるのではなく，養育費等の扶養義務に係る請求権を有する債権者と人の生命・身体の侵害による損害賠償請求権を有する債権者のみが対象とされている。また，上記のうち②および③の手続（公的機関から情報を取得する手続）については，申立ての日前3年以内に先に財産開示手続が実施されている必要がある。

37 民事保全手続

1．仮差押え

　債権者が，将来，債務名義を得て強制執行を行うことが不能・困難とならないよう，裁判所を通じて，債権者の権利の実現を保全するための法的手段を**民事保全制度**という。民事保全手続には，①仮差押えと，②仮処分がある。**仮差押手続**は，債権者が債務者に対し**金銭債権を有する場合**において，その金銭債権について，**将来，強制執行をすることができなくなるおそれがあるとき，または強制執行をするのに著しい困難を生ずるおそれがあるとき**に利用することのできる手続である。仮差押手続は，仮に差し押さえるべき対象である財産に応じて，不動産に対する仮差押え，動産に対する仮差押え，債権およびその他の財産権に対する仮差押えなどに分けられる。

2．仮処分

　仮処分とは，不動産の譲渡を禁止するなど，金銭債権以外の特定物の給付や引渡しなどを目的とする請求権の執行を確保するための手続や，権利関係について仮の地位を定める手続をいう。仮処分は，金銭債権以外の権利を保全する点で「仮差押え」と異なる。仮処分には，「係争物に関する仮処分」と「仮の地位を定める仮処分」とがある。

3．仮差押手続の流れ

　債権者が，裁判所に対し，仮差押命令を発令するよう申し立てると，裁判所は債権者の申立て内容をチェックし，仮差押命令を発するか否かを審理する。裁判所が仮差押命令を発するためには，**①一定の被保全権利が存在すること，②保全の必要性を疎明すること**が必要となる。裁判所が，仮差押命令を発令した後は，その仮差押命令の執行を行う。この手続は，不動産仮差押え，動産仮差押えなどの種類によって異なる。

38 倒産手続①
―倒産処理手続の分類，破産手続―

1．倒産処理手続の分類

　借主が資産や収入だけでは返済できないような多額の借金を負うことがある。借主は，借入金債務を整理し，再出発をすることになるが，このような債務の整理の手続を「倒産処理手続」という。

　倒産処理手続の分類としては，次の3つがある。

> （1）　裁判手続を利用するか否か（裁判所が関与するか否か）
> 　　　**法的整理**→裁判手続を利用する
> 　　　**私的整理**→裁判手続を利用しない
> （2）　債務者の事業・生活の再建が主たる目的か否か
> 　　　**清算型手続**→債務者の財産を売却するなどして，**すべて金銭に換え**，債権者らに平等に分配することを目的とする手続
> 　　　**再建型手続**→債務者の**事業や生活を再建**して，そこから生じる利益（収益）を，債権者らに分配することを目的とする手続
> （3）　管財人等が財産を管理するか，債務者が管理するか
> 　　　**管理型手続**→倒産処理手続が始まると，債務者は，自分の財産・事業の管理権限や処分権限を失い，管財人などの**第三者がその管理・処分を担当する**
> 　　　**DIP型手続**→倒産処理手続が始まった後も，引き続き，**債務者が，自分の財産・事業の管理権限や処分権限を有する**。アメリカの倒産処理制度にならって，このタイプの倒産処理手続を，「DIP型」と呼んでいる

　「法的整理」の1つである破産手続と民事再生手続のうち，**破産手続は清算型手続であり，民事再生手続は再建型手続である**。主な倒産処理手続と分類は次のとおりである。

$$\left\{ \begin{array}{l} \text{法的整理} \left\{ \begin{array}{l} \text{清算型・管理型} \cdots\cdots\cdots\cdots \text{破産手続（破産法）} \\ \text{清算型} \cdots\cdots\cdots\cdots\cdots\cdots\cdots\cdots \text{特別清算手続（会社法）} \\ \text{再建型・管理型} \cdots\cdots\cdots\cdots \text{会社更生手続（会社更生法）} \\ \text{再建型・DIP型} \cdots\cdots\cdots\cdots \text{民事再生手続（民事再生法）} \end{array} \right. \\ \text{私的整理} \end{array} \right.$$

2．法的整理手続

　法的整理手続には，①破産手続，②民事再生手続，③会社更生手続等がある。

　法的整理の特徴は，関係者（債権者・株主など）の一部に同意しない者があっても，裁判所により強制的に債務の整理手続が進められ，その手続は厳正な規定に基づいて行われるという点にある。債務者が法的な整理手続に入った場合には，**原則として，債権者は，その手続の規定するところに従い債権回収を図らなければならない**。規定に反した債権回収行為は無効となる。

3．破産手続

　破産手続は破産法に規定されている。債務者が経済的に破綻して，債務を完済する見込みがない場合に，債務者の財産を売却するなどして金銭に換え，債権者に公平な返済をすることを目的とする。

　破産手続開始決定によって破産手続がスタートするが，破産手続開始と同時に，同時廃止になる場合もあり，裁判所によって**破産管財人**が選任される場合もある。裁判所によって選任された破産管財人（弁護士）は，大きく分けて２つのことを行う。１つは破産者（債務者）が所有していた**財産の管理・処分**であり，もう１つは債権者（貸金業者など）から届出がなされた破産債権について調査を行い，その債権が本当に存在するか否かや，届け出られた債権額が正しいか否かの判断をする**債権調査**である。破産管財人が以上のような手続をひと通り終えると，配当手続に移る。

（1）　破産手続開始の申立て

　破産手続の利用者には制限はない。**すべての自然人，法人が利用できる**。破産法では**破産原因事実**として，**支払不能，支払停止，債務超過**の３つを定めている。支払不能とは，債務者が支払能力を欠くために，その債務のうち弁済期にあるものにつき，一般的かつ継続的に弁済することができない状態をいう。支払停止とは，債務者が自らの支払不能状態を外部へ表明する行為をいう。**支払停止は支払不能にあるものと推定される**。法人の場合には，債務超過も破産原因事実となる。債務者などから破産手続開始の申立てがなされると，裁判所はその内容を審理し，破産原因となる事実（支払不能など）があると認めたときは，原則として破産手続開始の決定をする。手続開始の決定があると，その時から次の効力が

生じる。

---

①　財産の管理処分権が破産管財人に専属すること

　　破産者（債務者）の財産のうち，**破産手続において破産管財人だけが
その管理・処分をできる権限を有しているものを破産財団**という。破産
者（債務者）が所有していた財産のうち，一定の財産については，破産
手続が開始され破産管財人が選任された後でも，破産者（債務者）が自
由に管理・処分することができる。この一定の財産のことを自由財産と
いう。自由財産の例としては99万円の現金などがある。また裁判所は，
諸般の事情を考慮し，自由財産の範囲を拡張することもできる。

②　強制執行手続等の失効

　　破産手続開始決定前から係属していた，破産財団に属する財産に対す
る強制執行，仮差押え，仮処分は，破産手続開始決定により効力を失う。
ただし，担保権の実行としての競売手続は続行される。

③　破産手続開始後の法律行為の効力

　　破産者が破産手続開始後に破産財団に属する財産に関して行った法律
行為は，破産手続の関係では無効となる。

（2）　破産手続開始決定の公告・通知

　裁判所は，破産手続開始の決定をしたときは直ちに公告する。また裁判所は，
破産債権者などに対して，公告した事実を通知する。

（3）　破産債権の届出

　借主について破産手続が開始した場合，破産債権者は，原則として，破産手続
に従って権利行使をする。債権者が**別除権**を有している場合や，**相殺権**を行使す
る場合には，**破産手続外でその権利を行使**することが認められているが，通常の
破産債権者は，破産手続外で，破産債権を行使することはできない。

　「**破産債権**」とは，破産者に対し**破産手続開始前の原因に基づき生じた財産上
の請求権**であって，財団債権（破産手続費用など）にあたらないものをいう。

（4）　破産債権の調査・確定

　届出のあった破産債権について，破産管財人などが調査を行い，届けられた破
産債権を認めるか否かの認否手続を「破産債権の調査」という。調査において，
届出のあった破産債権について，破産管財人が認め，かつ届出破産債権者が異議
を述べなければ，そのまま確定する。

（5）　配当手続

　破産管財人が，破産財団の属する財産を売却（換価）した後，破産管財人はそ
の代金を破産債権者の**債権額に応じて分配**する。最後配当における簡易な配当の
特則として，①簡易配当手続，②同意配当手続がある。

（6）　破産手続の終了

　破産者が法人の場合，破産手続の終結により法人は消滅する。個人の場合，破産手続による債権者への配当によって弁済されなかった残りの債務の弁済義務を消滅させるには，裁判所の免責許可決定を受けなければならない。

（7）　個人破産手続と同時廃止

　破産財団が破産手続費用を賄うに足りない場合には，実際に破産手続を進めることなく，破産手続を廃止する。破産手続の廃止には，次の2種類がある。

・**同時廃止**…破産手続開始の決定と同時に，破産手続を廃止すること
・**異時廃止**…破産手続開始決定後に，費用不足が確実になった時点で破産手続を廃止し，それ以後，破産手続を進めないこと

4．破産手続における重要な制度

（1）　相殺権

　破産債権者が破産手続開始時に破産者に対して債務を負担している場合，破産債権者は，相殺をすることができる。この相殺権は，破産手続によらずに行使することができる。

（2）　別除権

　破産者に対する債権のうち，**担保権などで回収することができる債権については，債権者は破産手続とは無関係に担保権を実行して債権回収を行うことができる**。これを**別除権**といい，別除権になるものとして，質権，不動産等に対する（根）抵当権や，譲渡担保権などがある。

　別除権を有する者（別除権者）は，原則として別除権の行使によって弁済を受けることができない債権額（不足額）についてだけ，破産債権者としての破産手続に参加する。

（3）　否認権

　否認制度とは，破産者（債務者）が行った一定の行為等の効力を破産管財人が否定（否認）する制度である。破産管財人が有するこの権利のことを**否認権**という。破産管財人が否認権を行使し，破産者（債務者）の行為を否定する場面は，大きく3つに分けられる。

・財産減少行為……破産者（債務者）の財産を絶対的に減少させ，債権者
　　　　　　　　　全体に損害を与える行為
・相当の対価を得てした財産の処分行為
・偏頗行為…………特定の債権者のみに弁済をするなど，債権者間の平等
　　　　　　　　　を害する行為

これらの行為について，破産管財人がこれを否定（否認）することによって，破産管財人が，破産者（債務者）の手元からいったん流出した財産を取り戻すことが，否認制度の目的である。破産管財人が取り戻したものは，その後債権者らに公平に弁済される。

5．免責手続
　免責とは，破産手続による債権者への配当によって弁済されなかった残りの債務について，破産者が弁済の責任を免れることをいう。**免責申立ては，個人債務者だけができる**。
（1）　免責の効果
　裁判所による免責許可の決定が確定すると，破産者（債務者）は，破産手続で配当したものを除き，**破産債権についてその責任を免れる**。ただし，政策的理由から，一部の債権については免責の効果が生じない。
（2）　免責不許可事由
　免責不許可事由とは，その事由が存在するときに，裁判所が破産者（債務者）の免責申立てを許可しないことができる事由をいう。①債権者を害する目的で破産財団の財産の隠匿・損壊など破産財団の価値を不当に減少させる行為をしたこと，②破産手続の開始を遅延させる目的で著しく不利益な条件で債務を負担したり，信用取引により商品を買い入れてこれを著しく不利益な条件で処分したこと，③浪費・賭博その他の射幸行為をしたことによって著しく財産を減少させたり，過大な債務を負担したことなどが，免責不許可事由に該当する。
（3）　免責手続と破産債権者
　免責許可の申立てがあり，かつ破産手続廃止の決定，破産手続廃止の決定の確定または破産手続終結の決定があった場合には，免責許可の申立てに関する裁判が確定するまでは，破産者の財産に対する破産債権に基づく強制執行などは許されない。

39 倒産手続②
－民事再生手続，個人再生手続の特則－

✓チェック ▢ ▢ ▢

1．民事再生手続

民事再生手続は民事再生法に規定されている。経済的に苦しい立場にある債務者について，その債権者の多数の同意を得て裁判所の許可を受けた再生計画を定めることなどによって，債務者と債権者との間の民事上の権利関係を適切に調整し，債務者の事業または経済生活の再生を図ることを目的とする。

民事再生手続は，**再建型の法的整理手続の基本となる手続であり，法人・個人，事業者・非事業者を問わず，利用できる。**

（1）　民事再生手続開始の申立てと開始決定

民事再生手続開始を申し立てるためには，①債務者に破産手続開始の原因となる事実（**破産原因事実**）の生じるおそれのあること，または②債務者が事業の継続に著しい支障を来すことなく弁済期にある債務の弁済ができないことが必要である。破産原因事実とは支払不能，支払停止および**債務超過**（ただし法人の場合のみ）をいう。裁判所は，審理のうえ，再生手続開始の決定をする。なお，再生手続の開始決定がなされた後は，再生債務者に対する強制執行等を行うことはできない。

（2）　再生手続の機関

民事再生手続では，**債務者が民事再生手続開始決定後も引き続き財産の管理処分権や業務執行権を有する。**もっとも，裁判所は再生債務者の監督を行うために監督委員による監督命令や調査委員による調査命令を発することができる。

（3）　再生債権の届出，債権調査

再生債権とは，再生債務者に対し再生手続開始前の原因に基づいて生じた財産上の請求権をいう。民事再生法でも，破産法と同様，再生債権の範囲，その届出手続，債権調査手続，再生債権の確定手続などについて定めを置いている。

（4）　再生計画案の作成と決議

民事再生手続と破産手続の大きな違いとして，**再生債務者（管財人が選任されていない場合は「再生債務者」本人，管財人が選任されている場合は「管財人」）が再生計画案を作成する**点があげられる。再生債務者は，債権届出期間満了後の裁判所の定める一定の期間内に，再生計画案を提出することになっている。債権者集会等で再生計画案が可決されると，裁判所は原則として再生計画の認可決定を行う。認可決定が確定すると，再生計画は効力を生じる。これにより再生債権

者の権利は，再生計画に従って変更される。

　なお，確定した再生計画（再生債権者表における権利の記載）は，再生債務者，再生債権者及び再生のために債務を負担し，または担保を提供する者に対して，確定判決と同一の効力を有する。また，再生計画に従った弁済をしない場合には，再生債権者は再生債務者の財産に対して強制執行を行うことができる。

２．個人再生手続の特則

（１）　小規模個人再生に関する特則

　小規模個人再生に関する特則は，**将来の継続的，反復的収入見込みのある個人債務者（事業者でもよい）で，無担保の再生債権総額**が5,000万円を超えない者を対象に簡便な再生手続を定めたものである。再生計画に基づく弁済期間は，原則３年間で，最長でも５年とされている。また弁済総額について，基準債権の総額等に応じて一定の最低弁済額が設けられている。

　小規模個人再生計画案の決議は，書面等投票により行われ，反対の意思表示をした議決権者数が半数未満で，かつ反対者の議決権額が総額の２分の１を超えないときは，その計画案は可決されたものとみなされる。

　再生債務者が，その責めに帰することができない事由により，計画遂行がきわめて困難となった場合，再生計画に基づく弁済予定額の４分の３以上を終えていることなどを要件として，残額についての免責（ハードシップ免責）を受けることができる。

（２）　給与所得者等再生に関する特則

　給与所得者等再生に関する特則手続は，小規模個人再生の利用対象者のうち，給与所得者のような**「給与又はこれに類する定期的な収入を得る見込みのある者で，かつ，その額の変動幅が小さいと見込まれる者」**について，さらに簡素な再生手続を定めたものである。

　小規模個人再生手続との主な相違点は，再生債務者の手取り収入から最低限度の生活費等を控除した額（可処分所得）の２年分以上の額を再生計画の弁済に充てなければならないとする代わりに，再生計画案の決議が省略されることである。

（３）　住宅資金貸付債権に関する特則

　住宅ローンを有する個人債務者の再生計画において，住宅ローンの弁済繰延べを内容とする住宅資金特別条項を定めることができる。特別条項の内容は，原則的には，住宅ローンの約定弁済期が到来しているものについては一般の再生債権にかかる弁済期間（ただし最長５年）内に支払い，まだ弁済期が到来していないものについては当初の弁済契約どおりに，ローンの元利金の全額を支払うこと，そのような計画の遂行が困難とみられるときは，最長10年まで（ただし，最終弁済時の債務者年齢が満70歳までの間）で，弁済をリスケジュールできることとされている。ただし債権者が同意すれば，これと異なる条件の特別条項を定めるこ

とも可能である。

　住宅ローンの債権者は，住宅資金特別条項を定めた再生計画案についての議決権を有しない。裁判所は，住宅ローン債権者の意見を聴取し，計画が遂行可能と積極的に認定できる場合に限り，それを認可することができる。

　保証会社が保証債務を履行した場合であっても，保証債務の全部を履行した日から6カ月を経過する日までの間に，債務者が再生手続開始の申立てをしたときには，住宅資金特別条項を定めることができる。住宅資金特別条項を定めた再生計画の認可決定が確定した場合，原則として保証会社による保証債務の履行はなかったものとみなされる。

40 手形・小切手・電子記録債権

1. 手形・小切手とは

「手形」には，**約束手形**と**為替手形**がある。

「**約束手形**」とは，その振出人が，一定の金額を一定の期日（満期）に支払うことを約束する手形をいう。

これに対し，「**為替手形**」は，**振出人が自分で支払うことを約束するのではなく，振出人が手形上に記載した金額の支払を第三者（支払人）に委託する手形**をいう。

「**小切手**」は，振出人が支払人である金融機関に対して小切手金の支払を委託するという形態をとっており，その委託先は振出人の預金のある金融機関に限られる。手形と小切手を分類すると次のとおりである。

```
      ┌ 約束手形
手形 ┤
   ┌  └ 為替手形
   └ 小切手
```

また，約束手形，為替手形，小切手の相違点は，図40-1のとおりである。

2. 手形の振出

（1） 約束手形の振出と原因関係

通常，約束手形は，商取引の売買代金などの決済のために振り出されており，この約束手形の授受の原因となる売買契約などのことを**原因関係**という。

（2） 形式的要件

① 必要的記載事項

約束手形の振出が有効になるためには，必要的記載事項（約束手形文句，手形金額，支払約束文句，満期，支払地，振出日，振出地，振出人の署名）が約束手形面に記載されていることが必要である。**必要的記載事項のうち1つでも欠くと，原則として約束手形としての効力は生じない**。

（※）**白地手形**…振出人などが，後日，所持人に補充させる意思で，必要的記載事項の一部を記載しないで（白地のまま）交付した未完成な手形

のことをいう。

[図40-1]

	約束手形	為替手形	小切手
振出人の文言内容	支払約束	支払委託	同左
支払委託先	なし	金融機関に限らず	金融機関に限る
主たる債務者	振出人	引受人	主たる債務者なし
振出における必要人物	振出人と受取人	振出人と支払人と受取人	振出人と支払人
譲渡方法	裏書	同左	記名式小切手：裏書 持参人払式小切手： 交付で可
支払呈示期間	通常は満期日および それに続く2取引日	同左	振出日付後10日間
遡求義務者	裏書人	裏書人と振出人	同左

②　任意的記載事項

　　必要的記載事項と異なり，手形面上に記載しても記載しなくてもよいが，手形面上に記載された場合にはその記載どおりの効力が認められるという事項を任意的記載事項（有益的記載事項）という。

③　無益的記載事項・有害的記載事項

　　無益的記載事項とは，その記載をしても約束手形としての効力は否定されないものの，その記載自体の効力は認められないものをいう。**有害的記載事項**とは，その記載があると約束手形自体が無効となってしまうものをいう。

（3）　実質的要件

　約束手形の振出人が手形債務を負担するのは，その振出人の意思に基づくものであることが必要である。そのため，必要的記載事項が手形面上に記載されているだけでなく，契約などと同様に，①振出人が権利能力，行為能力を有していること，②その意思表示が瑕疵のない意思に基づくものであることが必要になる。

3．手形の譲渡と手形取得者の保護

（1）　裏書

　手形上の権利を譲渡する裏書を譲渡裏書という。譲渡裏書には，**権利移転的効力**，**担保的効力**，**資格授与的効力**の3つの効力がある。

（2）　裏書の連続

　手形面上の記載において，受取人が第一裏書人となり，第一被裏書人が第二裏書人となるというように，受取人から現在の所持人までの裏書人名と被裏書人名とが連続していることを「**裏書が連続している**」という。裏書の連続のある約束手形の所持人は，手形上の権利者であると推定される。

（3） 善意取得

　一定の要件を満たす約束手形を，譲渡人が無権利者であることなどを知らずに裏書譲渡によって譲り受けた者は，手形上の権利を取得できる。

（4） 人的抗弁の切断

　① 人的抗弁と物的抗弁

　　人的抗弁とは，特定の約束手形所持人に対してだけ主張することができる抗弁のことである。**物的抗弁**は，手形上の権利者すべての人に対して主張することができる抗弁のことである。

　② 悪意の抗弁

　　約束手形の取引においては，振出人などが特定の人に対して主張できた抗弁（人的抗弁）が，他の手形所持人に主張できなくなることを「**人的抗弁の切断**」という。もっとも，手形所持人が約束手形の振出人を害することを知っている（害意のある）場合には，その手形所持人からの請求に対しては，振出人は抗弁を主張し，手形金の支払を拒むことができる。

4．手形金の支払と遡求

（1） 満期における支払

　① 支払のための呈示

　　約束手形には，約束手形の支払期日として満期日が定められており，満期日に振出人が手形金を支払うことで決済される。手形面上に記載されている満期は，通常特定の１日だけであるが，手形法は支払呈示期間を設け，その期間内における支払を満期における支払としている。この**支払呈示期間は満期日（満期日が休日であれば次の取引日）およびその後の**２取引日である。

　② 支払人の免責

　　手形の支払人には，裏書の連続の整否を調査する義務はあるものの，裏書の署名の真偽についての調査義務はなく，手形の支払人が裏書の形式的な連続さえ確認して支払えば，仮にその所持人が無権利者であっても，原則として免責される（真実の権利者に二重払いする必要はない）としている。ただし，手形の支払人が，所持人が無権利者であることを知っているのに支払った場合（悪意）や，そのことを容易に証明して支払を拒むことができるにもかかわらず，それを怠って支払ってしまった場合（重過失）には，支払人は免責されない。

（2） 手形の書替

　振出人が満期に手形金を支払えず，所持人との間で支払猶予契約を締結して，満期日を書き替えた新たな約束手形を振り出すことを手形の書替という。貸金業者が行う手形貸付において，期間を延長するために行うのがその典型である。

（3） 不渡制度

　振出人が振り出した約束手形が決済されないと，不渡になる。

（4）　遡求

　　振出人が手形金を支払えば手形上の債務は消滅するが，**振出人が約束手形を決済できない場合には，所持人は，自己の前者である裏書人（遡求された場合に応じなければならない者＝遡求義務者）などに対して，手形金額等を請求できる。**これを遡求という。約束手形の所持人が，支払呈示期間内に適法な支払呈示を行ったにもかかわらず，支払が拒絶された場合，遡求権者は，手形金額等を遡求できる。

5．電子記録債権法

　　従来から商取引では手形が用いられていたが，手形の場合，その作成・交付・保管にコストがかかったり，手形の盗難・紛失という危険が指摘されてきた。電子記録債権法は，これらのリスクやコストを削減し，手形債権等を有する企業の資金調達の円滑化等を図ろうとするもので，手形の電子化を可能とする法律といわれている。

　　電子記録債権法における電子記録債権とは，電子債権記録機関が作成する記録原簿に電子記録をすることによってはじめて，その発生・譲渡等が行われることとなる金銭債権である。

　　電子記録債権は，売掛債権や貸金債権などの債権の支払のために発生させるのが通常である。この場合，原因取引に基づく金銭債権と電子記録債権は併存する。原因取引の当事者らが，電子債権記録機関に対し，発生記録の請求を行い，これを受けて，電子債権記録機関が記録原簿に発生記録を行うことで電子記録債権が発生する。

　　電子記録債権法では，電子記録債権の取引の安全を保護するため，手形の場合と同様，電子記録債権の譲渡に善意取得や人的抗弁の切断の効力を認めている（原則）。また，手形の場合と同様，記録原簿上の債権者に対して支払をした者に，支払免責を認めている。具体的には，電子記録債権の譲渡は，譲渡記録をしなければその効力を生じない。また，電子記録名義人に対してした電子記録債権についての支払は，当該電子記録名義人がその支払を受ける権利を有しない場合であっても，その効力を有する。ただし，その支払をした者に悪意または重大な過失があるときは，この限りでない。

41 犯罪収益移転防止法

1. 取引時確認が必要となる取引

貸金業者は，顧客との間で以下の取引を行うに際して，その顧客等について，「取引時確認」を行うことが求められている。取引時確認が必要となる取引については図41-1のとおりである。

[図41-1]

特定取引	対象取引	① 金銭の貸付け・金銭の貸借の媒介を内容とする契約の締結を行う場面（取引開始）
		② 200万円を超える現金取引（大口現金取引）
		③ 対象取引以外の取引で，顧客管理を行う上で特別の注意を要するものとして次に掲げる取引（特別の注意を要する取引） ・マネーローンダリングの疑いがあると認められる取引 ・同種の取引の態様と著しく異なる態様で行われる取引
ハイリスク取引		④ なりすましの疑いがある取引または本人特定事項等を偽っていた疑いがある顧客等との取引
		⑤ 「特定国等（イラン・北朝鮮）」に居住・所在している顧客等との取引
		⑥ 外国PEPs（重要な公的地位にある者（Politically Exposed Persons））との取引

2. 確認事項および確認方法の概要

貸金業者が上記1.の取引を行う場合には，以下で述べる「**本人特定事項**」と「**顧客管理事項**」の確認が必要である。

（1） 通常の取引（特定取引）

通常の取引（特定取引）における顧客についての確認事項およびその確認方法の概要は，図41-2のとおりである。

（2） ハイリスク取引

ハイリスク取引については，通常の取引（特定取引）における確認項目に加えて，取引時確認時に利用していない本人確認書類の追加確認が必要になる。

また，これらのハイリスク取引であって，200万円超の財産の移転を伴う場合には，疑わしい取引の届出に必要な限度で資産および収入の状況の確認（書類による確認）も必要となる。

[図41-2]

	確認事項		確認方法
自然人	**本人特定事項**	氏名，住居，生年月日	本人確認書類を利用する方法
	顧客管理事項	取引を行う目的（※1），職業（※1）	申告を受ける方法
法人	**本人特定事項**	名称，本店または主たる事務所の所在地	本人確認書類を利用する方法
	顧客管理事項	取引を行う目的（※1）	申告を受ける方法
		事業の内容（※1）	書類を確認する方法
		実質的支配者の本人特定事項（※2）	申告を受ける方法

※1　貸金業者に関するこれらの確認事項については，日本貸金業協会からガイドラインが示されている。

※2　2016年10月以降，実質的支配者の定義が大きく変更されている。株式会社である顧客の場合，25％超の議決権を直接または間接に保有している自然人が実質的支配者になるとされる。このため，原則として，法人株主が実質的支配者になることはない。ただし，例外的に，国や独立行政法人，地方公共団体、上場会社等の法人株主は自然人とみなされ，実質的支配者になる場合がある。

（3）　代表者等についての確認

　通常の取引（特定取引）の任に当たっている担当者が顧客と異なる場合には，顧客についての本人特定事項および顧客管理事項に加えて，**その取引の任に当たっている担当者の本人特定事項の確認を行うことが必要**になる。つまり，その自然人に関する本人特定事項の確認方法（本人確認書類を利用する方法）と同様である。

　また，この確認の前提として，その担当者が顧客のために**取引の任に当たっている**と認められる事由の確認（委任状や架電等による確認）も必要となる。

3．本人特定事項の確認方法

　本人特定事項に関する確認は，取引名義人の実在性を確認するとともに，名義人と取引行為者との同一性を確認することにより，マネーローンダリングの防止を図ることを目的としている。そこで，確認方法については，法律上詳細な定めが置かれている。その概要は，以下のとおりである。

（1）　自然人に関する本人特定事項の主な確認方法としては，次のものがある。

　なお，2018年11月30日に公表された，「犯罪による収益の移転防止に関する法律施行規則の一部を改正する命令」により，転送不要郵便を送付する方法の厳格化が行われている。改正されたものは，⑧〜⑩となる。

① ［図表41-3］記載の本人確認書類のうち①の提示（ただし，代表者等からの提示の場合は，①ロに掲げる書類のうち，一を限り発行または発給されたもの以外を除く）を受ける方法

② ［図表41-3］記載のうち①イを除く本人確認書類の提示（①ロに掲げる書類に関しては，一を限り発行または発給されたものを除き，当該書類の代表者等からの提示に限る。以下同じ）を受ける＋当該本人確認書類に記載されている当該顧客等の住居に宛てて，預金通帳その他の当該顧客等との取引に係る文書（以下「取引関係文書」といいます）を「書留郵便等」かつ，「転送不要郵便物等」として送付する方法

③ ［図表41-3］記載の本人確認書類のうち②ハのなかから2種類，または②ハ＋①ロ・③ニ・③ホに掲げる書類，もしくは当該顧客等の現在の住居の記載がある補完書類を受ける方法

④ ［図表41-3］記載の本人確認書類のうち②ハに掲げるものの提示を受け，その本人確認書類以外の本人確認書類，もしくは当該顧客等の現在の住居の記載がある補完書類またはその写しの送付を受ける方法

⑤ 特定事業者が提供するソフトウェアを使用して，撮影した顧客等の容貌の画像情報＋写真付本人確認書類（当該写真付本人確認書類に記載されている氏名，住居および生年月日，当該写真付本人確認書類に貼り付けられた写真ならびに当該写真付本人確認書類の厚みその他の特徴を確認することができるものをいう）の画像情報送信を受ける方法

⑥ 特定事業者が提供するソフトウェアを使用して，当該顧客等の容貌を撮影した本人確認用画像情報の送信＋当該顧客等当該顧客等の写真付本人確認書類（氏名，住居，生年月日および写真の情報が記録されている半導体集積回路が組み込まれているものに限る）に組み込まれた半導体集積回路に記録された当該情報の送信を受ける方法

⑦ 特定事業者が提供するソフトウェアを使用して，本人確認用画像情報（当該ソフトウェアを使用して撮影をさせた図表41-3記載の本人確認書類（図表41-3③を除き，一を限り発行または発給されたものに限る）の画像情報であって，当該本人確認書類に記載されている氏名，住居および生年月日ならびに当該本人確認書類の厚みその他の特徴を確認することができるものをいう）の送信を受けまたは当該ソフトウェアを使用して読み取りをさせた当該顧客等の半導体集積回路が組み込まれた本人確認書類（氏名，住居および生年月日の情報が記録されているものに限る）に記録された当該情報の送信を受ける＋ a．または b．のいずれかの行為を行うこと

　a．他の特定事業者が特定取引を行う際に当該顧客等について氏名，住居および生年月日の確認を行い，当該確認に係る確認記録を保存し，

かつ，当該顧客等またはその代表者等から当該顧客等しか知り得ない事項その他の当該顧客等が当該確認記録に記録されている顧客等と同一であることを示す事項の申告を受けることにより当該顧客等が当該確認記録に記録されている顧客等と同一であることを確認していることを確認すること。

b．当該顧客等の預金または貯金口座（取引時確認が実施され，確認記録を保存しているものに限る）に金銭の振込みを行う＋当該顧客等またはその代表者等から当該振込みを特定するために必要な事項が記載された預貯金通帳の写しまたはこれに準ずるもの（通帳の写真データ）の送付（送信）を受けること

⑧　（ⅰ）［図表41-3］記載の本人確認書類の原本（複数枚発行されるものの原本，たとえば，住民票の写し，印鑑登録証明書等）の送付，または，（ⅱ）本人確認書類のICチップ情報の送信，もしくは（ⅲ）特定事業者が提供するソフトウェアを使用して撮影させた顔写真付の本人確認書類（1枚に限り発行されるもの，たとえば，運転免許証）の画像の送信を受ける＋当該本人確認書類またはその画像に記載されている当該顧客等の住居に宛てて，取引関係文書を書留郵便等により，転送不要郵便物等として送付する方法

⑨　現在の住居の記載がある（ⅰ）［図表41-3］記載のいずれか2つの本人確認書類の写しの送付，または，（ⅱ）［図表41-3］記載の本人確認書類の写しに加えて，現在の住居の記載がある補完書類（公共料金の領収証書については当該顧客等と同居する者のものを含み，当該本人確認書類に当該顧客等の現在の住居の記載がないときは，当該補完書類および他の補完書類（当該顧客等のものに限る）をいう）の原本もしくは写しの送付を受けるとともに，顧客等に転送不要郵便を送付する方法

⑩　本人限定受取郵便またはこれに準ずるもの（特定事業者に代わって住居を確認し，写真付本人確認書類の提示を受け，ならびに犯罪収益移転防止法施行規則20条1項1号，3号（括弧書を除く）および17号に掲げる事項を当該特定事業者に伝達する措置がとられているものに限る）により，当該顧客等に対して，取引関係文書を送付する方法

⑪　当該顧客等から，「電子署名法」に規定する認定を受けた者が発行し，かつ，その認定に係る業務の用に供する電子証明書（当該顧客等の氏名，住居および生年月日の記録のあるものに限る）＋当該電子証明書により確認される電子署名が行われた特定取引等に関する情報の送信を受ける方法

⑫　当該顧客等から，「公的個人認証法」に基づき地方公共団体情報システム機構が発行した署名用電子証明書および当該署名用電子証明書により確認される公的個人認証法に規定する電子署名が行われた特定取引等に

関する情報の送信を受ける方法（特定事業者が署名検証者である場合に限る）

⑬　当該顧客等から，「公的個人認証法」に掲げる内閣総理大臣および総務大臣の認定を受けた者であって，署名検証者である者が発行し，かつ，当該認定を受けた者が行う特定認証業務の用に供する電子証明書（当該顧客等の氏名，住居および生年月日の記録のあるものに限り，当該顧客等に係る利用者の真偽の確認が，電子署名法施行規則に掲げる方法により行われて発行されるものに限る）および当該電子証明書により確認される電子署名が行われた特定取引等に関する情報の送信を受ける方法

[図41-3]	顧客等が自然人である場合の本人確認書類
①	イ．運転免許証，運転経歴証明書，在留カード，特別永住者証明書，個人番号（マイナンバー）カード，旅券等（旅券・乗員手帳・船舶観光上陸許可書，ただし，外国人であって記載欄に氏名・住居および生年月日の記載があるものに限る） ロ．上記のほか，官公庁発行書類等で氏名，住居，生年月日の記載があり，かつ顔写真が貼付されているもの
②	ハ．当該自然人の氏名，住居および生年月日の記載がある各種健康保険証・母子健康手帳，特定取引等を行うための申込みもしくは承諾に係る書類に顧客等が押印した印鑑に係る印鑑登録証明書等
③	ニ．②以外の印鑑登録証明書，戸籍の附票の写し，住民票の写し・住民票記載事項証明書 ホ．上記のほか，官公庁発行書類等で氏名，住居，生年月日の記載があり，顔写真のないもの
※	上記以外に，給与支払口座の開設やマイナンバーの取得を受けている有価証券取引については，リスクが低いものとして，旧法どおり，1つの本人確認書類の写しの送付を受けるとともに，顧客に転送不要郵便を送付する方法も認められている。

（2）　法人に関する本人特定事項の主な確認方法は，法人の商業登記簿の登記事項証明書や，印鑑登録証明書等の提示を受ける方法などがある。

4．すでに取引時確認をしたことのある顧客との取引

　貸金業者がすでに取引時確認を行っており，かつ，当該顧客について確認記録を保存している場合には，通常の取引を行うに際しては，顧客から記録されている者と同一であることを示す書類等の提示または送付を受けるか，顧客しか知り得ない事項等（暗証番号など）の申告を受けることにより，顧客が当該記録と同一であることを確認した場合には，改めて取引時確認を行う必要はない。

　なお，なりすましの疑いのある顧客との取引等（ハイリスク取引）では，上記の取扱いはできず，改めて取引時確認を行う必要がある。

5．確認記録の作成・保存

　貸金業者は，取引時確認を行った場合には，直ちに，本人特定事項等が記録された確認記録を作成し，**当該確認記録をその取引**が終了した日から7年間保存しなければならない。

6．取引記録の作成・保存

　貸金業者は，顧客と取引を行った場合には，直ちに，その取引に関する記録を作成し，**当該取引記録をその取引**が行われた日から7年間保存しなければならない。

42 その他の刑事法

1．暴力団員による不当な行為の防止等に関する法律（暴対法）

　暴対法は，指定暴力団等の暴力団員（指定暴力団員）が，その者の所属する指定暴力団等またはその系列上位指定暴力団等の威力を示して，暴力的要求行為を行うことを禁止している。また，何人も，指定暴力団員に対し，**暴力的要求行為**をすることを要求し，依頼し，または唆（そそのか）してはならない。そして，何人も，指定暴力団員が暴力的要求行為をしている現場に立ち会い，当該暴力的要求行為をすることを助けてはならないことなどを定めている。

〈具体例〉

① 人に対し，その人に関する事実を宣伝しないこと，または，その人に関する公知でない事実を公表しないことの対償として，金品等の供与を要求すること

② 縄張内で営業を営む者に対し，その営業を営むことを容認する対償として，金品等の供与を要求すること

③ 金銭を目的とする消費貸借上の債務であって利息制限法所定の利息の制限額を超える利息の支払を伴い，または，その不履行による賠償額の予定が同法に定める制限額を超えるものについて，債務者に対し，その履行を要求すること

④ 人（一定の者）から依頼を受け，報酬を得るなどして，金品等を目的とする債務について，債務者に対し，粗野・乱暴な言動を交えて，または迷惑を覚えさせるような方法で訪問・架電して，その履行を要求すること

⑤ 人に対し，債務の免除または履行の猶予を，みだりに要求すること

⑥ 金銭貸付業者に対して，その者が拒絶しているにもかかわらず，金銭の貸付けを要求し，または，金銭貸付業者に対して当該金銭貸付業者が貸付けの利率その他の金銭の貸付けの条件として示している事項に反して著しく有利な条件による金銭の貸付けを要求すること

2．刑法

　刑事法の基本法である。刑法では，**犯罪行為**を禁止するとともに，犯罪行為が行われた場合，どのような**刑罰**が科されるのかを定めている。ここでは，①文書偽造の罪，②支払用カード電磁的記録に関する罪，③偽証の罪，④信用・業務に対する罪，⑤詐欺・恐喝の罪，⑥横領の罪などについて，解説する。

（1）　文書偽造の罪

　行使の目的で，**他人の印章・署名を使用して権利・義務・事実証明に関する文書などを偽造し**，または，偽造した他人の印章・署名を使用して権利・義務・事実証明に関する文書など図画を偽造した場合，その者は，3カ月以上5年以下の懲役に処される。また，他人が押印したり，署名した権利・義務・事実証明に関する文書などを**変造した者**も，3カ月以上5年以下の懲役に処される。

　たとえば，借主から受領した契約書を無断で書き換えたりした場合，**私文書偽造**に該当する場合がある。

　また，偽造・変造した私文書等を**行使する**ことも**禁止**されている。この場合，**未遂であっても処罰される**。

（2）　支払用カード電磁的記録に関する罪

　人の財産上の事務処理を誤らせる目的で，その事務処理の用に供する電磁的記録であって**クレジットカードなど代金・料金の支払用のカードを構成するものを不正に作った**場合，その者は，10年以下の懲役または100万円以下の罰金に処される。

　また，不正に作られた上記の電磁的記録を，人の財産上の事務処理を誤らせる目的で，人の財産上の事務処理の用に供した者も，10年以下の懲役または100万円以下の罰金に処される。不正に作られた上記の電磁的記録をその構成部分とするカードを，人の財産上の事務処理を誤らせる目的で，**譲り渡したり**，**貸し渡したりした者**も同様である。

　これらについては，その**未遂についても処罰される**。

（3）　偽証の罪

　法律により宣誓した**証人が虚偽の陳述をしたとき**は，3カ月以上10年以下の懲役に処される。

（4）　信用・業務に対する罪

　虚偽の風説を流布したり偽計を用いて，人の信用を毀損し，またはその業務を妨害することは，禁止されている。人の信用を毀損すること（**信用毀損**），業務を妨害すること（**業務妨害**）の双方が，禁止されている。なお、信用毀損・業務妨害をした者は，3年以下の懲役または50万円以下の罰金に処される。

　このほかに，威力を用いて人の業務を妨害すること（**威力業務妨害**）も，禁止されている。また，人の業務に使用する電子計算機やその用に供する電磁的記録を損壊したり，人の業務に使用する電子計算機に虚偽の情報・不正な指令を与えるなどの方法により，電子計算機に使用目的に沿うべき動作をさせず，または使

用目的に反する動作をさせて，人の業務を妨害すること（**電子計算機損壊等業務妨害**）も禁止されている。
（５）　詐欺・恐喝の罪
　　人を欺いて財物を交付させた者は，10年以下の懲役に処される。また，人を欺いて，財産上不法の利益を得たり，他人にこれを得させた者も同様である。これらを**詐欺罪**という。
　　人を恐喝して財物を交付させた者は，10年以下の懲役に処される。また，人を恐喝して，財産上不法の利益を得たり，他人にこれを得させた者も同様である。これらを**恐喝罪**という。
　　詐欺罪と恐喝罪については，その**未遂も処罰される**。
（６）　横領の罪
　　自己の占有する他人の物を横領した者は，５年以下の懲役に処される。これを**横領罪**という。
　　また，**業務上自己の占有する他人の物を横領した**者は，10年以下の懲役に処される。これを**業務上横領罪**という。
（７）　共犯
　　２人以上の者が共同して犯罪を実行した場合，いずれの者も正犯として処罰される（**共同正犯**）。
　　また，**人を唆して犯罪を実行させた者**も正犯として処罰される。犯罪の実行者（**正犯**）を**手助けした者**なども従犯として処罰される。軽い気持ちであったとしても，犯罪を唆したり手助けをする行為は処罰の対象となると考えられる。

３．不正アクセス行為の禁止等に関する法律
（１）　不正アクセス行為の禁止
　　不正アクセス行為の禁止等に関する法律（以下「不正アクセス禁止法」という）では，「何人も，**不正アクセス行為**をしてはならない」と定め，次の行為を不正アクセス行為として禁止している。
　　不正アクセス行為は次のとおりである。

①　アクセス制御機能を有する特定電子計算機（電気通信回線に接続している電子計算機）に，電気通信回線を通じて，他人の識別符号（パスワードなど）を入力して，その特定電子計算機を作動させ，そのアクセス制御機能により制限されている特定利用をし得る状態にさせる行為（アクセス管理者がするものや，利用権者の承諾を得てするものなどを除く）

②　アクセス制御機能を有する特定電子計算機に，電気通信回線を通じて，そのアクセス制御機能による特定利用の制限を免れることができる情報

> ・指令を入力して，当該特定電子計算機を作動させ，その制限されている特定利用をし得る状態にさせる行為
> ③　電気通信回線を介して接続された他の特定電子計算機が有するアクセス制御機能によりその特定利用を制限されている特定電子計算機に，電気通信回線を通じてその制限を免れることができる情報・指令を入力して，その特定電子計算機を作動させ，その制限されている特定利用をし得る状態にさせる行為（アクセス管理者がするものなどを除く）

　アクセス制御機能とは，コンピュータの利用を正規の利用権者以外の者ができないように制限するために，アクセス管理者がそのコンピュータに持たせている機能をいう。
（2）　不正アクセス行為を助長する行為の禁止
　不正アクセス禁止法は，業務その他正当な理由による場合を除いて，他人のID・パスワードを第三者に提供するなどの**不正アクセス行為を助長する行為も禁じている**。

1．個人情報の定義等

（1） 個人情報

「個人情報」とは，**生存する個人に関する情報**であって，**①その情報に含まれる氏名，生年月日，その他の記述等により特定の個人を識別することができるもの，または②個人識別符号が含まれるもの**をいう。

特定の個人を識別することができるものには，その情報だけで特定の個人を識別できるものだけではなく，**他の情報と容易に照合することができ，それにより特定の個人を識別することができるものも含まれる。**

なお，②にいう「個人識別符号」には，（a）特定の個人の身体の一部の特徴を電子計算機の用に供するために変換した文字，番号，記号その他の符号であって，当該特定の個人を識別することができるもの，（b）個人に提供される役務の利用もしくは個人に販売される商品の購入に関し割り当てられ，または個人に発行されるカードその他の書類に記載され，もしくは電磁的方式により記録された文字，番号，記号その他の符号であって，その利用者もしくは購入者または発行を受ける者ごとに異なるものとなるように割り当てられ，または記載され，もしくは記録されることにより，特定の利用者もしくは購入者または発行を受ける者を識別することができるものが該当する。

（2） 個人情報データベース等

「個人情報データベース等」とは，**個人情報を含む情報の集合物であって，①特定の個人情報を電子計算機を用いて検索することができるように体系的に構成したもの，②特定の個人情報を容易に検索することができるように体系的に構成したものとして政令で定めるもの**を指す。なお，②の「政令で定めるもの」とは，「同項（注：法16条1項）に規定する情報の集合物に含まれる個人情報を一定の規則に従って整理することにより特定の個人情報を容易に検索することができるように体系的に構成したものであって，目次，索引その他検索を容易にするためのものを有するもの」と定められている。

（3） 個人データ

個人情報データベース等を構成する個人情報を，個人情報保護法上の「個人データ」という。

（4）　保有個人データ

　「保有個人データ」とは，「**個人情報取扱事業者が，開示，内容の訂正，追加又は削除，利用の停止，消去及び第三者への提供の停止を行うことのできる権限を有する個人データ**」をいう。なお，その存否が明らかになることにより公益その他の利益が害されるもの以外のものでなければならない。

（5）　個人情報取扱事業者

　「個人情報取扱事業者」とは，**個人情報データベース等を事業の用に供している者**である。

　ただし，①国の機関，②地方公共団体，③独立行政法人等，④地方独立行政法人は，個人情報保護法や，他の法律などに別途の規定があるため，「個人情報取扱事業者」には含まれない。

（6）　匿名加工情報

　「匿名加工情報」とは，法令で定められる一定の措置を講じて特定の個人を識別することができないように**個人情報を加工して得られる個人に関する情報**であって，**当該個人情報を復元することができないようにしたもの**をいう。

（7）　匿名加工情報取扱事業者

　「匿名加工情報取扱事業者」とは，匿名加工情報を含む情報の集合物であって，特定の匿名加工情報を電子計算機を用いて検索できるように体系的に構成したもの等（匿名加工情報データベース等）を事業の用に供している者である。

　ただし，①国の機関，②地方公共団体，③独立行政法人等，④地方独立行政法人は，個人情報保護法や，他の法律などに別途の規定があるため，「個人情報取扱事業者」には含まれない。

（8）　仮名加工情報

　「仮名加工情報」とは，個人情報について，個人識別符号を含むか否かの区分に応じて定められた措置を講じて他の情報と照合しない限り特定の個人を識別することができないように加工して得られる個人に関する情報をいう。

　具体的には，情報を取り扱う事業者ごとの個別判断が必要ですが，自社の顧客情報について，氏名，住所，顧客番号などを削除した情報などがこれに該当することがある。

（9）　仮名加工情報取扱事業者

　前述の「仮名加工情報」を含む情報の集合物であって，特定の仮名加工情報を電子計算機を用いて検索できるように体系的に構成したもの等（仮名加工情報データベース等）を事業の用に供している者を「仮名加工情報取扱事業者」といい個人情報保護法に基づき，仮名加工情報に係るさまざまな義務を負う。

（10）　個人関連情報

　「個人関連情報」とは，生存する個人に関する情報であって，個人情報，仮名加工情報および匿名加工情報のいずれにも該当しないものをいう。

（11）　個人関連情報取扱事業者

前述の「個人関連情報」を含む情報の集合物であって，特定の個人関連情報を電子計算機を用いて検索できるように体系的に構成したもの等（個人関連情報データベース等）を事業の用に供している者を「個人関連情報取扱事業者」といい，個人情報保護法に基づき，個人関連情報に係るさまざまな義務を負う。

(12)　要配慮個人情報

「要配慮個人情報」とは，不当な差別や偏見その他の不利益が生じないようにその取扱いに特に配慮を要する一定の記述等が含まれる個人情報をいう。

(13)　統計情報

「統計情報」とは，複数人の情報から共通要素に係る項目を抽出して同じ分類ごとに集計して得られるデータであり，集団の傾向または性質などを数量的に把握するものをいう。

このような統計情報は，特定の個人との対応関係が排斥されている限りにおいては，個人情報保護法における「個人に関する情報」に該当するものではないため，個人情報保護法に基づく規制の対象外となる。

２．利用目的の特定とその変更

個人情報取扱事業者は，個人情報を取り扱うにあたり，**利用目的をできる限り特定しなければならない**。「自社の所要の目的で用いる」等の抽象的な表現では特定したとはいえない。

金融分野における個人情報取扱事業者が与信事業に際して個人情報を取得する場合，利用目的に関し，本人の同意を得るとともに，契約書等における利用目的の文言は他の契約条項等と明確に分離し記載する必要がある。

また，利用目的を変更する場合，変更前の利用目的と関連性を有すると合理的に認められる範囲を超えてはならない。

３．利用目的による制限

あらかじめ本人の同意を得ないで，特定された利用目的の達成に必要な範囲を超えて，個人情報を取り扱ってはならない。ただし，①法令に基づくとき，②人の生命，身体，財産の保護のために必要がある場合であって，本人の同意を得ることが困難であるとき等は例外とされている。

なお，貸金業者等の金融分野における規制として，**本人の同意の取得は，原則として書面**（電子的方式等の方式で作られる記録を含む）により行う。

４．取得についての利用目的の通知

（１）　通知・公表

個人情報を取得した場合，あらかじめその利用目的を公表している場合を除いて，速やかに，その利用目的を（金融分野では原則書面にて）**本人に通知し，または公表**しなければならない。

（2）　利用目的の明示・変更

　本人から直接書面に記載されたその本人の個人情報を取得する場合，原則としてあらかじめ**本人に利用目的を明示**する必要があり，与信事業においては，本人の同意を得る必要がある。

　利用目的を変更した場合，**本人に通知しまたは公表**しなければならない。

（3）　例外

　利用目的を本人に通知・公表することで，①本人・第三者の生命，身体，財産その他の権利利益を害するおそれがある，②個人情報取扱事業者の権利・正当な利益を害するおそれがある等の場合には，利用目的の通知，公表義務を負うことはない。

5．適正な取得および要配慮個人情報の取得制限

（1）　不適正な利用の禁止

　個人情報取扱事業者は，違法または不当な行為を助長し，または誘発するおそれがある方法により個人情報を利用してはならない。

　具体的には，たとえば，次のような事例が該当する。

---

①　違法な行為を営むことが疑われる事業者（例：貸金業登録を行っていない貸金業者等）からの突然の接触による本人の平穏な生活を送る権利の侵害等，当該事業者の違法な行為を助長するおそれが想定されるにもかかわらず，当該事業者に当該本人の個人情報を提供する場合

②　裁判所による公告等により散在的に公開されている個人情報（例：官報に掲載される破産者情報）を，当該個人情報に係る本人に対する違法な差別が，不特定多数の者によって誘発されるおそれがあることが予見できるにもかかわらず，それを集約してデータベース化し，インターネット上で公開する場合

③　暴力団員により行われる暴力的要求行為等の不当な行為や総会屋による不当な要求を助長し，または誘発するおそれが予見できるにもかかわらず，事業者間で共有している暴力団員等に該当する人物を本人とする個人情報や，不当要求による被害を防止するために必要な業務を行う各事業者の責任者の名簿等を，みだりに開示し，または暴力団等に対しその存在を明らかにする場合

（2）　適正な取得

　個人情報取扱事業者は，偽りその他不正の手段により個人情報を取得してはならない。

（3）　要配慮個人情報の取得制限

　個人情報取扱事業者は，一定の例外を除くほか，あらかじめ本人の同意を得な

いで要配慮個人情報を取得してはならないとされている。この点，要配慮個人情報は，次のように定められている。

① 本人の人種
② 信条
③ 社会的身分
④ 病歴
⑤ 犯罪の経歴
⑥ 犯罪により害を被った事実
⑦ 身体障害，知的障害，精神障害（発達障害を含む）などの心身の機能の障害があること
⑧ 医師等による健康診断等の結果
⑨ 医師等による指導，診療，調剤が行われたこと
⑩ 刑事事件に関する手続が行われたこと
⑪ 少年の保護事件に関する手続が行われたこと

ただし，次の場合は，例外的に取得，利用，第三者提供ができるとされる。

① 法令に基づく場合
② 人の生命，身体または財産の保護のために必要がある場合であって，本人の同意を得ることが困難であるとき。
③ 公衆衛生の向上または児童の健全な育成の推進のために特に必要がある場合であって，本人の同意を得ることが困難であるとき。
④ 国の機関もしくは地方公共団体またはその委託を受けた者が法令の定める事務を遂行することに対して協力する必要がある場合であって，本人の同意を得ることにより当該事務の遂行に支障を及ぼすおそれがあるとき。
⑤ 当該個人情報取扱事業者が学術研究機関等である場合であって，当該要配慮個人情報を学術研究目的で取り扱う必要があるとき（当該要配慮個人情報を取り扱う目的の一部が学術研究目的である場合を含み，個人の権利利益を不当に侵害するおそれがある場合を除く）。
⑥ 学術研究機関等から当該要配慮個人情報を取得する場合であって，当該要配慮個人情報を学術研究目的で取得する必要があるとき（当該要配慮個人情報を取得する目的の一部が学術研究目的である場合を含み，個人の権利利益を不当に侵害するおそれがある場合を除く）（当該個人情報取扱事業者と当該学術研究機関等が共同して学術研究を行う場合に限る）。

⑦　当該要配慮個人情報が，本人，国の機関，地方公共団体，学術研究機関等，個人情報保護法57条1項各号に掲げる者その他個人情報保護委員会規則で定める者により公開されている場合

⑧　その他①～⑦に掲げる場合に準ずるものとして政令で定める次の場合

（a）　本人を目視し，または撮影することにより，その外形上明らかな要配慮個人情報を取得する場合

（b）　個人情報保護法23条5項各号に掲げる場合（委託等）において，個人データである要配慮個人情報の提供を受けるとき。

（4）　センシティブ情報の取得等禁止

　金融分野における個人情報取扱事業者に対しては，機微（センシティブ）情報，すなわち，要配慮個人情報ならびに，労働組合への加盟，門地，本籍地，保健医療および性生活（これらのうち要配慮個人情報に該当するものを除く）に関する情報（本人，国の機関その他所定の者により公開されているもの，または本人を目視し，もしくは撮影することにより取得するその外形上明らかなものを除く）については，一定の場合を除き，取得，利用または第三者提供を行わないこととされている。

　なお，機微（センシティブ）情報の中には，「要配慮個人情報」が含まれることとされている（図43-2）。

［図43-2］

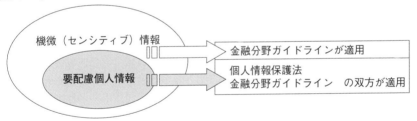

6. 本人の同意のない第三者提供の禁止

　あらかじめ本人の同意を得ないで，個人データを第三者に提供してはならない。ただし，①法令に基づくとき，②人の生命，身体，財産の保護のために必要なときであって，本人の同意を得ることが困難であるとき等は，例外とされている。なお，金融分野における個人情報取扱事業者は，この同意を得る際は，原則として書面によることとされている。

　金融分野における個人情報取扱事業者が，個人信用情報機関に対して個人データを提供する場合，個人信用情報機関を通じて当該機関の会員企業にも情報が提供されることになるため，個人データを提供する個人情報取扱事業者は，本人の同意を得る必要がある。

なお，金融分野における個人情報取扱事業者は，個人信用情報機関から得た資金需要者の返済能力に関する情報を，目的以外に使用することのないように慎重に取り扱う必要がある。

7．第三者提供に該当しない場合

　次の場合は，個人データの受領者は第三者にあたらず，これらの受領者に対する個人データの提供は，本人の同意を必要としない。

> ・利用目的の達成に必要な範囲内において個人データの取扱いを委託する場合
> ・合併その他の事由による事業の承継に伴って個人データが提供される場合
> ・特定の者との間で共同して利用される個人データが当該特定の者に提供される場合であって，その旨ならびに共同して利用される個人データの項目，共同して利用する者の範囲，利用する者の利用目的ならびに当該個人データの管理について責任を有する者の氏名または名称および住所ならびに法人にあっては，その代表者の氏名について，あらかじめ，本人に通知し，または本人が容易に知り得る状態に置いているとき

　なお，個人情報取扱事業者は，第三者に提供される個人データ（要配慮個人情報を除く）について，本人の求めに応じて当該本人が識別される個人データの第三者への提供を停止することとしている場合であって，①第三者への提供を利用目的とすること，②第三者に提供される個人データの項目，③第三者への提供の方法，④本人の求めに応じて当該本人が識別される個人データの第三者への提供を停止すること，⑤本人の求めを受け付ける方法の5項目を，個人情報保護委員会規則で定めるところにより，あらかじめ，本人に通知し，または本人が容易に知り得る状態に置くとともに，個人情報保護委員会に届け出たときは，事前に本人の同意がなくとも，当該個人データを第三者に提供することができる。

8　第三者提供に係る記録の作成と保存

　個人情報取扱事業者は，**個人データを第三者に**提供したときは，原則として提供した事実等の記録の作成義務とその**記録の保存義務**が課せられる。
　なお，「法令に基づく場合」等の同意不要の第三者提供の場合，および委託等に該当する第三者提供に当たらない場合は，記録作成業務はない。

9　第三者提供を受ける際の確認に係る記録の作成と保存

　個人情報取扱事業者は，**第三者から個人データの提供を受けた**ときは，当該第三者による個人データの取得，経緯を確認するとともに，原則として受領した事実等の記録の作成義務とその**記録の保存義務**が課せられる。

　なお，「法令に基づく場合」等の同意不要の第三者提供の場合，および委託等に該当する第三者提供に当たらない場合は，記録作成業務はない。

10.　共同利用

　一定の事項を本人に通知しまたは本人が容易に知り得る状態に置いている場合，本人の同意を得ずに，複数の事業者の間で個人データを共同利用することができる。一定の事項とは，①共同利用する旨，②共同して利用される個人データの項目，③共同して利用する者の範囲，④利用する者の利用目的，⑤当該個人データの管理について責任を有する者の氏名・名称及び住所等（法人にあっては，これらに加えてその代表者の氏名）のことをいう。

44 個人情報の保護に関する法律②
－安全管理，通知・開示・訂正等－

✓チェック ☐ ☐ ☐

1．情報の正確性・安全管理

　個人情報取扱事業者は，利用目的の達成に必要な範囲で，個人データを正確かつ最新の内容に保つよう努めなければならず，その取り扱う**個人データの漏えい，滅失，き損の防止等，個人データの安全管理のために必要かつ適切な措置を講じなければならない**。金融分野においては，①組織的安全管理措置，②人的安全管理措置，③物理的安全管理措置，④技術的安全管理措置，⑤外的環境の把握を講じる必要がある。

［図44-1］

組織的安全管理措置	個人データの安全管理措置について従業者の責任と権限を明確に定め，安全管理に関する規程等の整備・運用・実施状況の点検・監督を行う体制整備および実施措置をいう。また，金融分野における個人情報取扱事業者については，取得・入力，利用・加工，保管・保存，消去・廃棄等の各段階における個人データの取扱規程の整備が必要
人的安全管理措置	従業者との個人データの非開示契約等の締結および従業者への教育・訓練等の実施，個人データの安全管理が図られるような従業者の監督
物理的安全管理措置	個人データを取り扱う区域の管理，機器および電子媒体等の盗難の防止，電子媒体等をもち運ぶ場合の漏えい等の防止ならびに機器および電子媒体等の廃棄等の個人データの安全管理に関する物理的な措置
技術的安全管理措置	個人データ・取扱情報システムへのアクセス制御および情報システムの監視等の個人データの安全管理に関する技術的な措置
外的環境の把握	外国において個人データを取り扱う場合に，当該外国の個人情報の保護に関する制度等を把握することをいう。金融分野における個人情報取扱事業者は，外的環境を把握したうえで，個人データの安全管理のために必要かつ適切な措置

　さらに，個人データの安全管理に係る実施体制の整備として，図44-2の措置を講じなければならない。

［図44-2］

組織的安全管理措置	・個人データの管理責任者等の設置 ・就業規則等における安全管理措置の整備 ・個人データの安全管理に係る取扱規程に従った運用 ・個人データ取扱状況の確認手段の整備，点検・監査体制の整備と実施 ・漏えい等事案に対応する体制の整備

人的安全管理措置	・従業者との個人データの非開示契約等の締結 ・従業者の役割・責任等の明確化 ・従業者への安全管理措置の周知徹底，教育および訓練 ・従業者による個人データ管理手続の遵守状況の確認
物理的安全管理措置	・個人データの取扱区域等の管理 ・機器及び電子媒体等の盗難等の防止 ・電子媒体等を持ち運ぶ場合の漏えい等の防止 ・個人データの削除及び機器，電子媒体等の廃棄
技術的安全管理措置	・個人データの利用者の識別および認証 ・個人データの管理区分の設定およびアクセス制御 ・個人データへのアクセス権限の管理，アクセスの記録および分析 ・個人データの漏えい・き損等防止策 ・個人データ取扱情報システムの稼働状況の記録・分析，監視・監査

2．従業員の監督，委託先の監督

　従業者（正社員，契約社員，嘱託社員，パート，アルバイト，役員を含む）に個人データを取り扱わせる場合，個人データの安全管理が図られるよう，従業者に対する必要かつ適切な監督を行う義務を負うことになる。

　個人データの取扱いを外部委託する場合，個人データの安全管理が図られるよう，委託を受けた者に対する必要かつ適切な監督を行わなければならない。金融分野における個人情報取扱事業者は，個人データを適正に取り扱っていると認められる者を選定し委託するとともに，取扱いを委託した個人データの安全管理措置が図られるよう，個人データの安全管理のための措置を委託先においても把握することが必要である。

3．保有個人データの利用目的の通知・開示・訂正等

　保有個人データ（個人データのうち，個人情報取扱事業者が開示，内容の訂正，追加，削除，利用の停止，消去，第三者への提供の停止を行うことのできる権限を有するもの）については，利用目的，保有個人データの開示の求め（請求）に応じる手続等を本人の知り得る状態に置き，**本人から利用目的の通知を求められたときは，本人に対し遅滞なく通知**しなければならない。

　本人からその本人が識別される保有個人データの開示（請求）を求められたときは，原則として書面にて，本人に対し遅滞なく開示しなければならないが，次のいずれかの場合は開示不要とすることができる。

> ・本人・第三者の生命，身体，財産等の権利利益を害するおそれがある場合
> ・その個人情報取扱事業者の業務の適正な実施に著しい支障を及ぼすおそれがある場合
> ・他の法令に違反することとなる場合

なお，上記の開示に係る請求を裁判手続で行うことが可能となる。ただし，あらかじめ相手方に裁判外で開示請求を行い，2週間経過するか，相手方がこれを拒否することが必要である。

本人から保有個人データの訂正，追加，または削除を求められたときは必要な調査を行い，その結果に基づき内容の訂正等を行わなければならない。**訂正等を行う・行わないことの決定は，遅滞なく本人に通知**する必要がある。

以上に加えて，上記の訂正等および利用停止に係る請求を裁判手続で行うことが可能となる。ただし，開示請求の場合と同様に，あらかじめ相手方に裁判外で開示請求を行い，2週間経過するか，相手方がこれを拒否することが必要である。

4．漏えい等への対応

（1）　報告義務

個人情報取扱事業者は，①要配慮個人情報が含まれる個人データの漏えい等が発生し，または発生したおそれがある事態，②不正に利用されることにより財産的被害が生じるおそれがある当該個人情報取扱事業者に対する行為による個人データの漏えい等が発生し，または発生したおそれがある事態，③不正の目的をもって行われたおそれがある個人データの漏えい等が発生し，または発生したおそれがある事態（個人データは，個人情報取扱事業者が取得し，または取得しようとしている個人情報であって，当該個人情報取扱事業者が個人データとして取り扱うことを予定しているものを含む），④個人データに係る本人の数が1,000人を超える漏えい等が発生し，または発生したおそれがある事態（報告対象事態）が生じたときは，原則として，当該事態が生じた旨を個人情報保護委員会に報告しなければならない。

なお，個人情報保護委員会が報告を受理する権限を事業所管大臣に委任している場合には，当該事業所管大臣に報告することとされている。そのため，金融分野における個人情報取扱事業者は，金融庁長官等に対し上記報告を行うこととなる。

（2）　本人への通知

個人情報取扱事業者は，報告対象事態が生じた場合には，原則として，本人に対し，当該事態を知った後，当該事態の状況に応じて速やかに，当該本人の権利利益を保護するために必要な範囲において，所定事項を通知しなければならない。

45 消費者契約法

✓チェック ☐ ☐ ☐

1．消費者・事業者・消費者契約の意義

「消費者」とは，事業としてまたは事業のために契約の当事者となる場合における個人を除く個人を広く指す。したがって，個人で商店を営むような個人事業主であっても，その商店の営業に関係なく契約を締結するときには，「消費者」として取り扱われることになる。「事業者」とは，法人その他の団体および事業としてまたは事業のために契約の当事者となる場合における個人をいい，ここでいう「事業」とは，営利を目的としたものに限らず，一定の目的をもってなされる同種の行為の反復継続的行為の遂行であればこれに該当する。

この消費者と事業者との間で締結される契約を，「消費者契約」という。

2．適格消費者団体

適格消費者団体とは，消費者全体の利益擁護のために「差止請求関係業務」を適切に行使することができる適格性を備えた消費者団体として，内閣総理大臣の認定を受けたものをいう。

「差止請求関係業務」とは，①不特定かつ多数の消費者の利益のために差止請求権を行使する業務，②上記①の業務の遂行に必要な消費者の被害に関する情報の収集に係る業務，③同じく，消費者の被害の防止および救済に資する差止請求権の行使の結果に関する情報の提供に係る業務のことをいう。

適格消費者団体は，事業者等が，①不特定かつ多数の消費者に対して，②一定の不当な行為（消費者契約法に規定される不当な勧誘行為および不当な契約条項の使用）を，③現に行いまたは行うおそれがあるときに，特別の差止請求権を行使することが可能である。

適格消費者団体のうち，一定の基準を満たすものが内閣総理大臣から「特定適格消費者団体」として認定を受けることで，事業者の債務不履行，不当利得，不法行為などに対し，履行の請求や損害賠償請求について，被害を受けた消費者に代わり，訴訟および裁判手続（消費者被害回復訴訟）を行うことができる。

3．契約の取消し

事業者が不当な勧誘行為を行った結果，消費者が誤認や困惑をして消費者契約の申込みや承諾の意思表示を行った場合，当該消費者はその意思表示を取り消す

ことができる。

① **誤認**による取消し
（a） 事業者が消費者に対して，**重要事項**について事実と異なることを告げ（**不実告知**），消費者が告げられた内容を事実であると誤認した場合

（※） 不実告知の場合における「**重要事項**」の範囲について
　不実告知の場面における「重要事項」は，それ以外の場面における「重要事項」に比べて拡大されている。すなわち，重要事項の範囲として，物品，権利，役務その他の当該消費者契約の目的となるものの内容または取引条件であって，消費者の当該消費者契約を締結するか否かについての判断に通常影響を及ぼすべきものに加えて，「消費者契約の目的となるものが当該消費者の生命，身体，財産その他の重要な利益についての損害又は危険を回避するために通常必要であると判断される事情」が追加され，その範囲が拡大されている

（b） 消費者が受け取るべき金額など，**将来における変動が不確実な事項**について**断定的な判断を提供**し，消費者がその内容を確実と誤認した場合

（c） 事業者が消費者に対して消費者の利益となる旨を告げ消費者に不利益となる事実を故意または重大な過失によって告げず（**不利益事実の不告知**），消費者がその事実を存在しないものと誤認した場合

② **困惑**による取消し
（a） 事業者が消費者の住居またはその業務を行っている場所で勧誘を行っている場合に，消費者からその住居等からの退去を求められたにもかかわらず退去しなかった場合

（b） 消費者が勧誘されている場所から退去する意思を示したにもかかわらず，事業者が退去させない場合

（c） 勧誘をすることを告げずに，退去することが困難な場所に同行し，その場所において消費者契約の締結について勧誘をすること

（d） 消費者が勧誘されている場所から契約締結の相談を行うために電話等により連絡する旨の意思を示したにもかかわらず，事業者が威迫する言動を交えて，消費者が連絡することを妨げること

（e） 消費者が，社会生活上の経験が乏しいことから，次に掲げる事項に対する願望の実現に過大な不安を抱いていることを知りながら，その不安をあおり，裏付けとなる合理的な根拠がある場合その他の正当な理由がある場合でないのに，消費者契約の目的となるものが当該願望を実現するために必要である旨を告げること

（イ） 進学，就職，結婚，生計その他の社会生活上の重要な事項

（ロ）　容姿，体型その他の身体の特徴または状況に関する重要な事項

（ｆ）　消費者が，社会生活上の経験が乏しいことから，消費者契約の締結について勧誘を行う者に対して恋愛感情その他の好意の感情を抱き，かつ，当該勧誘を行う者も消費者に対して同様の感情を抱いているものと誤信していることを知りながら，これに乗じ，消費者契約を締結しなければ当該勧誘を行う者との関係が破綻することになる旨を告げること

（ｇ）　消費者が，加齢または心身の故障によりその判断力が著しく低下していることから，生計，健康その他の事項に関しその現在の生活の維持に過大な不安を抱いていることを知りながら，その不安をあおり，裏付けとなる合理的な根拠がある場合その他の正当な理由がある場合でないのに，消費者契約を締結しなければその現在の生活の維持が困難となる旨を告げること

（ｈ）　消費者に対し，霊感その他の合理的に実証することが困難な特別な能力による知見として，当該消費者またはその親族の生命，身体，財産その他の重要な事項について，そのままでは現在生じ，もしくは将来生じ得る重大な不利益を回避することができないとの不安をあおり，またはそのような不安を抱いていることに乗じて，その重大な不利益を回避するためには，当該消費者契約を締結することが必要不可欠である旨を告げること

（ｉ）　消費者が当該消費者契約の申込みまたはその承諾の意思表示をする前に，消費者契約を締結したならば負うこととなる義務の内容の全部もしくは一部を実施し，または消費者契約の目的物の現状を変更し，その実施または変更前の原状の回復を著しく困難にすること

（ｊ）　前号に掲げるもののほか，消費者が契約の申込みまたはその承諾の意思表示をする前に，事業者が調査，情報の提供，物品の調達その他の当該消費者契約の締結を目指した事業活動を実施した場合において，当該事業活動が当該消費者からの特別の求めに応じたものであったことその他の取引上の社会通念に照らして正当な理由がある場合でないのに，当該事業活動が当該消費者のために特に実施したものである旨および当該事業活動の実施により生じた損失の補償を請求する旨を告げること

③　過量な内容の契約の取消し

上記の類型（①誤認による取消し，②困惑による取消し）に加え，過量な内容の消費者契約を取り消すことが可能になる。具体的には，（ａ）事業者が消費者契約の締結を勧誘するに際し，消費者契約の内容となるものの**分量，回数または期間（以下「分量等」）が当該消費者にとって通常の分量等を著しく超えるものであることを（当該事業者が）知っていた場合**

において，その勧誘により消費者契約の申込みや承諾がなされたとき，
（b）事業者が消費者契約の締結を勧誘するに際し，消費者が同種契約
（当該消費者契約の目的となるものと同種のものを目的とする消費者契約
をいう）を締結し，当該同種契約の分量等と当該消費者契約の分量等とを
**合算した分量等が当該消費者にとって通常の分量等を著しく超えるもので
あることを（当該事業者が）知っていた場合**において，その勧誘により消
費者契約の申込みや承諾がなされたときにも消費者が取消しを行うことが
できる。

この取消権は，追認（取消権を放棄する旨の意思表示）をすることができる
時，つまり，**消費者が①誤認に気づき，②困惑を脱し，もしくは③合理的な判断
ができない事情が消滅する**とともに，**自身が取消権を有することを知った時**など
から**1年間**（②（h）に係る取消権については，**3年間**）取消しを行わないと
き，または当該消費者契約の締結の時から**5年**（②（h）に係る取消権について
は，**10年間**）を経過したときは，**時効によって消滅**する。

4．消費者に一方的に不利な契約条項の無効

消費者契約法は，次のような**消費者に不利益となる一定の条項について無効**と
定めている。

① 事業者の**債務不履行**により消費者に生じた損害を賠償する**責任の全部
を免除**し，または**当該事業者にその責任の有無を決定する権限を付与す
る条項**

② 事業者の債務不履行（当該事業者，その代表者またはその使用する者の
故意または重大な過失によるものに限る）により消費者に生じた損害を賠
償する**責任の一部を免除**し，または**当該事業者にその責任の限度を決定す
る権限を付与する条項**

③ 消費者契約における事業者の債務の履行に際してされた当該事業者の不
法行為により消費者に生じた損害を賠償する**責任の全部を免除**し，または
当該事業者にその責任の有無を決定する権限を付与する条項

④ 消費者契約における事業者の債務の履行に際してされた当該事業者の**不
法行為**（当該事業者，その代表者またはその使用する者の**故意または重大
な過失によるものに限る**）により消費者に生じた損害を賠償する**責任の一
部を免除**し，または**当該事業者にその責任の限度を決定する権限を付与す
る条項**

⑤ ①または②のうち，消費者契約が有償契約である場合において，引き渡
された目的物が種類または品質に関して**契約の内容に適合しないとき**（当
該消費者契約が請負契約である場合には，請負人が種類または品質に関し

て契約の内容に適合しない仕事の目的物を注文者に引き渡したとき（その引渡しを要しない場合には，仕事が終了した時に仕事の目的物が種類または品質に関して契約の内容に適合しないとき）。以下この項（⑤）において同じ）に，これにより消費者に生じた損害を賠償する**事業者の責任を免除し，または当該事業者にその責任の有無もしくは限度を決定する権限を付与するもの**については，次に掲げる場合に該当するときは，法8条1項の規定は，適用しない

（a）　当該消費者契約において，引き渡された目的物が種類または品質に関して契約の内容に適合しないときに，**当該事業者が履行の追完をする責任または不適合の程度に応じた代金もしくは報酬の減額をする責任を負うこととされている場合**

（b）　当該消費者と当該事業者の委託を受けた他の事業者との間の契約または当該事業者と他の事業者との間の当該消費者のためにする契約で，当該消費者契約の締結に先立ってまたはこれと同時に締結されたものにおいて，引き渡された目的物が種類または品質に関して契約の内容に適合しないときに，当該他の事業者が，その目的物が種類または品質に関して契約の内容に適合しないことにより**当該消費者に生じた損害を賠償する責任の全部もしくは一部を負い，または履行の追完をする責任を負う**こととされている場合

⑥　事業者の債務不履行（当該事業者，その代表者またはその使用する者の故意または重大な過失によるものを除く），または消費者契約における事業者の債務の履行に際してされた当該事業者の不法行為（当該事業者，その代表者またはその使用する者の故意または重大な過失によるものを除く）により消費者に生じた損害を賠償する責任の一部を免除する消費者契約の条項であって，当該条項において事業者，その代表者またはその使用する者の重大な過失を除く過失による行為にのみ適用されることを明らかにしていないもの（いわゆる「サルベージ条項」）

⑦　事業者の債務不履行により生じた**消費者の解除権を放棄**させ，または**当該事業者にその解除権の有無を決定する権限を付与する**条項

⑧　**事業者**に対し，消費者が**後見開始，保佐開始**または**補助開始の審判**を受けたことのみを理由とする**解除権を付与する消費者契約**（消費者が事業者に対し物品，権利，役務その他の消費者契約の目的となるものを提供することとされているものを除く）の条項

なお，消費者が消費者契約を解除した場合の損害賠償額を予定した条項や違約金を定めた条項は，これらを合算した額が，同様の消費者契約を解除した場合に事業者に生じる平均的な損害額を超える場合には，その超えた部分については無効となる。

また，事業者が損害賠償または違約金の支払を請求する場合において，消費者から説明を求められたときは，損害賠償の額の予定または違約金の算定根拠の概要を説明する努力をすることが求められている。

5．不適切な勧誘や不当条項の差止め

適格消費者団体として内閣総理大臣から認定を受けた団体は，事業者に対して差止請求を行うことができる。

差止めの対象となるのは，事業者が，不特定かつ多数の消費者に対して，消費者契約法上取消しの対象となる不当な勧誘行為を現に行っている場合，または行うおそれがあるときとされており，事業者に対してその行為の停止または予防等を請求することができると定められている。

なお，事業者は，解約料に関して適格消費者団体に対し算定根拠を説明する努力義務や，適格消費者団体の要請に応じて，契約条項・差止請求を受けて講じた措置の開示する努力義務が課せられている。

6．貸金業法の優先適用

消費者契約に関しては，民法および商法以外の他の法律の規定があるときには，その規定が優先的に適用される。貸金業に係る消費者契約に関しては，消費者契約法の適用があるものの，貸金業法の適用がある部分に関しては，**貸金業法が消費者契約法に優先して適用**される。

46 不当景品類及び不当表示防止法

✓チェック ☐☐☐

1．景品類とは

「**景品類**」とは，顧客を誘引するための手段として，その方法が直接的であるか間接的であるかを問わず，くじの方法によるかを問わず，事業者が自己の供給する商品・役務の取引に付随して相手方に提供する物品・金銭その他の経済上の利益であって，内閣総理大臣が指定するものをいう。

> ＜具体例＞物品や土地・建物，商品券や有価証券，旅行等への招待（優待含む），労務等の役務

ただし，①正常な商慣習に照らして値引またはアフターサービスと認められる経済上の利益，②正常な商慣習に照らして当該取引に係る商品または役務に附属すると認められる経済上の利益は，これに含まれない。

> ＜具体例＞値引，キャッシュバック，「何個買うともう1つサービス」等

2．取引価額

景品表示の基礎となる「**取引価額**」は，以下のように理解されている。

> ① **キャッシング利用時**
> 　貸出の場合の取引価額は，原則として「支払われた利息金額」となる。当初の約条どおり返済される場合（金利変更や繰上返済はないものと仮定）の利息金額によることができる。
> ② **ローンカード入会時**
> 　ローンカードの契約のみを条件に景品類を提供する場合は，「取引を条件とするが取引価額が確定しない場合」に該当し，総付景品であれば，1,500円以内の景品類，懸賞であれば取引価額を100円として，その20倍の2,000円以内の景品類の提供が可能となる。

3．不当な表示の禁止

「**表示**」とは，顧客を誘引するための手段として，事業者が自己の供給する商

品・役務の内容・取引条件その他これらの取引に関する事項について行う広告その他の表示であって，内閣総理大臣が指定するものをいう。事業者には，自己の供給する商品・役務の取引について，**次のような表示が禁止**されている。

---

① **優良誤認**

　　商品・役務の品質・規格等の内容について，一般消費者に対して，実際のものよりも著しく優良であると示し，または事実に相違して当該事業者と同種もしくは類似の商品もしくは役務を供給している他の事業者に係るものよりも著しく優良であると示す表示であって，不当に顧客を誘引し，一般消費者による自主的かつ合理的な選択を阻害するおそれがあると認められる表示

　　たとえば，実際はそのような品質を備えていないにもかかわらず，ことさらに著しく優良な性能をもっていると宣伝したりするような場合が該当する。

② **有利誤認**

　　商品・役務の価格その他の取引条件について，実際のもの，または当該事業者と同種もしくは類似の商品もしくは役務を供給している他の事業者に係るものよりも取引の相手方に著しく有利であると一般消費者に誤認される表示であって，不当に顧客を誘引し，一般消費者による自主的かつ合理的な選択を阻害するおそれがあると認められるもの

　　たとえば，実際は競業他社より特に有利な条件ではないにもかかわらず，競業他社よりも著しく有利であると偽って宣伝するような場合が該当する。

③ **その他誤認のおそれがある表示**

　　上記①，②のほか，アドオン方式による利息・手数料その他の融資費用の率の表示，日歩や月利等年建て以外による利息・手数料その他の融資費用の率の表示，融資費用の額の表示等の表示で，実質年率が明確に記載されていないため，一般消費者に誤認等される表示

　また，次の表示（いわゆる「**おとり広告**」）は，**不当表示**にあたるものとされている。不当表示にあたる表示は次のとおりである。

・取引の申出に係る商品・サービスについて，取引を行うための準備がなされていない場合や，実際には取引に応じることができない場合のその商品または役務についての表示
・取引の申出に係る商品または役務の供給量が著しく限定されているにもかかわらず，その限定の内容が明瞭に記載されていない場合のその商品または役務についての表示

・取引の申出に係る商品または役務の供給期間，供給の相手方または顧客1人当りの供給量が限定されているにもかかわらず，その限定の内容が明瞭に記載されていない場合のその商品または役務についての表示
・取引の申出に係る商品または役務について，合理的理由がないのに取引成立を妨げる行為が行われる場合その他実際には取引する意思がない場合のその商品または役務についての表示

　なお，「事業者が自己の供給する商品または役務の取引について行う表示であって，一般消費者が当該表示であることを判別することが困難であると認められるもの」の表示はステルスマーケティング（事業者の広告であるにもかかわらずこれを隠すこと）として，不当表示に当たることとされた。これにより，外形上第三者の表示のようにみえる事業者の表示（（ a ）事業者が自ら行う表示および（ b ）事業者が第三者をして行わせる表示を含む）は，不当な表示として禁止される。

4．措置命令

　事業者が前記の不当な景品の規制または不当な表示の禁止に違反したときは，内閣総理大臣から，その行為の差止めもしくは，その行為が再び行われることを防止するために必要な事項，またはこれらの実施に関連する公示その他必要な事項を命ぜられることがある。この命令を**「措置命令」**といい，この措置命令は，**違反行為がすでになくなっている場合でも発令することができる**。

　また，内閣総理大臣（消費者庁長官へ委任）は，措置命令を行うため必要があると認めるときは，その事業者等に対し，業務もしくは財産に関して報告させ，もしくは帳簿書類等の物件の提出を命じ，またはその職員に，その事業者等の事務所等に立ち入り，帳簿書類等の物件を検査させ，もしくは関係者に質問させることができるとされている。

　都道府県知事においても立入検査，同様の報告徴収等の権限が認められており，同様の指示をすることができるとされている。事業者がこの指示に従わないとき，その他違反行為を取りやめさせ，または再び行われることを防止するため必要があると認められるときは，都道府県知事は当該事業者（違反行為者）に対して，措置命令を行うことができる。ただし，2以上の都道府県の区域にわたり一般消費者による自主的かつ合理的な選択を阻害するおそれがあり，消費者庁長官等がその事態に適正かつ効率的に対処するため特に必要があると認めるとき，または都道府県知事から要請があったときは，消費者庁長官が自らその事務を行うことを妨げない。

5．課徴金制度

　不当表示規制の抑止力を高め不当表示を防止する観点から，景品表示法が改正

され，2016年4月1日より施行された。

　これにより，優良誤認表示または有利誤認表示を行った事業者に対しては，不当表示された**該当期間（最大3年間）の売上高の3％に該当する課徴金**という経済的不利益が課せられる。

　また，不当表示による一般消費者の被害回復を促進する観点から，事業者が所定の手続に沿った自主返金（返金措置）を実施した場合，当該事業者に対して課徴金額の減額等の措置が講じられる。

47 財務および会計に関すること

家計診断

1. 家計診断と家計管理

　収入と支出のタイミングやバランスを調査・分析することを「家計診断」と呼び，家計の収支のバランスを取るために行われる。

　家計診断にあたって，個人の収入を証明するものとして，給与所得者であれば「源泉徴収票」，事業主なら「確定申告書」や「青色申告決算書」等があげられる。

　家計管理の基本は，**可処分所得（実収入から，税金や社会保険料を控除した額）**で世帯における支出項目をまかなうことであり，将来の出費を勘案した計画的な対応が必要といえる。

2. 個人（家計）のキャッシュ・フロー表とバランスシートの作成

（1）　キャッシュ・フロー表の作成

　キャッシュ・フロー表の作成にあたって，毎年および単年度に発生するライフイベントによる収入と支出をできるだけ考慮し，貯蓄の不足や借入れの過大さ，支出の過多等を把握し，その後に問題点の解決策の検討や見直しを行うことが必要となる。

　一過性のライフイベント等により当該年度が赤字となるときには，そのための貯蓄の取崩しや借入れにより赤字を埋めることになるが，年間収支のマイナスが継続する場合，それまでに収入を増加させる，あるいは支出を減らすといった対策が必要となる。

（2）　バランスシートの作成

　個人（家計）のバランスシートの作成は，企業の貸借対照表の作成に準じて，表の左側に「資産」を，右側に「負債」と「純資産残高」とし，各項目の金額は，一般に，時価ベースで計上することになる。

　「資産の合計額－負債の合計額＝純資産残高」の関係にあるため，マイナスなら債務超過の状態にあると判断でき，この場合，計画的な借入れと支出管理，支払管理を続けることが大切となる。

〈バランスシートの例〉

現預金	400万円	住宅ローン	1,850万円
生命保険の現金価値	100万円	教育費	100万円
投資信託	200万円	〔負債合計〕	1,950万円
自宅（時価）	2,500万円	〔純資産残高〕	1,250万円
資産合計	3,200万円	負債・純資産合計	3,200万円

3．支払能力の調査
（1）　個人の場合

　貸金業法では，貸金業者が個人と貸付契約を行う場合，顧客等の返済能力を超える過剰貸付を禁止し，返済能力を超えるかどうかの調査義務を課している。また，一定額以上の借入れを行おうとする個人顧客等については，**年間収入額を源泉徴収票等の書面に基づき調査**することが求められており，信用情報機関を利用して調査を行い，**年間収入額の3分の1を超える借入れとなるときには**，原則，**「個人過剰貸付契約」**のために契約の締結が禁止されている。なお，**年間収入の額は，給与所得の源泉徴収票でみる場合，「支払金額」がこれに該当**する。なお，貸金業法上，年間収入を証明するものについては，「18．返済能力の調査」を参照。

（2）　法人の場合

　「財務諸表」および「事業計画書」等で支払能力を調査することが必要となるが，中小企業の場合，「キャッシュ・フロー計算書」を作成していないケースも考えられるため，「資金繰り表」を活用して，支払能力を判断する必要がある。

4．給与所得の源泉徴収票の見方

　「支払金額」が給与収入の金額であり，「給与所得控除後の金額」とは，給与所得控除額（サラリーマンの場合の必要経費相当額）を控除した額をいう。この給与所得控除後の金額から基礎控除，配偶者控除等の所得控除を差し引くことで，「課税所得金額」が確定し，所得税額が計算される。

〈源泉徴収票の例〉

令和 5 年分　　給与所得の源泉徴収票

支払を受ける者	住所又は居所	東京都○○区◇◇町3－2－1　信濃町アパート501号				
			(受給者番号)			
			(役職名)			
			氏名	(フリガナ)	コクゼイ　タロウ	
					国税　太郎	

種別	支払金額	給与所得控除後の金額（調整控除後）	所得控除の額の合計額	源泉徴収税額
	内　8　970　000	6　973　000	内　2　933　127	245　300

(源泉)控除対象配偶者の有無等		配偶者(特別)控除の額	控除対象扶養親族の数（配偶者を除く。）						16歳未満扶養親族の数	障害者の数（本人を除く。）		非居住者である親族の数
有	従有	老人		特定		老人		その他		特別	その他	
○		380　000		人	従人	人	従人	1 人	1	内　人	人	人

社会保険料等の金額	生命保険料の控除額	地震保険料の控除額	住宅借入金等特別控除の額
内　1,533　327	115　000	44　800	140　000

(摘要)

生命保険料の金額の内訳	新生命保険料の金額	24,000	旧生命保険料の金額	36,000	介護医療保険料の金額	48,000	新個人年金保険料の金額	53,000	旧個人年金保険料の金額	72,000
住宅借入金等特別控除の額の内訳	住宅借入金等特別控除適用数	1	居住開始年月日(1回目)	29 年 3 月 14 日	住宅借入金等特別控除区分(1回目)	住(特)	住宅借入金等年末残高(1回目)			
	住宅借入金等特別控除可能額		居住開始年月日(2回目)	年 月 日	住宅借入金等特別控除区分(2回目)		住宅借入金等年末残高(2回目)			

(源泉・特別)控除対象配偶者	氏名	(フリガナ)　コクゼイ　ジュンコ	区分		配偶者の合計所得	0	国民年金保険料等の金額	176,460	旧長期損害保険料の金額	19,600
		国税　純子					基礎控除の額		所得金額調整控除額	47,000

控除対象扶養親族	1	(フリガナ)　コクゼイ　イチコ　　国税　一子	区分	16歳未満の扶養親族	1	(フリガナ)　コクゼイ　ジロウ　　国税　次郎	区分	
	2	(フリガナ)　氏名	区分		2	(フリガナ)　氏名	区分	
	3	(フリガナ)　氏名	区分		3	(フリガナ)　氏名	区分	
	4	(フリガナ)　氏名	区分		4	(フリガナ)　氏名	区分	

未成年者	外国人	死亡退職	災害者	乙欄	本人が障害者		寡婦	ひとり親	勤労学生	中途就職・退職				受給者生年月日			
					特別	その他				就職	退職	年	月	日	元号	年	月	日
															昭和	55	11	16

支払者	住所(居所)又は所在地	東京都中央区◇◇町1－2－3		
	氏名又は名称	☆☆商事　株式会社	(電話)　03－1234－XXXX	

48 企業会計と企業会計原則①
－一般原則，損益計算書原則，貸借対照表原則－

✔チェック ☐☐☐

1．企業会計と企業会計原則

「企業会計」とは，企業の財政状態や経営成績を，出資者やこれから出資しようとする投資家，債権者等の企業外部の利害関係者に，「損益計算書」，「貸借対照表」，「キャッシュ・フロー計算書」，「株主資本等変動計算書」等の財務諸表の作成を通じて示すことである。

作成した財務諸表等を通じて，企業外部の情報利用者の利用目的に役立つ会計情報を提供する会計を「財務会計」といい，企業内部の者に役立つ会計情報を提供する会計を「管理会計」という。

「企業会計原則」とは，日本において古くからある会計慣行のうち，一般に公正妥当と認められる原則であって，企業がその会計を処理するにあたって従わなければならない基準のことであり，企業会計原則には，**「一般原則」**，**「損益計算書原則」**，**「貸借対照表原則」**がある。一般原則は，財務会計上，決算書を作成するうえでの基本原則であり，すべての財務会計上のルールはこの基本原則に基づいている。

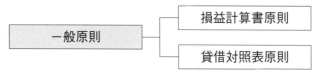

〈一般原則〉

真実性の原則	企業会計は，企業の財政状態および経営成績に関して，真実な報告を提供するものでなければならない。
正規の簿記の原則	企業会計は，すべての取引につき，正規の簿記の原則に従って，正確な会計帳簿を作成しなければならない。
資本取引と損益取引区分の原則	資本取引と損益取引とを明瞭に区別し，特に資本剰余金と利益剰余金とを混同してはならない。
明瞭性の原則	企業会計は，財務諸表によって，利害関係者に対し必要な会計事実を明瞭に表示し，企業の状況に関する判断を誤らせないようにしなければならない。
継続性の原則	企業会計は，その処理の原則および手続を毎期継続して適用し，みだりにこれを変更してはならない。

保守主義の原則	企業の財政に不利な影響を及ぼす可能性がある場合には，これに備えて適当に健全な会計処理をしなければならない。
単一性の原則	株主総会提出のため，信用目的のため，租税目的のため等種々の目的のために異なる形式の財務諸表を作成する必要がある場合，それらの内容は，信頼しうる会計記録に基づいて作成されたものであって，政策の考慮のために事実の真実な表示をゆがめてはならない。

〈損益計算書原則〉

損益計算書は，企業の経営成績を明らかにするため，1会計期間に属するすべての収益とこれに対応するすべての費用とを記載して経常利益を表示し，これに特別損益に属する項目を加減して当期純利益を表示しなければならない。	
発生主義の原則	すべての費用および収益は，その支出および収入に基づいて計上し，その発生した期間に正しく割り当てられるように処理しなければならない。ただし，未実現収益は，原則として，当期の損益計算に計上してはならない。前払費用および前受収益は，これを当期の損益計算から除去し，未払費用および未収収益は，当期の損益計算に計上しなければならない。
総額主義の原則	費用および収益は，総額によって記載することを原則とし，費用の項目と収益の項目とを直接に相殺することによってその全額または一部を損益計算書から除去してはならない。
費用収益対応の原則	費用および収益は，その発生源泉に従って明瞭に分類し，各収益項目とそれに関連する費用項目とを損益計算書に対応表示しなければならない。

〈貸借対照表原則〉

貸借対照表は，企業の財政状態を明らかにするため，貸借対照表日におけるすべての資産，負債および資本を記載し，株主，債権者その他の利害関係者にこれを正しく表示するものでなければならない。ただし，正規の簿記の原則に従って処理された場合に生じた簿外資産および簿外負債は，貸借対照表の記載外におくことができる。	
資産・負債・資本記載の原則	資産，負債および資本は，適当な区分，配列，分類および評価の基準に従って記載しなければならない。
総額記載の原則	資産，負債および資本は，総額によって記載することを原則とし，資産の項目と負債または資本の項目とを相殺することによって，その全額または一部を貸借対照表から除去してはならない。
注記事項	受取手形の割引高または裏書譲渡高，保証債務等の偶発債務，債務の担保に供している資産，発行済株式1株当り当期純利益および同1株当り純資産額等企業の財務内容を判断するために重要な事項は，貸借対照表に注記しなければならない。
繰延資産の計上	将来の期間に影響する特定の費用は，次期以降の期間に配分して処理するため，経過的に貸借対照表の資産の部に記載することができる。
資産と負債・資本の一致	貸借対照表の資産の合計金額は，負債と資本の合計金額に一致しなければならない。

1．損益計算書

　「損益計算書」（略称P／L）は，収益－費用＝利益（マイナスのときは，損失）という損益法で表される。つまり，企業の一定期間における経済活動・生産活動の結果獲得された収益（売上高）から，その収益を獲得するために支出された売上原価や販売管理費などの費用を控除し，その差額たる利益（または損失）が各項目とともに表されている。したがって，**損益計算書は，当該企業の一定期間における経営成績を表している**といえる。

　なお，収益には，営業収益，営業外収益，特別利益などがあり，費用には，売上原価，販売費及び一般管理費，営業外費用，特別損失がある。

　また，利益には，売上総利益，営業利益，経常利益，税引前当期純利益，当期純利益等がある。

　損益計算書の様式を示すと，次のとおりである。

〈損益計算書の例〉

売上高	1,000
売上原価	650
売上総利益	350
販売費及び一般管理費	200
営業利益	150
営業外収益	30
営業外費用	50
経常利益	130
特別利益	10
特別損失	20
税引前当期純利益	120
法人税等	50
当期純利益	70

なお，損益計算書に表示される各利益は，次のとおり計算される。

売 上 総 利 益	＝ 売上高－売上原価
営 業 利 益	＝ 売上総利益－販売費および一般管理費
経 常 利 益	＝ 営業利益＋営業外収益－営業外費用
税引前当期純利益	＝ 経常利益＋特別利益－特別損失
当 期 純 利 益	＝ 税引前当期純利益－法人税等

2．貸借対照表

　企業は継続して経済活動を行っており，毎日のように財産は増減を繰り返しているので，どこか特定の期日における財産の状態を把握する必要がある。また，毎年同じ日に財産の状況を把握することにすれば，過去との比較もできる。

　そこで，原則として会計期間の終日（期末，決算日）における財産の状態について会社債権者などの利害関係者向けに作成されるのが「貸借対照表」（バランスシート。略称Ｂ／Ｓ）である。

　貸借対照表は，決算日時点の企業の資産，負債，純資産（資本）の各事項を表示した計算書であって，企業の決算日における財政状態を表すものである。

　つまり，貸借対照表は，一定時点（決算日等）の企業の財政状態を表したものといえる。

　具体的に貸借対照表を例示すると次のとおりである。

〈貸借対照表の例〉

Ⅰ．流動資産	4,000万円	Ⅰ．流動負債	3,000万円
Ⅱ．固定資産	10,000万円	Ⅱ．固定負債	9,000万円
Ⅲ．繰延資産	1,000万円	（負債合計）	12,000万円
		Ⅰ．株主資本	3,000万円
		（純資産合計）	3,000万円
資産合計	15,000万円	負債・純資産合計	15,000万円

3．キャッシュ・フロー計算書

　キャッシュ・フロー計算書は，キャッシュ（現金および現金同等物）の流れに着目して，企業の現状や課題といった経営状態・活動状況をみるために用いられている。

　キャッシュ・フロー計算書では，企業の経営活動を「営業活動によるキャッシュ・フロー」，「投資活動によるキャッシュ・フロー」，「財務活動によるキャッシュ・フロー」に区分し，それぞれの活動に関するキャッシュの増減から会社の資金状況を判断することができる。

〈キャッシュ・フロー計算書の見方のポイント〉

営業活動によるキャッシュ・フロー	企業の仕入れ，製造，販売および管理という営業活動に伴うキャッシュの出入りを表すもの
◎プラスかどうかが大きな目安。この数値が多いほど，運転資金に余裕があると判断できる	
投資活動によるキャッシュ・フロー	企業の将来のための設備投資や有価証券への投資等に伴う資金の出入りを表すもの
◎マイナス→設備投資等が積極的，プラス→固定資産や有価証券の売却が多いと判断できる	
財務活動によるキャッシュ・フロー	企業の借入れと返済，社債発行と償還，増資または減資，配当金の支払など財務活動の結果を表すもの
◎マイナス→借入金の返済等が行われ財務基盤強化，プラス→借入れによる資金調達が，返済を上回っていると判断できる	

50 / 貸金業務取扱主任者試験の重要数字

✔チェック ☐ ☐ ☐

1. 金額に関するもの

（1） みなし利息に該当しないATM等の利用料

> ・1万円以下・・・110円まで（※）
> ・1万円超　・・220円まで（※）
>
> （※）消費税が10%の場合
> 　　　11　書面の交付　5．重要事項変更時書面に関する特例　参照

（2） 資力の証明書面の徴求

> ・既存の貸付契約残高（極度額）と合算して50万円を超える場合
> ・既存の貸付契約残高（極度額）と他社の貸付残高と合算して100万円を超える場合

（3） 総量規制の例外とされるためには，貸付けの金額が100万円を超える場合，貸金業者は「事業計画」，「収支計画」，「資金計画」を記載した書面を保存することが必要となる

（4） 少額訴訟・・・60万円以下の金銭の支払を求める訴え

（5） 訴訟の目的の価額が140万円を超えない請求の場合は，簡易裁判所が第一審の裁判権を有する

（6） 犯罪による収益の移転防止に関する法律
　　　200万円を超える現金取引において取引時確認が必要となる。

（7） 指定信用情報機関の信用情報を利用する調査が必要ない場合

> ・金融商品取引業者が行う500万円を超える一定の有価証券担保ローン
> ・金融商品取引業者が行う500万円を超える一定の投資信託受益証券担保ローン

（8） 貸金業の参入条件
　　　純資産額5,000万円以上（ただし，資本金ではない。また，NPOバンクについては例外あり）

2. 期間に関するもの

（1） 指定信用情報機関への個人信用情報の提供
原則として，取得当日中に提供

（2） 貸金業登録事項変更届出
営業所の名称，住所，電話番号，メールアドレス等は変更前あらかじめ，それ以外の変更は2週間以内に届出

（3） 事業報告書の提出
事業年度経過後3カ月以内に提出

（4） 債権譲渡の届出
譲渡した者が，譲渡した日から2週間以内に届出（ただし譲受人の義務ではない）

（5） 貸金業を的確に遂行するために必要な体制

・常務に従事する役員のうちに貸付業務に3年以上従事した経験者がいること
・営業所等（現金自動設備を除く）ごとに貸付けの業務に1年以上従事した者が常勤の役員または使用人として1人以上在籍していること。
（従業員名簿に表示。また，NPOバンクに例外あり）

（6） 貸金業者の登録有効期間・・・3年
更新するには，期間満了の2カ月前までに申請

（7） 貸金業務取扱主任者の登録有効期間・・・3年
更新するには更新申請の6カ月以内に行われる登録講習を受講（ただし，合格1年以内は登録講習不要）

（8） 取り立て行為における不当な時間帯
午後9時〜午前8時

（9） 勧誘行為を行わない期間（自主規制基本規則）

・一切を拒否する強い意思表示　・・・最低1年
・明確な意思表示　　　　　　　・・・最低6カ月
・契約を締結しない旨の意思表示・・・最低3カ月

（10） 徴求が義務づけられる収入証明の種類のうち「給与の支払明細書」については原則として直近2カ月分以上のもの

（11） 帳簿の保存期間
最終の返済日から少なくとも10年間

3．パーセンテージに関するもの

（1）　金銭貸借の媒介手数料の制限

　　　５％（貸借の期間が１年未満であるものについては，貸借の金額に，その期間の日数に応じ，年５％）

（2）　民法上の法定利率・・・年３％

（3）　利息制限法の上限金利

> ・元本10万円未満　　　　　　　　　　・・・年20％
> ・元本10万円以上100万円未満　　　　・・・年18％
> ・元本100万円以上　　　　　　　　　・・・年15％
> ※営業的金銭消費貸借の場合は同一借主への貸付残高（元本）当りとなる

（4）　営業的金銭消費貸借の損害賠償予定額の上限・・・年20％

（5）　出資法の上限金利

　　　金銭の貸付を業として行う場合，年20％

（6）　高金利を定めた営業的金銭消費貸借契約の無効

　　　年109.5％（うるう年は年109.8％）

4．割合・頻度に関するもの

（1）　主任者の設置数

　　　貸金業の業務に従事する者の数に対する割合が50分の１以上

　　　（１つの営業所等において貸金業の業務に従事する者50名につき貸金業務取扱主任者１名以上，51名～100名の場合に２名以上必要，101名～150名の場合には３名以上が必要となる）

（2）　総量規制

　　　年収の３分の１を超える貸付けを原則禁止

（3）　極度方式基本契約の定期調査

　　　３カ月に１度（残高が10万円以下の場合などを除く）

　　　※その他１カ月に５万円超の借入れ，かつ10万円超の残高があるときなどは調査が必要

（4）　少額訴訟手続の利用回数・・・同一の簡易裁判所ごとに年10回

2024年度 最短合格 貸金主任者試験
ポイント50　切り離せる模擬試験付

2024年6月2日　2024年度版発行

本書の内容に関して、万が一、誤りと思われる箇所がありましたら、書籍名・発行年月日・お客さまのご芳名およびご連絡先（住所等）を明記のうえ、弊会編集部宛てに郵送かファクシミリでお願いします（電話でのご照会にはお答えいたしかねます）。
ご照会内容によっては、回答にお時間等がかかる場合がある旨、ご容赦ください。
また、本書の内容に訂正等がある場合には、下記 URL に当該情報を掲載いたします。

　　https://www.kinzai.jp/seigo/

なお、誤りと思われる箇所以外のご照会に関しては、お答えいたしかねます。
たとえば、「本書の内容に関する追加解説や受験指導」「実務に関する内容」「資格取得方法、学習方法、資格試験実施に関する内容」等に関するご照会には、いっさい回答を行っていません。あらかじめご了承ください。

編　者　（一社）金融財政事情研究会教育研修事業部
著　者　清　水　将　博
発行者　加　藤　一　浩

〒160-8519　東京都新宿区南元町 19
発　行　所　一般社団法人金融財政事情研究会
編　集　部　FAX 03(3226)7907
販売受付　TEL 03(3358)2891　FAX 03(3358)0037
　　　　　　URL　https://www.kinzai.jp/

印刷所　三松堂印刷株式会社

・本書の内容の一部あるいは全部を無断で、複写・複製・転訳載および磁気または光記録媒体、コンピュータネットワーク上等へ入力することは、法律で認められた場合を除き、著作者および出版社の権利の侵害となります。
・落丁・乱丁本はお取替えいたします。定価はカバーに表示してあります。

ISBN978-4-322-14430-7